SOLEIL ET MESURE
DANS L'ŒUVRE
D'ALBERT CAMUS

Collection Critiques Littéraires
dirigée par Maguy Albet et Paule Plouvier

Dernières parutions

FRIES Philippe, *La* théorie fictive *de Maurice Blanchot*, 1999.
ROUX Baptiste, *Figures de l'Occupation dans l'œuvre de Patrick Modiano*, 1999.
BOURDETTE DONON Marcel, *Les enfants des brasiers ou les cris de la poésie tchadienne*, 2000.
ARNAUD Philippe, *Pour une érotique gionienne*, 2000.
ROHOU Jean, *Avez-vous lu Racine ? Mise au point polémique*, 2000.
PLOUVIER Paule (textes réunis par), *René Char – 10 ans après*, 2000.
MAIRESSE Anne, *Figures de Valéry*, 2000.
VILLERS Sandrine, *La société américaine dans le théâtre de Tennessee Williams*, 2000.
ZEENDER Marie-Noëlle, *Le triptyque de Dorian Gray*, 2000.

Karl W. MODLER

SOLEIL ET MESURE DANS L'ŒUVRE D'ALBERT CAMUS

L'Harmattan

Sur la proposition du Professeur Roger Francillon
le présent travail a été accepté comme thèse
par la Faculté des Lettres de l'Université de Zurich
au semestre d'été 1999.

© L'Harmattan, 2000
5-7, rue de l'École-Polytechnique
75005 Paris – France

L'Harmattan, Inc.
55, rue Saint-Jacques, Montréal (Qc)
Canada H2Y 1K9

L'Harmattan, Italia s.r.l.
Via Bava 37
10124 Torino
ISBN : 2-7384-9376-9

REMERCIEMENTS

Au moment de terminer la rédaction de cette étude, j'aimerais remercier tous ceux qui m'ont aidé à réaliser ce projet et qui m'ont apporté leur soutien lors de sa gestation.
    Ma gratitude va d'abord à Monsieur le Professeur Roger Francillon grâce à qui j'ai entrepris cette étude. Sans son appui constant, il m'aurait été impossible de mener à bien mon entreprise.
    Je tiens également à exprimer ma reconnaissance à mes collègues de l'Université de Zurich, Franz Hahn, Thomas Hunkeler et Martin Rizek qui durant les différents stades de cet ouvrage m'ont aidé par leurs remarques critiques ainsi que par leur encouragement et qui ont relu en partie ou en son ensemble le manuscrit.
    Sans le soutien constant de ma famille, cette étude n'aurait sans doute jamais été réalisée.

INTRODUCTION

Vouloir écrire aujourd'hui sur les thèmes du soleil et de la mesure dans l'œuvre camusienne peut paraître absurde. Car au-delà de toute «querelle» au sujet de *L'Homme révolté*, rien ne semble être plus clair parmi les critiques que le lien entre les notions de soleil et de mesure. La métaphorique solaire et l'évocation de l'esprit méditerranéen qui renvoient aux origines de l'auteur et à son hellénisme passionné, le plaidoyer en faveur d'une pensée de mesure qui s'oriente vers une philosophie présocratique et qui tient compte des limites s'imposant à chaque être : tout cela a été étudié par de si nombreux auteurs qu'on est tenté de répéter le mot de Jean Gassin prononcé au sujet du rôle que le soleil joue dans *L'Etranger*, pour l'appliquer au lien entre ces thématiques : «Tout a été dit, aussi ne nous y étendrons-nous pas davantage» (1).

Par ce «tout est dit», le projet d'une nouvelle étude sur les thèmes du soleil et de la mesure se heurte à une borne en apparence si définitive qu'il se trouve enfermé dans une position rappelant celle de Sisyphe. Cette étude n'aurait d'autre solution que de proposer un nouveau «dire» à ce «tout est dit», pour invoquer - avec Camus - cet espace qu'est la création et l'écriture : «*Si quelque chose termine la création, ce n'est pas le cri victorieux et illusoire de l'artiste aveuglé : "J'ai tout dit", mais la mort du créateur qui ferme son expérience et le livre de son génie*» (*Le Mythe de Sisyphe*, Œ II, p.190). Faut-il ajouter qu'un tel projet risquerait de manifester, tôt ou tard, «*sa profonde inutilité*» (*ibid.*, p.192).

Et pourtant, par un étrange aveuglement de la part des critiques contemporains, tout se passe comme si la réception critique se laissait déposséder par l'évidence de ce lien, et qu'elle négligeait l'un des deux termes en question au moment où elle se penche de tout son poids scientifique sur l'autre. Celui qui se plonge dans l'abondante littérature critique peut être rendu attentif à ce fait d'allure paradoxale : le rapport entre la mesure et le soleil serait-il si apparent dans l'œuvre de Camus que la critique contemporaine aurait oublié de le questionner *comme tel*? Quelle est la nature de ce lien si apparent, mais qui en même temps s'est soustrait à toute tentative d'analyse systématique? Chaque critique exprime, sur l'un ou l'autre thème, ou sur l'une ou l'autre œuvre, une opinion différente, aucun ne se prononce sur l'énigme de ce lien de façon satisfaisante.

Que le jeune Camus des *Noces* penche plutôt du côté de la démesure et que le soleil y joue un rôle ambigu analogue à celui de *L'Etranger*, voilà à peu près l'unique élément sur lequel les auteurs se mettent plus ou moins d'accord. Mais alors comment se fait-il qu'au temps de *L'Homme révolté* le soleil sera invoqué par Camus pour présenter ce plaidoyer en faveur de la mesure qu'est la «pensée de midi»? Et pourquoi les différents auteurs n'ont-ils pas posé cette question? Même les critiques qui ne voient en Camus qu'un écrivain faisant partie de la littérature et lui contestent le rang de philosophe, ne se soucient guère de ce lien, fût-ce pour le dénoncer. Pourquoi cet étonnant oubli? Qu'évite-t-on ainsi de penser? Car il faut essayer de retracer ici une pensée qui se trouve obligée à lier deux notions appartenant à des registres différents, l'une plutôt de nature métaphorique, l'autre plutôt d'ordre conceptuel. Qu'est-ce qui noue ces deux notions? Qu'est-ce qui les entrelace? Quelle est la nature de ce nœud qu'on n'a jusqu'ici ni essayé de dénouer ni de couper en deux, mais qui à nos yeux a tout simplement été oublié?

Il serait aisé de montrer que cet oubli - qui n'est certes pas l'oubli de la portée des deux termes dans l'œuvre, mais l'oubli du *lien* et des étranges forces formant ce nœud camusien - que cet oubli est d'une telle envergure qu'il détermine quasiment toute la réception camusienne, quelles que soient l'intention, la perspective ou la méthode des différents auteurs.

Parmi les critiques des années cinquante déjà, l'attention est portée sur la notion de soleil tout comme sur le thème de la mesure. Partant de différents points de vue et portant sur différentes œuvres, les analyses parviennent sans doute à des résultats pertinents - et cela parfois malgré leur ironie meurtrière. Mais lorsque l'on compare ces résultats, on ne peut qu'être irrité par les explications fournies du lien entre mesure et soleil. Dans son article polémique «Albert Camus ou l'âme révoltée» par exemple, Francis Jeanson interprète la pensée solaire comme invocation à la transparence, à la constance, s'opposant à la misère de la condition humaine : «Esprit méditerranéen, épris de transparence intellectuelle, fidèle à la constance solaire, à la pure lumière de midi, - mais se heurtant dans le monde réel aux contradictions et aux souffrances humaines» (2). Le soleil serait-il donc une image pour un principe transcendantal? Et y aurait-t-il correspondance entre ce principe transcendantal et une mesure comme concept moral?

Cependant, Roger Quillot montre dans *La mer et les prisons* que la pensée du jeune Camus oscille entre mesure et démesure et que le soleil du temps des *Noces* joue un rôle ambivalent : «Camus [...] entend maintenir une perpétuelle tension entre les forces de vie et les forces de mort, comme entre la "mesure" et le "dépassement"» (3). Et : «Ce que Tipasa est à la vie, Djemila est à la mort. Ce sont pourtant le même soleil, les mêmes ruines romaines. [...] Là, le soleil féconde et incendie; ici, il dessèche et rien n'échappe à son impitoyable clarté» (4). Ambivalence du même soleil, double ambivalence même, puisque la fécondité et la clarté appartiennent au registre de la pensée tout comme à celui de la *phúsis*. Comment se fait-il alors que ce soleil ambigu du temps des *Noces* jouera un tout autre rôle au temps de *L'Homme révolté*? Ni Jeanson ni Quillot ne nous aident à répondre à la question.

Les années soixante voient les critiques se lancer dans l'un ou l'autre thème ou bien dans l'une ou l'autre œuvre, en négligeant l'autre aspect du problème que nous venons d'esquisser. Ainsi Dimitris Papamalamis, dans *Albert Camus et la pensée grecque*, se consacre au concept de mesure et à l'héritage grec qui lui est immanent, sans étudier aucunement le lien en apparence si clair avec le thème solaire. Il voit dans la notion de mesure le mot d'ordre de la «pensée au double-visage» et l'interprète comme tension : «La mesure est une limite, un point instable où l'on doit se maintenir. Elle a un caractère dynamique. Elle est une tension entre deux forces opposées» (5). Mais s'il est vrai que le thème solaire est en étroite liaison avec la mesure camusienne, comment encore penser une tension et des forces opposées *dans* le soleil? N'y aurait-il pas plutôt opposition entre la pensée de midi et celle de minuit, entre le soleil et la nuit? Papamalamis se tait à cet égard.

Louis Truffaut se consacre à la thématique du soleil et au glissement qui s'y opère du plan physique au plan de la pensée philosophique, mais en réduisant la richesse du symbolisme solaire à une seule image, à savoir à celle du soleil de midi (6). Pour lui, le soleil camusien «tend constamment vers le dionysiaque; il est toujours sur le point [...] d'outrepasser ses bornes» (7). Le soleil devient alors une «force négative, et son ambivalence [...] annonce le malheur et la souffrance. [...] Le soleil méridien apparaît, chez Camus, comme un instant lourd de menaces toutes proches, de déséquilibre, de démesure imminente» (8). En mettant l'accent sur l'*Ananké* antique, Truffaut thématise le lien entre le soleil et une conception tragique de la mesure, et confirme son interprétation par une analyse de *L'Etranger*.

Cependant, après avoir montré que «Meursault, sous l'action du soleil, a outrepassé les bornes et qu'il a ainsi détruit l'équilibre, l'ordre contre sa volonté», Truffaut ajoute : «*L'Homme révolté* débouche aussi sur la lumière méditerranéenne. Le raisonnement, l'argumentation n'ont pas de place dans une tragédie qui se passe tout entière dans la "*phúsis*"» (9). Nous doutons fortement qu'on puisse parler d'absence d'argumentation dans *L'Homme révolté*. Peut-on si

Introduction

aisément faire le parallèle entre le soleil tragique du jeune Camus et la «pensée solaire» du Camus de l'après-guerre? Le soleil n'est-il pas invoqué dans *L'Homme révolté* justement pour éviter d'outrepasser les bornes et de détruire l'équilibre? De toute évidence, Truffaut a négligé le fait que le soleil joue un tout autre rôle dans *L'Homme révolté*, puisque la métaphorique du soleil s'oppose à la démesure de la «pensée de minuit».

Roland Barthes, quant à lui, évite de s'interroger sur le lien entre le soleil de *L'Etranger* et celui de *L'Homme révolté*. Dans «*L'Etranger*, roman solaire», il remarque comme Truffaut que «le soleil fonctionne ici avec la rigueur même de la Nécessité antique» et parvient à la conclusion que «le soleil est ici tout : chaleur, assoupissement, fête, tristesse, puissance, folie, cause et éclairement» (10). En interprétant le soleil de *L'Etranger* comme image d'une puissance quasiment totale, Barthes aurait pu s'interroger sur le lien possible avec la «pensée solaire» du temps de *L'Homme révolté* et analyser la portée rhétorique de cette image dans le cadre d'un discours plutôt philosophique. Mais malheureusement Barthes se tait à cet égard.

A partir des années soixante-dix, on ne rencontre plus d'étude se consacrant uniquement au lien entre soleil et mesure. On peut certes constater que cette thématique est presque toujours effleurée au passage, mais non sans être inscrite dans des contradictions considérables auxquelles les auteurs ne semblent pas prêter une grande attention.

Ainsi, dans *Les mythes dans l'œuvre de Camus*, Monique Crochet réserve un chapitre au mythe de Némésis, l'interrogeant sur le lien que Camus établit avec la philosophie d'Héraclite et la problématique de la mesure. Il faut noter qu'au sujet de la «pensée solaire», Crochet donne une assez riche interprétation de la notion de soleil (11) et vient à la conclusion que «la pensée solaire figure [...], comme le soleil pour Platon, l'ultime Bien, l'ultime Vérité» (12). Seulement, lors de l'analyse de la valeur mythique du soleil dans «Le Renégat», elle dit que le soleil y figure comme «principe du mal», comme «force irrésistible du mal qui poursuit le Renégat jusque dans l'ombre de la maison du fétiche pourtant dépourvue de fenêtres» (13). Comment résoudre le paradoxe? Crochet interprète «Le Renégat» comme figure de la pensée de minuit: «Au niveau de l'interprétation symbolique, le Renégat apparaît alors comme le représentant de "l'ignoble Europe"» (14). Cette interprétation en apparence plausible n'est malheureusement pas poussée plus loin par Crochet; sinon on aurait pu se rendre compte que de parler du soleil comme principe du mal commandant la pensée de minuit, ce n'est que remplacer un paradoxe par un autre.

Dans *Albert Camus, philosophie et littérature* (15), Etienne Barilier consacre un chapitre au problème de la mesure dans le fondement camusien de la condition humaine et de l'ordre moral, et divise l'œuvre camusienne en deux parties se combattant l'une l'autre : celle du jeune Camus du temps des *Noces*, plutôt littéraire, penchant du côté de la démesure et d'une conception dionysiaque du monde, et celle du Camus de l'après-guerre, plutôt philosophique et morale, essayant de fonder la mesure et l'ordre moral dans la nature humaine.

Contrairement à Papamalamis, Barilier réduit la notion de mesure à une portée uniquement éthique et ne semble pas prendre en considération le côté dynamique de la mesure. Aussi la thématique du soleil n'y est-elle pas développée; ce n'est qu'au chapitre intitulé «"Noces" grecques?» que l'accent est mis sur le côté noir, voire dionysiaque de la lumière : «Tant de lumière, et si peu d'espoir : à la bien regarder, la lumière même est noire» (16). Ce côté noir du soleil est situé dans l'époque du jeune Camus et de son penchant pour la démesure : «*Ce soleil va tuer. Terrible innocence de ces jeux et de ces nudités dans la lumière bondissante.*» Voilà qui chante bien l'extase dionysiaque : cette extrême lumière est proche de l'aveugle noirceur, ces rires sont ceux d'une mort heureuse» (17). Comme Truffaut et Barthes, Barilier accentue le côté tragique du soleil, mais omet de s'interroger sur le lien entre mesure et soleil à l'époque de *L'Homme révolté*.

Quant aux critiques se vouant à des thèmes qui n'effleurent que l'une des deux notions, Paul J. Archambault (18) situe la dichotomie «mesure-démesure» dans le conflit entre l'hellénisme et le christianisme et essaie d'expliquer l'importance du thème de la mesure comme fruit du mémoire de Camus, intitulé «Métaphysique chrétienne et néoplatonisme», plus précisément comme fruit de son étude sur la théorie gnostique de la médiation : «La théorie des intermédiaires [...] est encore présente à son esprit [i.e. de Camus] lorsqu'il écrit *L'Homme révolté*» (19). Et : «Sans hypostasier la pensée solaire [...], Camus a fait de l'idée grecque de nature sa "réponse" à la théorie gnostique de la médiation» (20). Avec cette interprétation qui met l'accent sur l'importance du gnosticisme, Archambault s'oppose à celle de Papamalamis qui revendique la notion camusienne de mesure comme étant issue d'une pensée purement grecque. Quant au lien en apparence si clair entre mesure et soleil, il est éludé systématiquement.

Dès les années quatre-vingt, le lien entre mesure et soleil n'est plus effleuré. Jean Gassin (21) met l'accent sur l'ambiguïté du symbolisme solaire en l'interprétant comme expression du complexe d'Œdipe, mais ne semble guère s'intéresser à la problématique de la mesure. Edouard Morot-Sir (22) et Raymond Gay-Crosier (23) s'interrogent sur le lien entre la problématique de la mesure et la création artistique, mais négligent le symbolisme solaire. C'est la même direction que semblent poursuivre Inés de Cassagne (24) et Jacqueline Lévi-Valensi (25). Quant à Gabrielle Moix (26), elle s'interroge sur le lien entre la thématique du soleil et la création artistique, mais néglige l'importance de la problématique de la mesure.

En résumant, on peut constater que l'oubli du lien entre mesure et soleil s'est approfondi dès le début de la réception camusienne. La question de savoir comment le soleil du temps des *Noces* a pu jouer un tout autre rôle au temps de *L'Homme révolté* est aujourd'hui loin d'être résolue, et indique en même temps que la réflexion critique et systématique sur le rapport entre le soleil et la mesure camusiens a été négligée, voire oubliée de manière flagrante.

Ces hésitations et cette négligence de la part de la critique ne sont pas seulement dues aux différentes perspectives des études, ne sont pas une négligence contingente. En les interprétant comme phénomène symptomatique guidant la réception camusienne quasiment en sa totalité, nous pensons que derrière ces hésitations se dissimule tout ce qu'il y a de meilleur et d'essentiel pour la compréhension de l'œuvre camusienne. L'oubli de la question du lien entre les termes de soleil et de mesure est révélateur et nous amène à formuler notre hypothèse de travail : *le lien entre ces notions constitue la force motrice de la création artistique de Camus*, en quelque sorte un «double-nœud» (27) commandant l'écriture camusienne.

La complexité de ce lien peut être interprétée de différentes manières. Sur un plan synchronique, on peut sans doute affirmer qu'elle répond aux différents registres auxquelles lesdites notions appartiennent, ainsi qu'aux ambiguïtés inhérentes à ces termes (28). A un niveau diachronique en revanche, elle peut être interprétée comme fruit de l'évolution intellectuelle de notre auteur qui, dès son *Diplôme d'Etudes Supérieures*, a été «au carrefour de deux civilisations» (29), à savoir des traditions grecque et chrétienne. A un niveau idéologique enfin, les deux termes en question ont permis à Camus de se situer dans la place qu'il estimait lui être propre et qui, de nos jours encore, est objet de mainte discussion scolaire ou académique.

Dans le présent travail, nous voulons analyser ce lien entre le soleil et la mesure en suivant les réflexions de Camus sur la «pensée solaire», car il va sans dire que lesdits termes en forment les pivots. Or cette «pensée solaire» n'est pas moins paradoxale que le lien en question, et a été située entre l'éthique et l'esthétique, entre le monde de l'Antiquité et le monde moderne, entre la littérature et la philosophie. Paul J. Archambault par exemple situe la pensée de Camus entre l'hellénisme et le christianisme, mais aussi entre l'époque moderne et l'époque antique (30). Cette double-appartenance de la pensée de Camus aux mondes chrétien et hellénique d'une part, et aux mondes moderne et antique d'autre part, a également été relevée par Ingrid Di Méglio (31). Le conflit entre l'hellénisme et le christianisme exprimé par la pensée de Camus va de pair avec un conflit entre des perspectives esthétique et éthique du monde (32).

Cette problématique à laquelle la pensée de Camus s'est vouée se manifeste dès son *Diplôme d'Etudes Supérieures*, comme le remarque Roger Quillot :

> «"Grec par son besoin de cohérence, chrétien par les inquiétudes de sa sensibilité", Camus se sent au carrefour de deux civilisations.
> Ou plutôt il projette sur l'hellénisme comme sur le christianisme ses propres difficultés et ses propres aspirations : l'un et l'autre lui composent des paysages conceptuels, et catalysent ses réactions spontanées. Camus a peut-être plus appris sur lui-même en écrivant ce diplôme que sur les pensées grecque et chrétienne : elles l'ont simplement aidé à nommer ses problèmes.» (33)

Pour ce qui est du conflit entre une perspective éthique et une perspective esthétique du monde, les critiques ne se sont pas toujours mis d'accord. Di Méglio voit dans la pensée de Camus plutôt une perspective éthique (34). Raymond Gay-Crosier, quant à lui, voit dans la pensée de Camus plutôt une éthique dérivée d'une esthétique (35). Remarquons encore que ce point de vue est également celui de Michel Mohrt (36).

Prise entre l'éthique et l'esthétique, entre le monde de l'Antiquité et le monde moderne, entre la philosophie et la littérature, la pensée solaire de Camus possède sans doute cette ouverture qui a déjà séduit tant de lycéens, mais en même temps elle a dû mettre en œuvre des stratégies pour se refermer sur elle-même, pour se protéger et éviter d'être assimilée par la pensée des différents auteurs à qui elle se réfère. Le titre du colloque du Centre Culturel de Cerisy-la-Salle - «Albert Camus : œuvre fermée, œuvre ouverte?» (37) - ainsi que l'image du double-mouvement du cœur employée par Jean Grenier (38) pour caractériser la pensée de Camus tiennent d'ailleurs parfaitement compte de ce double-mouvement d'ouverture et de fermeture.

Nous pensons que c'est par le lien paradoxal entre soleil et mesure que le texte camusien se défend d'une part contre les diverses influences et qu'il peut d'autre part manifester sa fertilité. S'il est vrai que le paradoxe de ce lien est peut-être insoluble, il n'empêche qu'il mérite d'être étudié plus profondément, voire d'être lu dans le texte et dans sa paradoxalité même. Dans la présente étude, nous essaierons de retracer les grandes lignes qui lient les deux termes et de déceler leurs champs sémantiques, d'en suivre les trajets, les fonctions et les transformations subies dans les différentes étapes de l'œuvre camusienne. Nous tenterons également de suivre le mouvement de ce nœud même, d'en analyser la syntaxe, pour essayer de penser ce lien entre soleil et mesure.

Mais le travail sur ce *topos* devra aussi s'accompagner d'une pensée sur l'écriture et par là montrer sa fertilité, ceci pour plusieurs raisons : d'abord, une réflexion sur le lien entre lesdits termes qui appartiennent à deux registres différents touche à la question de la différence entre le métaphorique et le conceptuel, le propre et le figuré, et *a fortiori* entre la littérature et la philosophie.

Une analyse de l'évolution du lien entre mesure et soleil doit permettre d'éclairer la question de savoir dans quelle mesure Camus peut être considéré comme un philosophe, et de nous interroger sur l'«essence» philosophique des écrits camusiens. Les critiques contestant le rang de philosophe à Camus présupposent tous l'une ou l'autre idée qu'ils se font eux-mêmes de la nature de la philosophie. Une relecture de ces critiques se révèle nécessaire et fertile, dans la mesure où elle permet de situer les positions à partir desquelles on a contesté le caractère philosophique des textes de Camus. Quelles œuvres, quelles pensées de Camus ont été critiquées? Et au nom de quoi? Quelles contradictions, quels concepts camusiens ont eu droit à cette critique? Et quels passages, quels termes a-t-on soigneusement oubliés ou même trop vite rejetés en disant qu'ils n'appartiennent pas à un registre philosophique ou qu'ils ne mériteraient pas d'être questionnés, d'être lus avec la même hardiesse que les concepts que l'on a critiqués? Ce n'est peut-être pas un hasard si ces auteurs s'en prennent quasiment tous à *L'Homme révolté* et, à l'intérieur de celui-ci, au concept de mesure, sans prêter la même attention au thème solaire, tandis que les auteurs se vouant à Camus comme poète s'intéressent plutôt à la thématique du soleil et évitent les questions concernant la fameuse «querelle» au sujet de *L'Homme révolté*. Le présent travail sur le lien entre les deux notions devrait enrichir cet ancien débat en lui ajoutant d'autres perspectives et en suscitant d'autres questions.

A l'intérieur de ce débat, une réflexion sur la nature de la mesure s'inscrit également dans des contextes de teneur éthique et politique, non seulement parce que cette notion évoque une pensée grecque dans laquelle le concept de mesure a toujours été au centre des réflexions éthiques, mais parce qu'elle ouvre aussi la question sur le rôle et la fonction de l'art. Malgré son côté polémique, l'essai des *Temps modernes* sur *L'Homme révolté* est intéressant à cet égard, puisque Jeanson critique Camus en objectant que celui-ci était lui-même contraint de se soumettre - par son style - à une certaine forme de démesure. Une critique se réduisant à cet unique argument ne mériterait pas grande attention, à moins que l'on poursuive cette argumentation jusqu'au bout et que l'on retourne la question vers l'extérieur : qu'est-ce qu'un style démesuré? Démesuré par rapport à quoi? Ne faut-il pas être déjà à l'intérieur de l'écriture pour pouvoir parler de style? Et peut-on alors recourir encore à un présupposé extérieur et prétendre que Camus ait, avec *L'Homme révolté*, trahi les grandes idées du cercle sartrien, l'engagement, la révolution etc.? Le présent travail sur la mesure camusienne accompagné d'une réflexion sur l'écriture ne pourra peut-être pas entièrement résoudre, mais du moins élaborer et accentuer ces questions.

D'autre part, et voici la troisième raison préliminaire, les notions de soleil et de mesure touchent à des questions concernant l'«existentialisme» et aux rapports entre le moi et les autres, et ceci non seulement parce que la notion de soleil figure, entre autres, comme symbole de la prise de conscience, mais parce qu'une telle écriture nouant les deux notions en question reflète également une pensée dite existentialiste d'un monde dans lequel «Dieu est mort». Du moment que Dieu est mort, le rapport des choses autrefois organisé par un principe premier devient problématique; la thématique de la morale, de la mesure, surgit dans tout son éclat. Or puisque la figure du soleil qui vient se substituer au Dieu mort ne peut remplacer ce dernier en toute plénitude, elle devient ambiguë. Substitution d'une origine perdue, le soleil camusien devient lui-même origine rayonnante au milieu de l'œuvre camusienne : *«Au centre de notre œuvre, fût-elle noire, rayonne un soleil inépuisable»* («L'Enigme», Œ II, p.865).

Symbole de substitution illimitée, tantôt bienfaisant et nourrissant, tantôt noir et violent, le soleil peut alors être - et a été - interprété de plusieurs manières contradictoires. Il figure comme nom de la pensée de midi, de la pensée de mesure; il sert d'explication, en tant que soleil noir, pour toute attitude rebelle des personnages; il est aussi responsable du manque de limite et d'ordre et peut être lu comme principe maléfique; il figure comme référence à quelque chose de transcendant et d'utopique; il sert de légitimation pour les personnages qui redéfinissent leur rapport avec la société; il garantit, en tant que soleil créé par l'auteur, la communication entre les choses inanimées; il est finalement responsable, en tant que symbole d'une origine perdue, du silence et de l'absence de communication des personnages.

Notre démarche obéit aux considérations suivantes : l'importance des notions de soleil et de mesure pour ce que Camus appelle «pensée de midi» ou «pensée solaire» nous incite à commencer par une lecture de *L'Homme révolté*. Vu le caractère problématique de la mesure camusienne, nous préférons ne pas la définir d'avance, mais essaierons de l'interpréter par une approche herméneutique. Ce n'est que dans un deuxième temps que nous étendrons notre recherche sur d'autres œuvres. Mais puisque la «pensée de midi» renvoie aussi à une «pensée grecque», nous devrons également étudier la référence camusienne au monde hellénique et analyser le rapport entre cette référence et les thématiques de mesure et de soleil. Finalement, nous pensons qu'une lecture consacrée à des questions littéraires et métapoétiques a plus d'impact si elle arrive à tenir compte des réflexions camusiennes sur la «pensée solaire».

La présente étude est ainsi divisée en trois parties, les deux premières ayant pour objet la «pensée solaire», la troisième partie étant réservée aux questions littéraires et métapoétiques :

La première partie est consacrée à la problématique de la mesure. Nous essaierons de montrer que la notion de mesure est profondément ambivalente, qu'elle s'étend de façon paradigmatique sur la totalité de l'œuvre et qu'elle ne se laisse pas réduire uniquement à une portée éthique, mais qu'elle se situe entre les niveaux esthétique et éthique du texte camusien. Nous pensons qu'au sein de la mesure camusienne il subsiste ce que nous appelons l'idée d'une «démesure dans la mesure», figurant comme force motrice de la mesure camusienne. L'effort de cette partie consiste à mieux saisir cette «démesure dans la mesure» et à cerner son rapport avec la métaphorique solaire.

La seconde partie traite la référence camusienne au monde grec sur différents niveaux. Nous essaierons de montrer que la figure du soleil est ambiguë, qu'elle renvoie aux thèmes de la prise de conscience et d'un principe premier, mais qu'elle n'implique pas forcément le concept platonicien de l'idée, ni l'idée d'un Dieu chrétien ou grec. Nous nous intéresserons particulièrement aux relations que Camus établit avec le Mythe de la caverne et avec la tragédie antique, relations s'inscrivant dans l'évolution intellectuelle de notre auteur et qui sont accompagnées de fortes transformations textuelles par rapport aux versions originales.

Dans la troisième partie, nous nous consacrerons au lien que la mesure et le soleil camusiens établissent avec la thématique du langage et de la création littéraire. Cette troisième partie livre la preuve esthétique corroborant les résultats trouvés dans nos deux premières parties. L'effort de cette partie consiste à interpréter la figure du soleil comme représentation symbolique du caractère paradoxal de l'écriture camusienne.

Le choix des œuvres et essais effectué pour la lecture et l'analyse du corpus textuel obéit aux règles et considérations suivantes : pour des raisons purement techniques, nous avons renoncé à une analyse du répertoire théâtral de Camus. Il paraît en effet difficile sinon impossible de présumer que la métaphorique solaire joue un rôle considérable dans les pièces de Camus, puisque son importance dépend plutôt des différentes mises en scènes que de sa présence dans le texte. Pour des raisons analogues, nous n'avons pas pris en considération les essais dans *Actuelles* et les *Chroniques Algériennes*. Portant sur des propos très différents et placés dans des contextes spécifiques, ces essais semblent ne pas attribuer une grande importance à la métaphorique de la lumière. Notons ici que cette circonstance même mériterait des réflexions à part; mais elle n'est pas le sujet de notre étude.

La Mort heureuse, premier roman de Camus non achevé et qui n'a pas été publié de son vivant, ne paraît que confirmer les résultats des analyses de textes que nous présentons ici. C'est pourquoi nous avons décidé de ne pas lui accorder la place qu'il aurait peut-être mérité. En revanche, il nous a semblé fertile de clore notre travail par une présentation d'une lecture du dernier roman de Camus, car *Le Premier Homme* n'a pas encore eu droit à la même attention que les autres œuvres de notre auteur.

Notes :

1. Jean Gassin, *L'univers symbolique de Camus. Essai d'interprétation psychanalytique*, Paris 1980, p.26.
2. Francis Jeanson, «Albert Camus ou l'âme révoltée» in : *Temps Modernes 7 (1952)*, p.2074.
3. Roger Quillot, *La mer et les prisons, Essai sur Albert Camus*, Paris 1956, p.60.
4. ibid., pp.57 sq.
5. Dimitris Papamalamis, *Albert Camus et la pensée grecque*, Nancy 1965, p.47.
6. Louis Truffaut, «La thématique du soleil chez Valéry, Claudel et Camus», in : *Die neueren Sprachen 68*, p.239-258.

Introduction 23

7. *ibid.*, p.249.
8. *ibid.*, p.250.
9. *ibid.*, p.253.
10. Roland Barthes, «*L'Etranger*, roman solaire», in : Roland Barthes, *Œuvres complètes*, t.1, Paris 1993, p.400.
11. Monique Crochet, *Les mythes dans l'œuvres de Camus*, Paris 1973, p.85.
12. *ibid.*, p.85.
13. *ibid.*, p.194.
14. *ibid.*, p.198.
15. Etienne Barilier, *Albert Camus, philosophie et littérature*, Lausanne 1977, pp.111-127.
16. *ibid.*, p.20.
17. *ibid.*, p.11.
18. Paul J. Archambault, «Camus : Le problème du mal et ses "solutions" gnostiques», in : *Cahiers Albert Camus 9, Revue des lettres modernes 1979*, pp.27-42.
19. *ibid.*, p.34.
20. *ibid.*, p.36.
21. Gassin 1980, pp.21-32. Cf. aussi Jean Gassin, «De Tarrou à Camus : Le symbolisme de la guillotine», in : *Cahiers Albert Camus 8, Revue des lettres modernes 1976*, pp.73-101.
22. Edouard Morot-Sir, «L'Esthétique d'Albert Camus : Logique de la limite, mesure de la mystique», in : *Albert Camus : œuvre fermée, œuvre ouverte?, Actes du colloque du Centre Culturel International de Cerisy-la Salle*, Paris 1982, pp.93-112.
23. Raymond Gay-Crosier, «La révolte génératrice et régénératrice», in : *Albert Camus : œuvre fermée, œuvre ouverte?, Actes du colloque du Centre Culturel International de Cerisy-la Salle*, Paris 1982, pp. 113-134.
24. Inés de Cassagne, «Tension et équilibre des extrêmes dans l'idéal classique», in : *Albert Camus, Les extrêmes de l'équilibre, Actes du colloque de Keele, 25-27 mars 1993*, Amsterdam-Atlanta 1994, pp.171-188.
25. Jacqueline Lévi-Valensi, «Roman, mesure et démesure», in : *Albert Camus, Les extrêmes de l'équilibre, Actes du colloque de Keele, 25-27 mars 1993*, Amsterdam-Atlanta 1994, pp.245-259.
26. Gabrielle Moix, «"L'Enigme" d'Albert Camus», in : *Cahiers Albert Camus 13, Revue des lettres modernes 1989*, pp.141-162.

27. Pour la discussion systématique du concept de «double-bind» que nous avons emprunté ici encore provisoirement aux logiciens et aux théories psychanalytiques, cf. notre troisième partie.
28. Pour la notion de soleil, cf. par exemple René Andrianne, «Soleil, Ciel et Lumière dans *L'Etranger* de Camus», in : *Revue Romane 1972* : «Disons d'emblée que le soleil chez Camus est ambigu et cela lors même que l'écrivain tente de s'expliquer à ce propos» (p.161). Pour la notion de mesure, cf. Raymond Gay-Crosier, «La révolte génératrice et régénératrice», in : *Albert Camus: œuvre fermée, œuvre ouverte?*, *Actes du colloque du Centre Culturel International de Cerisy-la Salle*, Paris 1982, pp.113-134.
29. Cf. *Œ II*, p.1222.
30. Paul J. Archambault, *Camus' Hellenic Sources*, Chapel Hill 1972, p. 173 : «Camus, in short, cannot be considered as a Greek, but as a modern with a Greek heart who has been compelled to face the historical paradox of Christianity.»
31. Ingrid Di Méglio, «Camus et la religion, antireligiosité et cryptothéologie», in : *Cahiers Albert Camus 11*, *Revue des lettres modernes 1982*, p.29 : «Dès ses premières œuvres, Camus développe son «Credo hellénique» par opposition au christianisme. [...] La confession de l'auteur lui-même («...je me sentais grec [...] dans un monde chrétien.») confirme que Camus reconnaissait que son «Credo» était plutôt antichrétien que préchrétien. La pensée hellénique, qui est à la base de l'ontologie camusienne, provient déjà de la philosophie nietzschéenne du Dieu-est-mort!»
32. Archambault 1972, p.82 : «Camus occasionally expressed the conflict between Hellenism and Christianity in terms of the Nietzschean antithesis between an esthetic and a moral justification of the world.»
33. Cf. *Œ I*, p.1222.
34. Di Méglio 1982, p.36 : «Sa [i.e. de Camus] définition de l'Etre comme une tension complémentaire entre l'ombre et la lumière, la mort et le bonheur, implique une morale qui trouve sa place entre une éthique des valeurs et une éthique de la situation.»
35. Raymond Gay-Crosier, «Circularité de l'affirmation négative : les méandres de la *via negationis*», in : *Cahiers Albert Camus 11*, *Revue des lettres modernes 1982*, p.51 : «Le dialogue plus ou moins serré avec la pensée plotinienne aboutit [...] à une théodicée à conclusion négative, c'est-à-dire à la révolte, à une cosmodicée dont l'enthousiasme se nourrit d'une perspective esthétique soutenue. Cette

visée première se verra pleinement confirmée par la fin de *L'Homme révolté* et par telle note des *Carnets* : «*Le monde absurde ne reçoit qu'une justification esthétique.*» *(C2,65).*»

36. Michel Mohrt : «Ethic and poetry in the work of Camus», in : *Yale French Studies* (1948), p.116 : «The true fondation of the code of Albert Camus is poetic»; p.118 : «An ethics engendered by an aesthetics, the code of Albert Camus remains that of an elite.»

37. «Albert Camus : œuvre fermée, œuvre ouverte? Actes du colloque du Centre Culturel International de Cerisy-la-Salle», in : *Cahiers Albert Camus 5* (1985).

38. *Œ I, Préface*, p.XXI : «Il me semble qu'il y a un double mouvement dans la pensée d'Albert Camus : l'un d'expansion et l'autre de réflexion, l'un qui le porte vers la vie la plus intense sans considération d'aucun obstacle, l'autre qui le ramène vers le sentiment de ce qu'il se doit et par suite de ce qu'il doit aux autres, double mouvement pareil à la diastole et à la systole du cœur.»

PREMIERE PARTIE :

LA PROBLEMATIQUE DE LA MESURE : ENTRE L'ETHIQUE ET L'ESTHETIQUE CAMUSIENNES

Chapitre premier

Entre les moralistes français et l'époque moderne

> «Nous pourrions peut-être attaquer le soleil, en priver l'univers ou nous en servir pour embraser le monde, ce serait des crimes, cela...»
>
> Sade, *Cent-vingts journées de Sodome*
>
> «Mais moi, je suis un bénisseur, quelqu'un qui dit oui, pour peu que tu sois autour de moi, toi pur, lumineux! toi abîme de lumière, - dans tous les abîmes je porte mon oui bénissant.»
>
> Nietzsche, *Ainsi parlait Zarathoustra*

La pensée de Camus a souvent été interprétée dans une perspective morale. Son «obsession principale», pour reprendre un mot de Paul J. Archambault, c'est le problème du mal, et tout particulièrement celui de la souffrance humaine (1). Sans doute faut-il comprendre la notion de mesure d'abord dans ce sens moral, et par là on peut également affirmer que Camus s'inscrit dans la tradition française classique des grands moralistes.

Les différents critiques (2) qui ont étudié les liens que l'œuvre camusienne établit avec celles de Chamfort, de La Rochefoucauld ou de Voltaire ne manquent pas de souligner l'étendue éthique de la mesure camusienne, et on est tenté d'admettre qu'il n'y a rien à ajouter sur ce plan. L'omniprésence de Pascal dans les thèmes camusiens de la grandeur et de la misère, de la solitude ou de la mort, semble fixer la notion de mesure en un concept moral. C'est également dans cette perspective que la plupart des critiques ont interprété la figure du soleil, à savoir comme symbole de la portée morale de la mesure camusienne, et en faisant le parallèle quelque peu banal entre la lumière et l'idée de mesure d'un côté, et de l'autre entre celle de démesure et de l'ombre.

Il nous importe cependant de préciser que la métaphorique camusienne est inscrite dans un système d'écriture plus complexe, puisque la mesure de Camus ne se laisse pas réduire à une valeur éthique. Car en premier lieu, il faut remarquer que le terme de mesure exprimant l'attitude morale de Camus est un mot dont la signification reste plongée dans une sorte d'obscurité ontologique.

Au temps des *Noces* par exemple, c'est une notion parmi d'autres, fréquemment utilisée pour désigner l'équilibre des choses, mais aussi pour décrire une forme d'extrême conscience et pour témoigner d'une lucidité du sujet poussée au bout de ses limites, mais sans nécessairement être inscrite dans un contexte éthique. Ce n'est qu'au cours des dix années qui suivent que le terme de mesure s'inscrira dans un contexte éthique et politique, et devient une sorte de défi à prendre. La mesure renverra à la révolte ainsi qu'à une nature de l'homme et devient l'expression de la vie même qu'il faut préserver à tout prix et que les formes démesurées de la révolte pervertissent.

Mais en même temps la mesure se chargera aussi de connotations mythiques et semble renvoyer à une loi éternelle à laquelle il est impossible de ne pas se soumettre : c'est le mythe de Némésis, déesse de la mesure, châtiant tous ceux qui dépassent la limite. Or tant que le statut ontologique de la mesure n'a pas été éclairci, tous ces contextes, *a fortiori* le contexte éthique, resteront ontologiquement problématiques.

Nous pensons que l'obscurité du statut ontologique de la mesure est due au rapport que l'écriture camusienne établit

Entre les moralistes français et l'époque moderne   31

avec l'époque moderne, notamment avec une tradition nietzschéenne qui a trouvé son expression dans la formule paradoxale du «Dieu est mort» (3). Devant cet arrière-plan, l'attitude morale de Camus exprimée par la notion de mesure diffère sur un point très précis de l'attitude des moralistes français de l'époque classique. Car tout en exigeant une morale fondée contre les atrocités du XXe siècle, Camus et ses contemporains se trouvent confrontés à des phénomènes de l'époque moderne qui font échouer toute tentative d'élaborer un concept moral à la manière classique. On pourrait dire qu'au temps de Camus tout concept moral traditionnel se révèle comme paradoxal puisqu'il est à la fois nécessaire et inadéquat face aux monstruosités de l'époque.

Ainsi, par une curieuse hésitation dans les chaînes argumentatives ou dans les rapports établis avec d'autres notions, la mesure camusienne ne s'étend pas seulement sur le champ éthique mais embrasse l'univers de notre auteur dans sa totalité. Alors qu'il était fondement implicite de toute morale au temps des Anciens, le concept de mesure n'arrive plus à remplir ses fonctions dans un discours éthique au temps de Camus. C'est pourquoi il aura besoin d'une métaphorique solaire qui lui prêtera sa force argumentative. Cette aide de la part de la métaphorique de la lumière n'est certes pas très convaincante dans le cadre d'un discours éthique. En revanche, elle remplit son rôle sur un plan esthétique, ce qui indique que l'écriture camusienne est à situer entre les niveaux éthique et esthétique.

Bien que la notion de mesure ne se laisse pas restreindre à une portée éthique, il faut toutefois noter qu'elle a en toute apparence permis à Camus de prendre position contre toute forme de totalitarisme, comme en témoignent les *Lettres à un ami allemand* : «*Nous luttons pour cette nuance qui sépare le sacrifice de la mystique, l'énergie de la violence, la force de la cruauté, pour cette faible nuance encore qui sépare le faux du vrai et l'homme que nous espérons des dieux lâches que vous révérez*» (*Œ II*, p.224). Pour pouvoir «faire la nuance», on a besoin d'un *tertium comparationis*. Comment Camus est-il arrivé à cette notion de mesure qui lui permet de «faire la nuance», et de «lutter pour cette faible nuance»? Ce n'est qu'avec *L'Homme révolté* que la notion de mesure aura trouvé sa plus grande portée morale (ainsi que ses plus grands critiques). Affirmant que le seul problème moral vraiment sérieux est le meurtre (4), et partant du concept de révolte - déjà latent dans *Le Mythe de Sisyphe* et les *Lettres à un ami allemand* (5) - Camus élabore toute une logique de la révolte pour aboutir aux fameuses pages de «La Pensée de midi».

Dans son livre *Albert Camus, soleil et ombre*, Roger Grenier fournit un indice qui permet de nous rapprocher du champ sémantique de la mesure camusienne :

> «La Pensée de midi conclut avec lyrisme en opposant l'équilibre grec et méditerranéen aux totalitarismes de l'Europe *"qui n'aime plus la vie"*. C'est un éloge de la mesure. [...] Le mal, dans le fond, c'est ce démon de l'absolu, qui a tenté notre orgueil. Le mal, c'est vouloir être Dieu. *"Au midi de la pensée, le révolté refuse ainsi la divinité pour partager les luttes et le destin communs"*.» (6)

Dans les *Lettres à un ami allemand*, il était encore question de *«destin révoltant»* (Œ II, p.240). Or pour que ce *«destin révoltant»* des *Lettres* devienne le *«destin commun»* de *L'Homme révolté*, pour faire le pas du «je» au «nous» dans l'ordre de la pensée, le concept de révolte est indispensable pour Camus : *«Je me révolte, donc nous sommes»* (Œ II, p.432). Ceci laisse à supposer qu'après coup, le travail sur la logique de la révolte dans *L'Homme révolté* a permis à Camus d'éclairer son attitude morale à partir de laquelle il pouvait se prononcer contre toute forme de totalitarisme, «faire la nuance» et «lutter pour cette nuance» dans les *Lettres à un ami allemand*.

Si l'on veut s'interroger de plus près sur le concept camusien de mesure d'une manière herméneutique, il faut donc passer par la logique de la révolte, car d'après *L'Homme révolté* c'est la révolte qui porte au jour la mesure : *«En même temps qu'elle suggère une nature commune des hommes, la révolte porte au jour la mesure et la limite qui sont au principe de cette nature»* (Œ II, p.697); et même : *«La*

Entre les moralistes français et l'époque moderne 33

mesure n'est pas le contraire de la révolte. C'est la révolte qui est la mesure» (Œ II, p.704).

Selon Camus, toute révolte implique un oui et un non (7). Si on admet que toute mesure a pour contraire une certaine forme d'absolu et que la mesure camusienne est en rapport avec le concept de révolte, on peut situer les concepts camusiens de mesure et de révolte dans un espace entre des formes de négation et d'affirmation absolues. Par là, la révolte et la mesure obtiennent des connotations d'équilibre et de tension, comme le remarque aussi Raymond Gay-Crosier : «...pour Camus, la révolte est paradoxalement à la source d'un fragile équilibre, d'une mesure faite de tension entre le constat et l'irrépressible refus de l'absurde» (8).

C'est en analysant toutes sortes de négations et d'affirmations absolues à travers les époques ainsi qu'en suivant les logiques qui leur sont inhérentes, que Camus ouvre cet espace «entre oui et non» dans lequel la pensée solaire rayonnera à la fin de *L'Homme révolté*. Suivons à présent les analyses des logiques de la négation et de l'affirmation absolues pour faire une exégèse *per negationem* de la notion de mesure.

Le royaume de la négation absolue nous est présenté, entre autres, à travers l'univers de Sade. C'est *«un univers sans loi où le seul maître sera l'énergie démesurée du désir»* (Œ II, p.449). Pour qu'il y ait loi et morale, il faudrait qu'une autre force limite cette énergie démesurée. La mesure est donc conçue ici comme limite, sans laquelle le monde n'a plus d'autre loi que celle du plus fort : *«Mais désirer sans limites revient aussi à accepter d'être désiré sans limites. La licence de détruire suppose qu'on puisse être soi-même détruit. Il faudra donc lutter et dominer. La loi de ce monde n'est rien d'autre que celle de la force; son moteur, la volonté de puissance»* (Œ II, p.452).

Désirer sans limites, cela veut également dire que l'on refuse la notion de temps, cette autre limite qui restreint les personnages sadiens dans leur course du plus rapide et du plus fort : *«La loi de la puissance n'a jamais la patience d'atteindre l'empire du monde. Il lui faut délimiter sans tarder le terrain où elle s'exerce, même s'il faut l'entourer de barbelés et de miradors»* (*Œ II*, pp.452-453). Paradoxalement, la démesure sadienne de la négation absolue semble donc se limiter elle-même dans l'espace, mais ce n'est que pour mieux exercer sa volonté de puissance. Inversement, *e negativo*, la mesure est conçue ici comme ouverture spatiale ou comme temporalité. Sans cette ouverture spatiale et temporelle, dans ce lieu clos qu'est l'univers de Sade, plus moyen d'échapper à la lutte féroce des maîtres : *«Les maîtres se jettent les uns sur les autres et cette œuvre érigée à la gloire du libertinage se trouve "parsemée de cadavres de libertins frappés au sommet de leur génie". Le plus puissant, qui survivra, sera le solitaire, l'Unique, dont Sade a entrepris la glorification, lui-même en définitive»* (*Œ II*, p.456).

La démesure de la négation absolue se trouve ainsi renfermée sur elle-même et aboutit à la solitude absolue d'un rêve de liberté illimitée. Il est vrai que *«la liberté, surtout quand elle est le rêve du prisonnier, ne peut supporter de limites»* (*Œ II*, p.450), mais puisque *«la liberté illimitée du désir signifie la négation de l'autre»* (*Œ II*, p.453), elle aboutit à la totalité close, à l'emprisonnement absolu. Inversement, la notion de mesure signifie donc une ouverture vers l'autre, une limitation de la liberté par la liberté des autres. De toute évidence, la mesure camusienne est à penser ici comme ouverture, interdépendance ou limite.

Dans les dernières pages consacrées à l'univers de Sade, Camus vient à la conclusion que la logique propre à la négation absolue revient à une *«marche hallucinante du non total au oui absolu»* (*Œ II*, p.456), et qu'elle entraîne avec elle des conséquences ignorées au début de cette marche : *«Le crime, dont il [i.e. Sade] voulait qu'il fût le fruit exceptionnel et délicieux du vice déchaîné, n'est plus aujourd'hui que la morne habitude d'une vertu devenue policière»* (*Œ II*, p.457). Si la démesure de la négation absolue finit ainsi par devenir une morne habitude, la mesure camusienne se révèle ici comme intensité de vivre, comme irruption de quelque chose de neuf.

Entre les moralistes français et l'époque moderne

Suivons à présent la logique de l'affirmation absolue, présentée entre autres à travers l'univers de Nietzsche. Celui-ci commence là où selon Camus l'univers sadien doit aboutir, à savoir dans la solitude : *«Dans ce monde débarrassé de Dieu et des idées morales, l'homme est maintenant solitaire et sans maître»* (*Œ II*, p.479). Etre seul, cela veut aussi dire que l'on est sans repères et que l'on est condamné à la passivité, car : *«Si rien n'est vrai, si le monde est sans règle, rien n'est défendu; pour interdire une action, il faut en effet une valeur et un but. Mais, en même temps, rien n'est autorisé; il faut aussi valeur et but pour élire une autre action»* (*Œ II*, p.480). La notion de mesure est donc pensée ici comme repère, comme but ou valeur qui autorise ou défend une action : *«Là où nul ne peut plus dire ce qui est noir et ce qui est blanc, la lumière s'éteint et la liberté devient prison volontaire»* (*Œ II*, p.481).

Si l'univers de Sade commence par la loi du plus fort pour se refermer successivement sur lui-même, celui de Nietzsche commence par la prison et tente désespérément de s'ouvrir. Mais comment Nietzsche tente-t-il de sortir de l'impasse? En disant oui à tout : *«Nietzsche a pensé que dire oui à la terre et à Dionysos était dire oui à ses souffrances. Accepter tout, et la suprême contradiction, et la douleur en même temps, c'était régner sur tout. Nietzsche acceptait de payer le prix pour ce royaume»* (*Œ II*, p.483). Le prix de cette logique de l'affirmation absolue, c'est l'acceptation du crime, car *«dire oui à tout suppose qu'on dise oui au meurtre»* (*Œ II*, p.486). Dire oui en même temps à l'esclave et au maître, cela revient à *«sanctifier le plus fort des deux, c'est-à-dire le maître»* (*Œ II*, p.486).

Alors que l'univers de Sade commence donc par la glorification du désir illimité et par la loi du plus fort pour aboutir dans la solitude absolue, l'univers de Nietzsche, quant à lui, commence dans la solitude et finit là où l'univers de Sade avait commencé, dans la volonté de puissance totale : *«Le nietzschéisme, théorie de la volonté de puissance individuelle, était condamné à s'inscrire dans une volonté de puissance totale»* (*Œ II*, p.487).

Cet éternel retour de Sade à Nietzsche et vice-versa invite à penser la mesure camusienne comme une ouverture visant à briser la logique de la démesure, comme effort de s'arracher soi-même des griffes de l'affirmation et de la négation absolues.

Au cours de cette brève étude des logiques de la négation et de l'affirmation absolues, nous avons pu déceler un champ sémantique qui sera aussi présent vers la fin de *L'Homme révolté*. La mesure est conçue comme limite, comme ouverture spatiale ou temporelle, comme ouverture vers l'autre et comme interdépendance, comme intensité de vie ou comme irruption de quelque chose de neuf, et finalement comme but ou valeur. Mais il faut noter ici que ce champ sémantique est déjà présent dans les pages consacrées à la logique de la révolte :

> «En assignant à l'oppression <u>une limite</u> en deçà de laquelle commence la dignité commune à tous les hommes, la révolte définissait une première <u>valeur</u>. Elle mettait au premier rang de ses références une <u>complicité transparente</u> des hommes entre eux, une <u>texture commune,</u> la <u>solidarité de la chaîne</u>, une communication d'être à être qui rend les hommes ressemblants et ligués.» (*Œ II*, p.684, nous soulignons.)

Limite, valeur, complicité transparente dans l'ouverture spatiale et temporelle, texture commune ou solidarité de la chaîne comme interdépendance : voilà des notions qui s'inscrivent dans le champ sémantique de la mesure. Parmi ces notions, celle qui revient le plus souvent est celle de limite, mais aussi celle d'interdépendance :

> «La révolte fait le procès de la liberté totale. Elle <u>conteste justement le pouvoir illimité</u> qui autorise un supérieur à violer la frontière interdite. <u>Loin de revendiquer une indépendance générale,</u> le révolté veut qu'il soit reconnu que <u>la liberté a ses limites</u> partout où

Entre les moralistes français et l'époque moderne 37

se trouve un être humain, <u>la limite étant précisément le pouvoir de révolte</u> de cet être.» (*Œ II*, pp. 687-688, nous soulignons.)

Lors de la présentation du dilemme du révolté, on peut trouver les mêmes connotations, à savoir les idées de valeur, de temporalité et une certaine intensité de vivre :

«La révolte, quand elle débouche sur la destruction, est illogique. Réclamant l'unité de la condition humaine, elle est <u>force de vie</u>, non de mort» (*Œ II*, p.688). Et : «Le révolté <u>ne peut donc trouver le repos</u>. Il sait le bien et fait malgré lui le mal. <u>La valeur</u> qui le tient debout ne lui est jamais donnée une fois pour toutes, il doit la maintenir sans cesse.» (*Œ II*, p.689, nous soulignons.)

Alors que le champ sémantique attesté par la notion de mesure vient se greffer sur le concept de révolte, celui-ci nous révèle, par une sorte d'échange économique, une loi de limite. Car puisque la révolte rend *«plus angoissant encore le problème qu'elle doit maintenant résoudre face au meurtre»* (*Œ II*, pp.684-685), le meurtre devient la limite par excellence : *«Le meurtre [...] est la limite qu'on ne peut atteindre qu'une fois et après laquelle il faut mourir»* (*Œ II*, pp.685-686). Si je renonce au meurtre, je sacrifie l'idée de révolte qui est «force de vie». Si je tue, il faut payer le meurtre par ma propre mort et je sacrifie la vie : limite de la limite, le meurtre se limite soit en se dédoublant en deux morts, soit en s'effaçant en un sacrifice de la révolte. Face au problème du meurtre, le concept de révolte révèle donc son caractère ambigu : *«La révolte, détournée à ses origines et cyniquement travestie, <u>oscille</u> à tous les niveaux <u>entre le sacrifice et le meurtre</u>»* (*Œ II*, pp.683-684, nous soulignons).

Si le champ sémantique de la mesure se greffe sur le concept de révolte, l'oscillation de la révolte n'affecte-t-elle pas, à son tour, la notion de mesure? Tandis que la démesure, la *«liberté absolue, qui est celle de tuer, est la seule qui ne réclame pas en même temps qu'elle-même ce qui la limite et l'oblitère»* (*Œ II*, p.688), la mesure, comme liberté limitée de la révolte, oscille entre le meurtre et le sacrifice : curieux équilibre entre deux morts-vivants, qui risque de détruire la révolte.

A la suite de la citation qui présentait la révolte comme tâche de maintenir une valeur, et en tenant compte de l'oscillation de la révolte, on peut donc sans doute interpréter le concept de mesure comme tension ou équilibre à maintenir. Cette lecture est soutenue par un passage à la fin de *L'Homme révolté* qui ne va pas sans un certain poids autobiographique de la part de Camus : *«En 1950, la démesure est un confort, toujours, et une carrière, parfois. La mesure, au contraire, est une pure tension»* (*Œ II*, p.704). Elle est également étayée par un passage des *Lettres à un ami allemand*, accompagné d'un remarquable *pathos* et aboutissant dans une double-opposition :

«L'Europe sera encore à faire. Elle est toujours à faire. Mais du moins elle sera encore l'Europe, c'est-à-dire ce que je viens de vous écrire. Rien ne sera perdu. Imaginez plutôt ce que nous sommes maintenant, sûrs de nos raisons, amoureux de notre pays, entraînés par toute l'Europe, et <u>dans un juste équilibre entre le sacrifice et le goût du bonheur, entre l'esprit et l'épée.</u>» (*Œ II*, pp.236-237, nous soulignons.)

Cependant, notons que l'expression «entraînés par toute l'Europe» n'est pas sans rappeler amèrement la situation politique lors des *Lettres à un ami allemand* et qu'elle évoque les expositions de la démesure du oui et du non absolus.

En vérité, le passage cité plus haut devrait plutôt nous rendre méfiants à l'égard de notre interprétation. Car il est vrai que chaque équilibre implique deux entités qui seraient en balance. Seulement, peut-on si aisément définir les deux entités pour cet équilibre que la notion de mesure constituerait? Certes, pour le concept de révolte, les deux entités peuvent, à la limite, être nommées: la révolte *«oscille à tous les niveaux entre le sacrifice et le meurtre»* (*Œ II*, p.384). Mais s'il est vrai que le concept de mesure s'inscrit pour Camus dans un contexte moral d'ampleur universelle et pour

Entre les moralistes français et l'époque moderne 39

ainsi dire de tous les jours, les paires «sacrifice-meurtre», «sacrifice-bonheur» et «esprit-épée» pour décrire la situation de limite sont sans doute nécessaires mais insuffisantes. De la mesure, soit, mais mesure de quoi?

Notre présent état aporétique face au concept de mesure traduit sans doute une des raisons de la fameuse «querelle», à moins que les adversaires de *L'Homme révolté* ne virent dans la notion de mesure que l'attestation d'une politique dite modérée (9). Mais il indique également que nous sommes pour ainsi dire sur la bonne voie, s'il est vrai que *«la démesure est un confort»* et que *«la mesure, au contraire, est une pure tension»* (Œ II, p.704).

C'est pourquoi nous nous contentons de modifier légèrement notre interprétation provisoire, en précisant que la mesure camusienne désigne moins un équilibre qui serait *a priori* donné, mais qu'elle exprime plutôt la *problématique* d'un équilibre à établir ou à maintenir (10).

On peut constater que l'idée de tension ou d'équilibre à maintenir se trouve déjà dans *Le Mythe de Sisyphe*. Car au sujet du rapport de l'homme absurde envers le monde, Camus affirme la *«nécessité d'une conscience maintenue sans cesse»* (Œ II, p.189). Cette constatation permet d'établir une certaine continuité entre *Le Mythe de Sisyphe* et *L'Homme révolté* ainsi qu'un lien entre la notion de mesure, la thématique de l'absurde et le motif de la prise de conscience.

Avant de continuer l'analyse de la mesure camusienne, attardons-nous un moment sur l'idée de démesure. Selon Camus, une de ses plus dangereuses formes semble être l'idée d'historicité, comme le remarque aussi Ingrid Di Méglio :

> «Camus voit dans la Réforme le berceau de l'idéologie allemande qui trahira l'«héritage grec» (II, 1658) dans le christianisme [...] pour remplacer la nature par l'histoire [...]. Camus pense que la prophétie de Feuerbach et de Nietzsche s'est réalisée dans le communisme athée où ce «messianisme d'origine chrétienne et bourgeoise» (II, 594) s'est fait l'héritier du côté judaïque du

christianisme en remplaçant la vision grecque cyclique du monde par la «notion d'historicité».» (11)

La logique de la démesure est considérée par Camus comme la source de toute forme de totalitarisme, car elle défend au mal et à la souffrance de servir d'argument contre les idéologies totalitaires. Le mal et la souffrance sont au contraire «sécularisés» et «utilisés» par la logique de la démesure, que ce soit celle du oui ou celle du non absolus (12). Selon Camus, cette «colonisation» du mal et de la souffrance est un élément constitutif de ce qu'il appelle «nihilisme», «idéologie allemande» ou encore «philosophie des ténèbres» (13), entamée par Hegel et déjà analysée par Nietzsche, sans que ce dernier puisse la dépasser entièrement :

> «Nietzsche avait déjà deviné cette colonisation à propos de Hegel dont l'originalité, selon lui, fut d'inventer un panthéisme dans lequel le mal, l'erreur et la souffrance ne puissent plus servir d'argument contre la divinité. "Mais l'Etat, les puissances établies ont immédiatement utilisé cette initiative grandiose".» (14)

La démesure, telle qu'elle est présentée ici par Camus à travers Nietzsche, à savoir comme «idéologie allemande», comme «pensée de minuit», renvoie toujours à la notion d'histoire. Car selon Camus l'histoire va être divinisée (15) par «l'idéologie allemande» à partir de Hegel, et servira d'explication, voire d'excuse pour toute forme de souffrance et d'injustice :

> «Le national-socialisme à cet égard n'est qu'un héritier passager, l'aboutissement rageur et spectaculaire du nihilisme. Autrement logiques et ambitieux seront ceux qui, corrigeant Nietzsche par Marx, choisiront de ne dire oui qu'à l'histoire et non plus à la création tout entière. Le rebelle que Nietzsche agenouillait devant le cosmos sera dès lors agenouillé devant l'histoire. Quoi

Entre les moralistes français et l'époque moderne 41

d'étonnant? Nietzsche, du moins dans sa théorie de la surhumanité, Marx avant lui avec la société sans classes, remplacent tous deux l'au-delà par le plus tard.» (*Œ II*, p.488)

Cette préférence du «devenir» à «l'être» de la part de la «pensée de minuit», Camus aura pu la trouver chez Nietzsche auquel il se réfère explicitement dans les pages citées plus haut (16), et dont on sait l'influence qu'il a exercée sur notre auteur (17). Ladite préférence du «devenir» à «l'être» se trouve également dans *Le Gai Savoir*, livre que Camus avait déjà lu en 1937 (18). On y trouve la même référence à Hegel :

> «Nous autres Allemands sommes hégéliens, quand même Hegel n'eût jamais existé, pour autant que (contrairement à tous les Latins) nous attribuons instinctivement au devenir, à l'évolution, une signification plus profonde, une valeur plus riche qu'à ce qui "est".» (19)

Pour Nietzsche, la divinisation de l'histoire représente donc un élément constitutif de la pensée hégélienne ainsi que de la pensée allemande en général, et on peut se demander à quel point l'analyse camusienne de «l'idéologie allemande» a été influencée par le philosophe de l'Eternel Retour. Dans cette *«lutte entre midi et minuit»* (*Œ II*, p.703), il semble que Nietzsche ait fait le portrait le plus réussi du lutteur de minuit, en y rassemblant à la fois les couleurs sombres des brumes du nord et la domination du «devenir» sur «l'être» :

> «...l'Allemand connaît les sentiers détournés qui conduisent au chaos. Et comme tout être aime son symbole, l'Allemand aime les nuages et tout ce qui est trouble, mouvant, crépusculaire, humide et voilé : il ressent comme "profond" tout ce qui est incertain, inaccompli, fugace, en devenir. L'Allemand lui-même n'*est* pas, il *devient*, il "évolue".» (20)

Si l'idée de démesure - comme «idéologie allemande», comme «pensée de minuit» - renvoie donc au nord ainsi qu'aux notions de minuit et d'histoire, qu'en est-il pour la notion de mesure? C'est ici, au plus tard, qu'il faut analyser les pages du fameux chapitre de *L'Homme révolté* pour déceler la différence entre «pensée de midi» et «pensée de minuit» et pour entrer dans ce que Camus appelle le *«conflit profond»* (*Œ II*, p.702) entre l'histoire et la nature.

De manière générale, on peut affirmer que chez Camus la notion d'histoire trouve son contrepoids dans celle de nature : *«Le révolté, loin de faire un absolu de l'histoire, la récuse et la met en contestation, au nom d'une idée qu'il a de sa propre nature»* (*Œ II*, p.693). Mais bien entendu, ni le révolté ni Camus lui-même nient le fait de l'histoire. Pour le révolté, au contraire, c'est *«en elle qu'il essaie de s'affirmer»*, sans pourtant *«en faire un absolu»* (*ibid.*). Pour Camus, l'histoire semble être *«une longue confrontation entre la mesure et la démesure»* (*Œ II*, p.702), pour ainsi dire un conflit entre l'esprit méditerranéen de nature et l'idée idéologique de l'histoire. Le passage suivant décrit la même idée de conflit : *«Le conflit profond de ce siècle ne s'établit peut-être pas tant entre les idéologies allemandes de l'histoire et la politique chrétienne [...] qu'entre les rêves allemands et la tradition méditerranéenne, [...] l'histoire enfin et la nature»* (*Œ II*, p.702). De toute évidence, cette idée de conflit entre les «rêves allemands» et la «tradition méditerranéenne» est régie par les conceptions camusiennes de la nature et de l'histoire.

Mais il faut noter ici que la nature est d'emblée conçue par Camus comme mesure, qu'elle ne peut pas être démesure et que cette conception de la nature relève d'une *petitio principii*, ce qui a été souligné par Ingrid Di Méglio :

> «C'est donc la nature concrétisant cet Etre qui pousse l'homme vers son prochain : la religion naturelle des premières œuvres est la base de morale camusienne et non sa négation! Mais c'est aussi dans ce point de

départ que se cache la pétition de principe qui conduit Camus au cercle vicieux de toute éthique des valeurs : l'auteur de *L'Homme révolté* suppose une nature humaine qui révèle dans la révolte la solidarité des hommes et il conclut de cette révélation à une nature humaine sans jamais répondre à la question qu'il se pose pourtant : «[...] *d'où vient-elle?*» (C2, 184).» (21)

Remarquons que cette *petitio principii* est sinon la cause, du moins le pendant de la conception camusienne de l'histoire. La postulation d'une nature par pétition de principe et la récusation de «l'idéologie allemande de l'histoire» à partir d'une perspective historique ne sont que l'envers et l'endroit d'un même point de vue, qui forcera Camus à osciller sans cesse entre le plaidoyer de la nature d'une part, et d'autre part un équilibre entre la nature et l'histoire.

Dans ce contexte, il est intéressant de constater que la notion de nature n'est presque jamais décrite comme telle dans *L'Homme révolté* mais qu'elle est plutôt invoquée que fondée philosophiquement (22). A plusieurs reprises, elle n'est décrite que par opposition à l'idéologie allemande qui vient l'apprivoiser et l'utiliser à son service, *«au nom d'un dieu historique d'abord et de l'histoire divinisée ensuite»* (Œ II, p.702). Dans une lutte idéologique entre l'histoire et la nature, cette dernière serait la plus faible car, annexée par l'histoire, elle *«ne peut plus être ensuite que la matière d'une action qui vise à la transformer»* (ibid.). Camus, penserait-on, qui a toujours sympathisé avec le côté des perdants, ne peut que prendre parti pour la nature.

Pourtant, par une curieuse oscillation, Camus ne semble se solidariser avec la notion de nature que pour donner un contrepoids à la domination de l'histoire. Car si l'on examine de plus près la paire «nature-histoire» dans *L'Homme révolté*, on peut certes constater que celle-ci s'inscrit dans la chaîne argumentative des paires «mesure-démesure» et «pensée de midi - idéologie allemande», et que l'on pourrait continuer avec les paires «midi-minuit» ou «jour-nuit» (23). Mais lorsqu'on prend en considération notre interprétation provisoire de la mesure camusienne, il faut constater que l'idée de mesure se révèle souvent comme équilibre entre les notions d'histoire et de nature : *«Ce <u>contrepoids,</u> cet esprit qui <u>mesure</u> la vie, est celui-là même qui anime la longue tradition de ce qu'on peut appeler la pensée solaire et où, depuis les Grecs, la nature <u>a toujours été équilibrée</u> au devenir»* (Œ II, p.701, nous soulignons). Ici la mesure se révèle comme équilibre entre «nature» et «histoire». Mais quelques pages avant : *«En même temps qu'elle suggère une <u>nature commune</u> des hommes, la révolte porte au jour <u>la mesure</u> et la limite qui sont <u>au principe de cette nature</u>»* (Œ II, p.695, nous soulignons). Voilà du coup la mesure comme principe d'une nature commune des hommes. Notons que dans les deux citations, la métaphorique solaire est présente par les expressions «porter au jour» et «pensée solaire». Il faut conclure que Camus privilégie tantôt la nature, lorsqu'il s'agit de brider la démesure de l'histoire, et qu'il fait tantôt l'éloge d'un équilibre entre «nature» et «histoire», lorsqu'il s'agit de présenter la pensée de midi.

Il est intéressant de constater que la même hésitation ou oscillation vaut également pour la métaphorique solaire. Car la mesure, comme pensée solaire, se réfère tantôt à la lumière et au soleil, tantôt elle suggère une tension ou une ambiguïté, supposant par là un équilibre entre lumière et ombre : *«Nous autres <u>Méditerranéens</u> vivons toujours de la même <u>lumière</u>. Au cœur de la nuit européenne, <u>la pensée solaire</u> [...] attend son aurore. Mais elle <u>éclaire</u> déjà les chemins de la vraie maîtrise»* (Œ II, p.703, nous soulignons). Voilà la mesure comme pensée solaire, éclairée par le soleil et éclairant à son tour les chemins. Mais - dans la même phrase - on trouve également un équilibre entre lumière et ombre : *«Au cœur de la nuit européenne, <u>la pensée solaire</u>, la civilisation <u>au double visage</u>, <u>attend</u> son <u>aurore</u>»* (ibid., nous soulignons). Du coup la pensée solaire se situe au passage entre nuit et jour, attendant son aurore, et dépendante de la tension entre lumière et ombre pour pouvoir produire une «civilisation au double visage». De toute évidence, l'oscillation mentionnée plus haut au sujet de la paire «histoire-nature» vaut également pour l'emploi de la métaphorique de la lumière.

Entre les moralistes français et l'époque moderne 45

Faut-il entendre par là que les dernières pages de *L'Homme révolté* contiennent des incohérences, et que par conséquent l'éloge de la mesure tout comme la logique de la révolte s'effondrent, comme l'auraient si bien voulu les critiques du temps de Camus? Nous croyons qu'il faut répondre par la négative et pensons que la raison profonde de l'oscillation décrite plus haut - dont Camus est pleinement conscient (24) - se trouve plutôt au sein même du concept camusien de mesure : c'est son caractère paradoxal.

L'ambiguïté du concept de mesure invite à penser, sur un plan purement abstrait, une première notion de mesure ayant pour contraire une première notion de démesure, cette paire impliquant une deuxième notion de mesure comme équilibre, celle-ci évoquant à son tour une deuxième notion de démesure, et ainsi à l'infini. Cette chaîne de paires de mesure et de démesure formant un mouvement infini de renvois peut être lue comme concept intégral de mesure, comme mouvement (25), limite ou horizon se déplaçant sans cesse, à mesure que l'on avance. Notons que nos interprétations de la notion de mesure comme ouverture spatio-temporelle et comme tension à maintenir s'inscrivent parfaitement dans cette lecture (26).

L'idée de mouvement de renvoi touche également à cette logique de l'écriture camusienne esquissée plus haut, à savoir au curieux échange des champs sémantiques entre la mesure et la révolte, ainsi qu'à la contamination de l'oscillation de la révolte sur les notions de mesure et de soleil. Il va sans dire qu'une telle interprétation doit aller de pair avec un concept de révolte infinie.

Plusieurs passages de *L'Homme révolté* soulignent cette interprétation. D'abord pour la notion de révolte : «*Le révolté ne peut donc trouver le repos. Il sait le bien et fait malgré lui le mal. La valeur qui le tient debout ne lui est jamais donnée une fois pour toutes, il doit la maintenir sans cesse*» (Œ II, p.689). Et : «*La pensée révoltée [...] est une tension perpétuelle.*» (Œ II, p.431); «[se révolter contre l'histoire] *suppose une interminable tension*» (Œ II, p. 703). Puis pour celle de mesure : «*La mesure, au contraire, est une pure tension. Elle sourit sans doute et nos convulsionnaires, voués* à de laborieuses apocalypses, l'en méprisent. Mais ce sourire resplendit au sommet d'<u>un interminable effort</u>» (Œ II, p.704). Enfin pour les deux notions à la fois : «*La mesure, née de la révolte, ne peut se vivre que par la révolte. Elle est <u>un conflit constant</u>, perpétuellement suscité et maîtrisé par l'intelligence*» (*ibid.*, nous soulignons).

Remarquons que l'expression «*il sait le bien et fait malgré lui le mal*» et la notion d'apocalypse situent les réflexions camusiennes dans une proximité du christianisme (27). Dans l'œuvre camusienne, on peut en effet trouver maintes lignes s'opposant au christianisme, mais toujours régies en termes et expressions chrétiens (28).

Il faut également souligner que l'idée de révolte infinie, d'éternelle lutte, est déjà présente dans les *Lettres à un ami allemand* : «*...il m'apparaissait au contraire que l'homme devait affirmer la justice pour lutter contre l'injustice éternelle*» (Œ II, p. 240). L'injustice étant présentée comme éternelle, la lutte contre celle-ci devient, elle aussi, éternelle.

Mais que faut-il conclure de cette idée de mesure comme mouvement infini? S'il est vrai que la mesure camusienne implique un mouvement infini de renvois, il doit se trouver une force motrice, un élan au sein même de la mesure. Il doit y avoir une force démesurée *à l'intérieur* de la mesure.

Les *Lettres à un ami allemand* soulignent cette supposition : «*Et à la vérité, moi qui croyais penser comme vous, je ne voyais guère d'argument à vous opposer, sinon <u>un goût violent</u> de la justice qui, pour finir, me paraissait aussi peu raisonné que <u>la plus soudaine des passions</u>*» (Œ II, p. 240, nous soulignons). Ce «goût violent» de la part de Camus n'exprime-t-il pas cet élan qui se trouve au centre de la mesure? La notion de passion ainsi que l'emploi du superlatif semblent être d'excellents indices pour pouvoir parler d'une démesure à l'intérieur de la mesure camusienne.

Il faut noter ici que les idées de renvoi infini et de démesure se trouvent déjà dans les concepts d'absurde et de révolte tels qu'ils sont présentés par Camus dans *Le Mythe de Sisyphe*. Car puisque la connaissance de l'homme absurde n'arrive pas à appréhender la totalité des éléments constituant le monde, la révolte de l'homme absurde apparaît comme passion régie par une conscience infiniment renouvelée : *«A partir du moment où elle est reconnue, l'absurdité est une passion, la plus déchirante de toutes»* (Œ II, p.113); *«Et qu'est-ce qui fait le fond de ce conflit, de cette fracture entre le monde et mon esprit, sinon la conscience que j'en ai? Si donc je veux la maintenir, c'est par une conscience perpétuelle, toujours renouvelée, toujours tendue»* (Œ II, p.136, nous soulignons).

Dans les exemples donnés par Camus, les idées de renvoi infini et d'éternelle répétition exprimées par la «démesure dans la mesure» sont presque omniprésentes. Objets de la séduction de la part de Don Juan, les femmes *«réussissent seulement à lui faire sentir le besoin de cette répétition»* (Œ II, p.152); l'acteur, tout comme le voyageur, *«épuise quelque chose et parcourt sans arrêt»* (Œ II, p.159); au sujet du conquérant, Camus fait dire à ce dernier : *«La victoire serait souhaitable. Mais il n'y a qu'une victoire et elle est éternelle. C'est celle que je n'aurais jamais. [...] Ma révolte et ma passion se rejoignent alors dans cette tension, cette clairvoyance et cette répétition démesurée»* (Œ II, p.166). Quant à l'œuvre d'art, Camus affirme qu'elle *«est comme une répétition monotone et passionnée des thèmes orchestrés par le monde»* (Œ II, p.174, nous soulignons).

Précisons que dans ces citations on peut constater un passage d'un niveau éthique à un niveau esthétique, ce qui indique que la mesure camusienne, conçue comme éternel renvoi ou comme interminable tension, n'est pas le fruit d'un discours uniquement éthique, mais d'une écriture qu'il faut situer entre l'éthique et l'esthétique. Cette remarque est soutenue par le chapitre «Révolte et Art» de *L'Homme révolté*, dans lequel Camus affirme que *«l'exigence de la révolte, à vrai dire, est en partie une exigence esthétique»* (Œ II, p.659). Mais elle nécessite d'être explicitée dans un contexte plus général, notamment en ce qui concerne la conception camusienne de l'art.

A ce sujet, on peut constater que le chapitre «Révolte et Art» témoigne d'une certaine continuité de la conception de l'art de la part de Camus, puisque plusieurs phrases de ce chapitre semblent presque résumer l'esprit du *Mythe de Sisyphe* : «*La contradiction est celle-ci : l'homme refuse le monde tel qu'il est, sans accepter de lui échapper*» (*Œ II*, p.664); et : «*Peut-on, éternellement, refuser l'injustice sans cesser de saluer la nature de l'homme et la beauté du monde? Notre réponse est oui*» (*Œ II*, p.679). Nous voilà bien proche de la célèbre dernière phrase du *Mythe de Sisyphe*. Or cette conception de l'art souligne l'idée de conflit entre histoire et nature : «*L'art, du moins, nous apprend que l'homme ne se résume pas seulement à l'histoire et qu'il trouve aussi une raison d'être dans l'ordre de la nature*» (*Œ II*, p.679). On peut affirmer que Camus prend position ici contre un art qui serait sécularisé par l'histoire, ou en d'autres termes qu'il exprime une certaine retenue face à un art qui soit utilisé par une «morale», à savoir par une idéologie.

C'est peut-être Roland Barthes qui a le mieux développé les conséquences d'une telle conception au niveau du langage littéraire, et il est intéressant de constater qu'il attribue à *L'Etranger* le mérite d'avoir inauguré ce qu'il appelle «écriture blanche» ou «écriture au degré zéro» :

> «Cette parole transparente, inaugurée par *L'Etranger* de Camus, accomplit un style de l'absence qui est presque une absence idéale de style; [...] la pensée garde ainsi toute sa responsabilité, sans se recouvrir d'un engagement accessoire de la forme dans une Histoire qui ne lui appartient pas.
> [...] L'écriture neutre retrouve réellement la condition première de l'art classique : l'instrumentalité. Mais cette fois, l'instrument formel n'est plus au service d'une idéologie triomphante; [...] il perd volontairement tout recours à l'élégance ou à l'ornementation, car ces deux dimensions introduiraient à nouveau dans l'écriture, le Temps, c'est-à-dire une puissance dérivante, porteuse d'Histoire.» (29)

Il va sans dire que Camus ne nie pas la portée éthique de ses romans, comme par exemple dans *La Peste* qui, à un niveau symbolique, peut sans aucun doute être lue comme un roman qui traite le sujet de l'occupation. Il convient toutefois de remarquer que la conception camusienne de l'art exprime une certaine retenue face à la dimension «morale» dans l'art, puisque celle-ci risque toujours d'être au service de «l'idéologie triomphante». Précisons qu'au temps de l'après-guerre, ce refus d'une «morale» dans l'art se confond aux yeux de Camus avec le rejet d'un «réalisme en art» qui s'est trouvé mis au service de l'idéologie du «matérialisme historique» (30).

Mais revenons à la notion de mesure. Dans *L'Homme révolté*, la «démesure dans la mesure» formant la force motrice du mouvement infini de renvois ne peut évidemment pas figurer vers la fin de l'œuvre, puisqu'il s'agit d'y souligner l'opposition entre l'idéologie allemande et la pensée de midi. Au début de l'œuvre en revanche, et notamment dans les toutes premières pages consacrées à l'exposition du phénomène de révolte, on peut trouver des notions qui ont une parfaite connotation de démesure et de passion :

> «Avec la perte de la patience, avec l'impatience, commence au contraire un mouvement qui peut s'étendre à tout ce qui, auparavant, était accepté. Cet élan est presque toujours rétroactif.[...] Le mouvement de révolte le [i.e. : le révolté] porte plus loin qu'il n'était dans le simple refus. Il dépasse même la limite qu'il fixait à son adversaire. [...] Cette part de lui-même qu'il voulait faire respecter, il la met alors au-dessus du reste et la proclame préférable à tout, même à la vie. Elle devient pour lui le bien suprême.» (*Œ II*, p.424, nous soulignons.)

C'est justement cette démesure *dans* la mesure, ce mouvement infini, cet élan qui aide la révolte à figurer comme possibilité d'ouverture, comme passage du «je» au «nous». Dans la révolte est manifeste *«cette notion du dépassement de l'individu»* (*Œ II*, p.425); le révolté montre par l'acceptation de mourir *«qu'il se sacrifie au bénéfice d'un bien dont il estime qu'il déborde sa propre destinée.* [...] *Il* [i.e. : le révolté] *agit donc au nom d'une valeur, encore confuse, mais dont il a le sentiment, au moins, qu'elle lui est commune avec tous les hommes»* (*ibid.*).

Or cette démesure qui rend possible le dépassement de l'individu ne peut pas être celle du oui ou non absolus. La démesure dont il est question ici doit être forcément *dans* la mesure même, puisqu'elle renvoie à la nature de l'homme et que les notions de mesure et de nature sont en correspondance. Pour qu'il y ait solidarité entre les révoltés, on a donc besoin de la notion de mesure, mais pour qu'il y ait un début de révolte, il est indispensable qu'il y ait une force démesurée *dans* la mesure. La force démesurée dans la mesure, c'est le fait de dire non; la mesure est ce à quoi le révolté dit oui.

Soulignons que l'idée d'une démesure *à l'intérieur* de la mesure camusienne est indispensable pour la compréhension de *L'Homme révolté* aussi bien que pour l'analyse de la fonction de la métaphorique solaire dans le dernier chapitre de l'essai, intitulé «La pensée de midi». Toute lecture de l'œuvre camusienne qui ne prend pas en considération cette idée de démesure *dans* la mesure et qui par là reste à un degré premier, se trouve contrainte à faire le parallèle quelque peu banal entre «mesure», «pensée de midi» et «soleil» d'un côté, et de l'autre entre «démesure», «pensée de minuit» et «nuit», et se heurte à des difficultés insurmontables lorsqu'il s'agit d'expliquer la fonction du soleil dans d'autres œuvres telles que par exemple *L'Etranger* ou «Le Renégat».

Par l'ironie du sort, le fait que c'est la force négatrice qui entame le mouvement de révolte renvoie à Hegel, un des grands penseurs «de minuit» (31). Mais chez ce dernier, le mouvement se referme et revient à lui-même pour devenir ce qu'il est, à savoir «Esprit», tandis que celui de la révolte semble être ouvert. Toutefois, il convient de parler d'une certaine ressemblance entre le mouvement camusien de révolte et celui du maître de la dialectique, ressemblance attestée par

Entre les moralistes français et l'époque moderne 51

Camus lui-même dans ses *Carnets* (32) et que Gay-Crosier décrit au sujet de la *Phénoménologie de l'Esprit* et de *L'Homme révolté* dans son essai *La révolte génératrice et régénératrice* :

> «Hegel opte dès le départ de son étude pour la différence dynamique, pour l'écart, pour la dualité et la duplicité. L' identité impossible au départ - Camus dirait l'absurde - , la différence, le dédoublement, la séparation artificielle du sujet et de l'objet pourvoient l'homme lucide d'une conscience malheureuse parce que déchirée et étrangère à elle-même.» (33)

Grâce au caractère essentiellement paradoxal du concept de mesure, Camus peut faire en même temps l'éloge de la mesure vers la fin de *L'Homme révolté* et celui de la révolte au début de l'œuvre, tout en usant d'expressions ayant une connotation de démesure : *«La révolte [...] fracture l'être et l'aide à déborder. Elle libère les flots qui, stagnants, deviennent furieux. [...] A la source de la révolte, il y a [...] un principe d'activité surabondante et d'énergie»* (*Œ II*, p.427, nous soulignons).

Inversement, si dans toute forme de mesure se trouve, caché et pour ainsi dire aveuglé par le rayonnement de la mesure, un noyau obscur de démesure (34), il peut aussi se trouver - non nécessairement, car la relation n'est pas symétrique - une part de mesure dans l'entourage de quelques formes de démesure.

Ici Camus est plus prudent, car il ne veut pas redonner du terrain à la pensée de minuit. Pourtant, cette hypothèse se trouve confirmée par deux passages vers la fin de *L'Homme révolté*, l'un à propos de la démesure nietzschéenne, l'autre concernant la démesure en général : *«Il est bien vrai que la démesure peut être une sainteté, lorsqu'elle se paye de la folie de Nietzsche»* (*Œ II*, p.703). Du moment que l'on paye sa démesure, celle-ci se réinscrit dans un équilibre. Et : *«La vraie folie de démesure meurt ou crée sa propre mesure. [...] Dans le déchirement le plus extrême, elle retrouve sa limite, sur* laquelle, comme Kaliayev, elle se sacrifie, s'il le faut» (*Œ II*, p.704).

Il est intéressant de constater que dans «L'Enigme» Camus utilise la même conception de démesure créant sa propre mesure, au sujet de l'artiste et de ses amis : *«Mais dans sa recherche obstinée, seuls peuvent aider l'artiste ceux qui l'aiment et ceux-là aussi, qui, aimant ou créant eux-mêmes, trouvent dans leur passion la mesure de toute passion, et savent alors juger»* (*Œ II*, p.866). Et dans les *Noces*, on trouve déjà une singulière coïncidence entre mesure et démesure : *«Et pourtant, oui, on peut trouver une mesure en même temps qu'un dépassement dans le visage violent et acharné de ce peuple»* (*Œ II*, p.74).

Seulement, comment faut-il penser cette idée de «démesure *dans* la mesure»? Quelle différence y a-t-il entre cette «démesure *dans* la mesure» et la démesure de l'idéologie allemande? Alors que cette dernière obéit à la loi du plus fort (et du plus riche aussi), la démesure *dans* la mesure semble renvoyer à une tout *autre* économie. Mais comment penser une telle loi? Comment penser qu'il peut arriver que plus est parfois moins? Comment écrire - comme Camus le fait par exemple au sujet de Kaliayev ainsi qu'au sujet du dilemme de la révolte - que parfois il aurait valu mieux qu'il y ait deux morts qu'un seul? Et comment le vivre?

Il semble que cette idée de «démesure dans la mesure» ne répond plus à une logique «classique», sinon à une logique de l'absurde reflétant le mot nietzschéen et paradoxal du «Dieu est mort». C'est pourquoi nous venons à la conclusion que le concept camusien de mesure, tel qu'il est élaboré dans *L'Homme révolté*, est profondément paradoxal et qu'il répond à une logique de l'absurde. A cause de la fréquente utilisation de métaphores de soleil et de lumière lors de la présentation de la pensée de midi, nous proposons à présent de lire le soleil camusien comme symbole de cette «démesure *dans* la mesure».

Cette interprétation qui à notre connaissance n'a pas encore été proposée par les critiques contemporains est à nos yeux indispensable pour la compréhension de la métaphorique solaire de l'œuvre camusienne. On ne saurait trop insister sur le fait que toute lecture voulant réduire la métaphorique solaire de *L'Homme révolté* aux deux chaînes «soleil - pensée de midi - mesure» et «nuit - pensée de minuit - démesure» se trouve incapable de pouvoir expliquer le rôle violent que le soleil joue dans des œuvres comme *L'Etranger* ou «Le Renégat», sans tomber dans des contradictions insurmontables. Notre interprétation, en revanche, garantit le lien entre les différentes connotations du soleil camusien, sans perdre de vue la relation avec la thématique de la mesure. En d'autres termes, cette démesure découverte au sein même de la mesure camusienne correspond à ce qu'il y a de noir et de violent dans le soleil camusien, tel qu'il est présenté par exemple dans «Le Renégat».

Au cours de la lecture du *Mythe de Sisyphe*, nous avons vu que la problématique de la mesure est étroitement liée à la thématique de la prise de conscience. Le soleil doit par conséquent aussi figurer comme principe premier donnant à l'homme sa lueur spirituelle. Puisque Camus exige la maintenance d'une conscience perpétuelle et se renouvelant sans cesse, la lumière de la connaissance humaine ne semble pas être donnée une fois pour toutes, mais doit être conquise à chaque reprise. Il en résulte l'hypothèse que le lien entre la figure du soleil et la thématique de l'*epistémè* est ambivalent et recèle un moment de violence. Nous nous consacrerons à cette thématique dans notre deuxième partie.

Notes :

1. Archambault 1979, p.28.
2. Hermann Riefstahl, «Albert Camus, Le Mythe de Sisyphe», in : *Zeitschrift für philosophische Forschung 2 (1947)*, p.621; Quillot 1956, p.60; Raymond Gay-Crosier, *Camus*, Darmstadt 1976, pp.199 sq.; Barilier 1977, pp.124 sq.
3. Cf. Serge Doubrovsky, «Sartre and Camus : A Study in Incarceration», in : *Yale French Studies 25 (1960)*, p.85.
4. Œ II, p.414.

5. *Œ II, p.240* : «Je voulais seulement que les hommes retrouvent leur solidarité pour entrer en lutte contre leur destin révoltant.»
6. Grenier 1987, p.244.
7. Cf. *Œ II*, p.423.
8. Raymond Gay-Crosier, «Circularité de l'affirmation négative : les méandres de la *via negationis*», in : *Cahiers Albert Camus 11, Revue des lettres modernes 1982*, p.66.
9. Cf. Jean-Marie Domenach, *Le retour du tragique*, Paris 1967, p.227 : «On en sortira par la mesure, la limite, la limite de la limite, et la contemplation esthétique. [...] L'humanisme de Camus [...] prend sa retraite au musée.»
10. Cf. aussi *C III*, p.27 : «Personne plus que moi n'a désiré l'harmonie, l'abandon, l'équilibre définitif, mais il m'a toujours fallu y tendre à travers les chemins les plus raides, le désordre, les luttes.»
11. Di Méglio 1982, p.22.
12. Cf. *Œ II,* pp.488 sq.
13. *Œ II*, p.857.
14. *Œ II*, pp.488 sq.
15. Cf. aussi « Le Non à l'Histoire» dans la préface de Jean Grenier, *Œ I*, pp.XIII-XV.
16. Il s'agit d'un fragment des *Œuvres posthumes* des années 1885 à 1886 : *Nachgelassene Fragmente*, Herbst 1885 - Herbst 1886, *KSA* (t.XII), p.113.
17. Cf. Grenier 1987, p.25 : «On ne saurait trop souligner l'importance intellectuelle et affective de Nietzsche pour Camus. Jusqu'à *La Mort heureuse*, l'influence nietzschéenne sera dominante. Le philosophe du renversement des valeurs aura une place de choix dans *L'Homme révolté*. Et, tant qu'il vivra, Camus portera une véritable tendresse au génie foudroyé.»
Le livre de Nietzsche cité par Camus dans *L'Homme révolté* est *La Volonté de Puissance* (cf. la note de *L'Homme révolté*, p.476 : «C'est évidemment la dernière philosophie de Nietzsche, de 1880 à l'effondrement, qui nous occupera ici. Ce chapitre peut être considéré comme un commentaire à la Volonté de Puissance.»). *La Volonté de Puissance* n'est qu'une publication fort contestée des œuvres posthumes de la part de la sœur de Nietzsche et ne peut sevir de référence ici. Nous nous servons de l'édition critique des œuvres de Nietzsche (*KSA*), établie à partir de 1967 par Giorgio Colli et Mazzino Montinari.
18. Cf. Crochet 1973, p.31.

Entre les moralistes français et l'époque moderne 55

19. *Le Gai Savoir*, Livre cinquième, § 357, pp.259-260; *Die fröhliche Wissenschaft*, Fünftes Buch, § 357, *KSA* (t.III), p.599.
20. *Par-delà bien et mal*, huitième partie, p.163; *Jenseits von Gut und Böse*, Achtes Hauptstück, § 244, *KSA* (t.V), p.185.
21. Di Méglio 1982, p.33.
22. Cf. aussi *Œ II*, p.695 : «En même temps qu'elle suggère une nature commune des hommes, la révolte porte au jour la mesure et la limite qui sont au principe de cette nature.» (Nous soulignons.)
23. Par exemple : «L'Europe n'a jamais été que dans cette lutte entre midi et minuit. Elle ne s'est dégradée qu'en désertant cette lutte, en éclipsant le jour par la nuit» (*Œ II*, p.703); et : «Au cœur de la nuit européenne, la pensée solaire [...] attend son aurore» (*ibid.*).
24. Cf. *C II* : «Essai sur la Révolte : [...] Introduire thème de l'oscillation» (p.82).
25. Cf. *C III* , p.25 : «De même que l'absurde n'était pas dans le monde ou en nous, mais dans cette contradiction entre le monde et notre expérience, de même la mesure n'est pas dans le réel ni dans le désir, mais... La mesure est un mouvement, une transposition de l'effort absurde.»
26. Là-dessus cf. aussi Raymond Gay-Crosier, «La révolte génératrice et régénératrice», in : *Cahiers Albert Camus 5, Albert Camus : œuvre fermée, œuvre ouverte? Actes du colloque du Centre Culturel International de Cerisy-la Salle*, Paris 1982, p.114 : «Je voudrais montrer que la pensée de midi [...] charpente une fusion provisoire des contraires, une espèce de clôture ouverte. La pensée de midi apparaît dans cette optique comme une pseudo-clôture, qui fournira au futur lecteur le "noyau germinateur" d'un dialogue à poursuivre.»
27. Cf. Epître de St. Paul aux Romains, 7,7-25.
28. Cf. Jacques Goldstain, «Camus et la Bible», in : *Cahiers Albert Camus 4, Revue des lettres modernes 1971*, pp.7-140. Nous y reviendrons dans la deuxième partie, au sujet du conflit entre le christianisme et l'hellénisme.
29. Roland Barthes, *Le degré zéro de l'écriture*, Paris 1953, pp.56-57 (nous soulignons).
30. A ce sujet, le débat entre Roland Barthes et Camus sur *La Peste* est assez révélateur. Cf. «*La Peste* : Annales d'une épidémie ou roman de la solitude?» (pp.452-456); «Lettre d'Albert Camus à Roland Barthes sur *La Peste*» (pp.457-458); «Réponse de Roland Barthes à Albert Camus» (pp.479); in : Roland Barthes, *Œuvres complètes*, t.1, Seuil, Paris 1993. Par exemple la «Réponse de Roland Barthes à Albert Camus» :

«Je pense que nous pourrons être d'accord pour résumer ce débat de la façon suivante : le romancier a-t-il le droit d'aliéner les faits de l'histoire? [...] Tout votre livre, l'épigraphe que vous lui avez donnée, vos explications même concluent à ce droit : il se confond justement à vos yeux avec le rejet du réalisme en art, auquel, précisez-vous, vous ne croyez pas.
Or, pour moi, j'y crois; ou du moins (car ce mot *réalisme* a une hérédité bien lourde), je crois à un art littéral où les pestes ne sont rien d'autre que des pestes, et où la *Résistance*, c'est *toute* la Résistance.
[...] Vous me demandez de dire au nom de quoi je trouve la morale de *La Peste* insuffisante. Je n'en fais aucun secret, c'est au nom du matérialisme historique...» (p.479, nous soulignons; les expressions en italique le sont dans le texte de Barthes.)

31. Nous nous référons à *Science de la Logique* et à *La Phénoménologie de l'Esprit*.
32. Cf. *C III*, p.88 : «Hegel. La mesure, synthèse de la qualité et de la quantité.» Camus se réfère à *Science de la Logique* (t.1, livre premier, paragraphe 3 : La mesure.)
33. Raymond Gay-Crosier «La révolte génératrice et régénératrice», in : *Albert Camus : œuvre fermée, œuvre ouverte?*, Actes du colloque du Centre Culturel International de Cerisy-la Salle, Paris 1982, pp.118 et 120.
34. Cf. *Œ II*, p.704 : «La démesure gardera toujours sa place dans le cœur de l'homme, à l'endroit de la solitude.»

Chapitre II

Valeur éthique et valeur esthétique

> «Ils ont voulu *fonder* la morale, - et n'importe quel philosophe du passé a cru qu'il avait fondé la morale, celle-ci passant toujours pour un "donné".»
>
> Nietzsche, *Par-delà bien et mal*

Dans son livre *Albert Camus. Philosophie et littérature*, Etienne Barilier semble parvenir à la même conclusion pour la notion de mesure, sans pourtant relier la problématique de mesure au thème solaire, mais en l'opposant à une certaine démesure dionysiaque du temps des *Noces*. Il s'agit maintenant de comparer d'abord de plus près nos résultats avec ceux de Barilier, puis d'en discuter les conséquences et, dans un troisième temps, d'étendre nos recherches consacrées à la notion de mesure sur d'autres œuvres de Camus.

Dans le chapitre VI de sa thèse, Barilier démontre la portée morale de la notion de mesure dans *L'Homme révolté* et développe les différences entre le jeune Camus et celui de l'après-guerre. La notion de mesure est surtout invoquée par «le Camus de l'après-guerre, saisi par l'exigence éthique», puisque «son exigence éthique ne s'est pleinement manifestée qu'à partir de la guerre» (1). Dans cette perspective morale, *L'Homme révolté* devait selon Barilier remplir une double fonction :

> «*L'Homme révolté* devait [...] conjurer, chez l'auteur lui-même, les tentations de la démesure [...]; démontrer à autrui, en surveillant à l'extrême son vocabulaire, que la «mesure», loin d'être une médiocrité vêtue d'un noble nom, intégrait en elle toutes les valeurs extrêmes, toute la volonté d'absolu dont est capable un cœur digne de ce nom.» (2)

En se référant à la lecture des chroniques de *Combat* et des *Lettres à un ami allemand*, Barilier montre que «la démesure comme valeur positive n'est pas abandonnée» (3) dans ces œuvres et que ce paradoxe ou dilemme s'étend également sur *L'Homme révolté* :

> «Mais comment préserver vivante l'exigence d'absolu, si l'on se condamne à la mesure? Dilemme insupportable, que Camus va tenter de résoudre en appliquant le mot d'ordre des *Carnets* : «Trouver une démesure dans la mesure» (*C I*, p. 106). Tel est le sens des passages-clés où Camus *exalte* la mesure, à la fin de *L'Homme révolté*. [...] Le mot démesure est pris dans une acception positive, et revendiqué par Camus. Ce paradoxe est admirable, mais ne nous étonne plus maintenant. Les flottements du vocabulaire camusien sont bien révélateurs. Durant 500 pages, la démesure a été stigmatisée. Mais, à l'instant de conclure, la démesure se démarque de l'"ivrognerie", et le mot tant abhorré retrouve et couronne la nostalgie tant aimée; la juste folie de l'impossible rejoint les *Noces* et leur beauté "sans mesure".» (4)

Un autre point sur lequel nous sommes d'accord avec Barilier, c'est le manque d'un fondement de la nature humaine. Le problème de *L'Homme révolté*, selon Barilier, c'est que Camus «veut sauver la folie et la sagesse, l'absolu et le relatif», et qu'il doit par conséquent s'appuyer «sur la "nature humaine" qui serait par essence faite de "mesure"» (5). Par un détour au

Valeur éthique et valeur esthétique 59

Gorgias de Platon, Barilier montre que Camus invoque «une nature qui se veut directement héritée des Grecs» (6), mais qui «n'est pas suffisamment fondée pour balancer le nihilisme sophiste ou la volonté de puissance proclamée par Calliclès» (7). C'est ainsi que Barilier vient à la conclusion qu'il manque à la pensée de Camus «d'avoir élaboré la notion d'une nature qui ne soit pas démesure» (8).

Bien que nous soyons d'accord avec les principaux résultats de l'analyse de Barilier - portée morale de la notion de mesure, dilemme ou paradoxe de la mesure, manque d'un fondement de la nature humaine - nous divergeons cependant sur plusieurs points, quant à l'interprétation de ces résultats. Précisons à présent ces points, moins pour critiquer l'analyse de Barilier que pour expliciter notre perspective.

En premier lieu, nous pensons que si Barilier lit la notion de mesure comme valeur morale, on ne peut pourtant pas l'y réduire entièrement. Certes, le titre du chapitre en question pousse Barilier à la voir uniquement comme valeur morale, comme concept à fonder par une philosophie, et il est vrai qu'au temps de *L'Homme révolté* l'exigence éthique de Camus est claire, et forcée. Mais de là à lire le Camus des *Noces* uniquement sous le signe de la démesure amorale, il n'y a qu'un pas, par lequel on risque de perdre de vue la notion de mesure dans les *Noces*. Il faut cependant avouer que Barilier est très prudent sur ce plan : «Même si le jeune homme de *Noces* ne se complaisait pas nécessairement dans l'amoralité systématique, il est permis de prétendre que son exigence éthique ne s'est pleinement manifestée qu'à partir de la guerre» (9). Il n'empêche que Barilier se fixe par là le cadre qu'il va suivre à travers tout le chapitre. Car le combat intérieur de Camus prendra la forme d'un essai de réconciliation entre les paires «*Noces* - démesure» et «*L'Homme révolté* - mesure». Dionysos soutiendra la première paire, tandis qu'Apollon devra renoncer à porter secours, vu l'exigence morale du deuxième couple : «Apollon à l'aide de

Dionysos, soit. Mais où Camus va-t-il chercher cet Apollon? Un tel dieu fait les statues, mais fait-il les morales?» (10).

L'échec philosophique de *L'Homme révolté* semblerait donc être programmé d'avance. Seulement, nous nous permettons de poser la question de savoir si Barilier n'a pas trop négligé la notion de mesure dans les *Noces*, alors que ce terme y apparaît au moins autant de fois que celui de démesure ou que l'expression «sans mesure». Négligence qui est d'autant plus regrettable qu'une relecture des *Noces* peut enrichir l'interprétation de la notion de mesure comme concept de création artistique. Apollon ne fait pas les morales, soit. Mais on sait qu'il fait des poèmes.

Il est intéressant de constater que l'unique fois qu'il se consacre à la notion de mesure dans les *Noces*, Barilier élimine sa portée esthétique en opposant Camus à Nietzsche :

«La beauté grecque, selon Nietzsche, n'est à ce point apollinienne que pour avoir dû combattre un Dionysos omniprésent. Camus, lui, va plus loin : certains moments extrêmes de *Noces* semblent renoncer à donner forme à l'homme dionysiaque : "(L'homme) n'est plus rien devant le monde que cette tache informe" (*OE II*, p.85). Quant à la "mesure de l'homme", elle n'existe que dans "le silence et les pierres mortes" (*id.*), autant dire dans l'inhumain.» (11)

Puisque les *Noces* ne donnent pas assez de forme à l'homme dionysiaque, puisqu'Apollon est loin, la notion de mesure ne peut pas avoir de portée esthétique, semble dire Barilier. Quant à la mesure comme valeur morale, elle doit y être absente, puisque la mesure de l'homme se réduit dans «l'inhumain».

Mais alors que signifie encore le mot «mesure»? Etrange embarras, qui pousse Barilier à devoir employer le mot encore là où il aurait peut-être déjà aimé parler de démesure, et qui l'incite à rejeter toutes ses significations possibles :

Valeur éthique et valeur esthétique 61

«Avec *Noces*, donc, nous sommes <u>très loin de la "mesure" comme sagesse, équilibre, contrepoids</u> aux absolus destructeurs. Nous sommes en plein dans un absolu si charnel, si instinctif, si envahissant qu'à vrai dire l'homme n'en a même plus conscience.» (12)

Cependant, nous osons dire avec Camus que *«ce n'est pas là qu'il faudrait s'arrêter»* («Le Désert», *Œ II*, p.86). Comment s'expliquer sinon que Barilier, tout en interprétant «le silence et les pierres mortes» comme «l'inhumain», ait pu parler, dans son premier chapitre au sujet des *Noces*, d'un «monde fraternel, gorgé de tendresse et de signes, frémissant de toute l'humanité qui le contemple» (13)?

S'il est vrai que «Camus ne parle pas, ne parle jamais le langage du monde inanimé» et que *«Noces* infuse l'humain dans les éléments, et raconte l'univers en langage d'homme» (14), alors peut-on encore prétendre être «dans un absolu si charnel si instinctif, si envahissant qu'à vrai dire l'homme n'en a même plus conscience» (15)?

Nous pensons au contraire que dans les *Noces* la thématique de la prise de conscience est constamment à l'œuvre. Car au moment où la conscience humaine risque d'être envahie et annihilée par le monde, on peut constater un étrange «balancement» au cours duquel c'est uniquement la portée morale de la mesure qui est rejetée et où l'esprit revient des ténèbres, bien qu'il semble avoir disparu au début :

«Et ce monde m'annihile. Il me porte jusqu'au bout. Il me nie sans colère. Dans ce soir qui tombait sur la campagne florentine, <u>je m'acheminais vers une sagesse</u> où tout était déjà conquis, <u>si</u> des larmes <u>ne m'étaient</u> venues aux yeux et <u>si</u> le gros sanglot de poésie qui m'emplissait <u>ne m'avait</u> fait oublier la vérité du monde. C'est sur ce <u>balancement</u> qu'il faudrait s'arrêter : singulier instant <u>où la spiritualité répudie la morale</u>, où le bonheur naît de l'absence d'espoir, où <u>l'esprit trouve sa raison</u> dans le corps.» (*Œ II*, p.87, nous soulignons.)

«Balancement» entre l'annihilation totale de la conscience et l'acheminement vers la sagesse, équilibre entre sagesse et larmes, équilibre enfin entre le corps et l'esprit : l'effort des *Noces* consiste justement à thématiser la prise de conscience *comme problème*, et les nombreux passages évoquant un balancement dévoilent que si la mesure camusienne n'est peut-être pas encore au premier plan de l'œuvre, elle est déjà sous-jacente, sans pour autant être liée à un contexte éthique.

C'est donc à tort que Barilier veut prendre en considération une interprétation de la notion de mesure uniquement comme valeur morale. L'utilisation des citations du temps des *Noces* ou de *L'Eté* au début du chapitre VI est très révélatrice à cet égard et vaut la peine d'être analysée de plus près, car elle montre que la réduction de la mesure camusienne à un concept uniquement moral va de pair avec une certaine négligence du symbolisme solaire.

Avant de venir à la conclusion d'une «radieuse et terrifiante absence de mesure» (16) dans les œuvres du jeune Camus, Barilier cite quatre passages qui lui permettent de souligner l'importance de l'expression «sans mesure» : *«J'ai vécu sans mesure de la beauté : pain éternel»* (C II, p.326); *«Les soirs sur la mer étaient sans mesure. (...) Nuits de bonheur sans mesure sous une pluie d'étoiles»* (C I, pp. 232-3); *«des nuits sans mesure»* (Eté, OE II, p.829).

Le rayonnement et la terreur de ladite «absence de mesure» ne peuvent évidemment pas venir de ces quatre citations; il faut donc une cinquième citation évoquant cette terreur et ce rayonnement. Et Barilier de continuer : «Dans le même texte des *Carnets*, notons ces phrases : *"Ce soleil va tuer. (...) Terrible innocence de ces jeux et de ces nudités dans la lumière bondissante"*» (17). Voilà la terreur et le rayonnement trouvés : dans la figure du soleil. Or dans cette dernière citation, l'expression «sans mesure» ne se trouve pas, tout comme il n'était pas non plus question de soleil dans les quatre citations premières.

Ce découpage un peu arbitraire invite à relire le texte camusien. Or dans *L'Eté*, et notamment tout près du quatrième

Valeur éthique et valeur esthétique

passage cité par Barilier, on trouve justement un coucher de soleil : *«Tout disparaît avec <u>le soleil</u> vert; une heure plus tard, les dunes ruissellent de lune. Ce sont alors des <u>nuits sans mesure</u> sous une pluie d'étoiles»* (Œ II, p.829, nous soulignons). De toute évidence, Barilier omet le coucher de soleil et évite ainsi de justesse de se voir condamné à faire le parallèle entre les «nuits sans mesure» et un «soleil *avec* mesure».

La stratégie - consciente ou inconsciente, peu importe - d'une telle lecture paraît alors transparente : on ne peut se passer du soleil pour pouvoir parler d'une «radieuse et terrifiante absence de mesure», mais on doit éliminer en même temps les passages qui suggèrent un lien entre le thème solaire et la notion de mesure.

La raison nous paraît claire. C'est que pour Barilier, la mesure représente uniquement une valeur morale, et il refuse de voir dans l'œuvre du jeune Camus une exigence éthique. Nous dirions volontiers que si le caractère éthique de l'œuvre camusienne est encore sous-jacent à l'époque des *Noces*, l'exigence esthétique est bien présente. La notion de mesure semble donc, du moins pour le jeune Camus, renvoyer plutôt aux problèmes de la prise de conscience et de la création littéraire.

Sans vouloir entrer dans des voies trop spéculatives, remarquons que c'est peut-être chez Nietzsche que Camus aura pu trouver ce côté esthétique de la mesure :

> «On ne concevait la modération que sous la forme de la dureté, de l'effort pour se maîtriser, de l'ascétisme, de la lutte contre le diable, etc. <u>Le *plaisir* que les natures esthétiques prennent naturellement à la mesure,</u> *la jouissance que procure la beauté* furent *oubliées* ou *niées* parce qu'on voulait une morale *ennemie* du plaisir.
> On n'a pas su croire <u>au plaisir qu'on éprouve à *garder la mesure*</u> - plaisir du cavalier qui monte un cheval fougueux!» (19)

La mesure étant étroitement liée à la révolte et, comme le dit Camus lui-même dans *L'Homme révolté*, l'exigence de la révolte étant *«en partie une exigence esthétique»* (*Œ II*, p.659), il est confirmé que la mesure camusienne possède une portée éthique *et* esthétique. Notons en passant que la discussion avec Barilier sur ce premier point a montré que la notion de mesure perd une grande part de son étendue, dès qu'on néglige la figure du soleil.

Le deuxième point sur lequel nous sommes d'un avis différent, c'est l'explication du dilemme ou paradoxe de la notion de mesure. Barilier l'explique par l'opposition entre mesure et démesure, alors que nous le voyons dans le concept même de la mesure camusienne.

Barilier voit une des intentions de *L'Homme révolté* dans le vœu honorable mais irréalisable de Camus à vouloir sauver la démesure comme désir d'absolu. Pour ce faire, Camus implorerait une notion de mesure qui comprendrait en elle toutes les valeurs extrêmes, tout en récusant les atrocités des idéologies totalitaires : Apollon à l'aide de Dionysos. Pour réussir, Camus aurait dû soutenir la notion de mesure par le fondement philosophique d'une nature humaine qui ne serait pas «volonté de puissance», au sens que le nazisme lui a donné. Mais il n'y est pas parvenu : Apollon ne fait pas les morales.

Contrairement à cette interprétation, nous pensons que le paradoxe se trouve au sein même de la notion de mesure, puisqu'on peut trouver deux formes de démesure bien distinctes dans le texte camusien. L'une renvoie à l'idéologie allemande et à la divination de l'histoire, récusée explicitement par Camus à cause de sa force destructrice : Dionysos abandonné à lui-même. L'autre démesure est au centre du concept de révolte, affirmée dans la présentation du phénomène de révolte au début de *L'Homme révolté* : Dionysos au service d'Apollon.

Barilier lui-même fournit des moyens pour soutenir cette interprétation, car dans sa propre analyse il fait la différence entre l'expression «sans mesure» et le terme «démesure». Notons également qu'il emploie deux fois des adjectifs pour qualifier cette démesure dont nous pensons qu'elle est au sein même de la mesure camusienne : «la démesure, la vraie» et «la juste démesure» (19). (Nous ne nous étonnons plus qu'après *alethès* et *agathòn* ne vienne, comme on doit s'y attendre en belle tradition platonicienne, la catégorie esthétique.)

Que la démesure réclamée par Camus soit *dans* le concept de mesure, Barilier le montre aussi par le mot d'ordre des *Carnets* qu'il cite deux fois : *«Trouver une démesure dans la mesure»* (20). *L'Homme révolté* ne serait alors plus un «échec philosophique» (21), mais simplement la réalisation de ce mot d'ordre par l'élaboration du concept paradoxal de mesure selon la «logique absurde», concept dont Barilier reconnaît lui-même la portée paradoxale : «C'est ainsi que la mesure de la démesure se déploie en expressions paradoxales : *"La folie de l'équité, l'intransigeance exténuante de la mesure"*» (22). Le fait que l'écriture camusienne se déploie en expressions paradoxales pour aboutir au concept de mesure à la fin de *L'Homme révolté* montre que le dilemme de l'écriture camusienne ne se situe pas dans la paire «démesure - mesure», mais dans l'idée de mesure même.

Le dernier point où nous divergeons de l'interprétation de Barilier concerne la manière dont celui-ci interprète le manque d'un fondement de la nature humaine. C'est le point le plus important, car la notion de nature humaine est en quelque sorte la clé de voûte entre les concepts de révolte et de mesure, puisqu'elle permet de faire, au niveau de la pensée, le pas du sentiment individuel de l'absurde à la solidarité des révoltés avec tous les hommes.

Après avoir trouvé que Camus pose le problème de la mesure en invoquant «une nature qui se veut directement héritée des Grecs» (23), sans que celle-ci puisse cependant s'identifier à la *phúsis* grecque, Barilier porte un jugement sévère sur le philosophe Camus :

> «Camus, qui prétend trouver la mesure dans la nature même de l'homme, mais qui refuse à cette nature un fondement absolu, échoue, plus vite encore que l'existentialisme, à proposer une morale crédible. [...] La morale au nom de laquelle Camus condamne les nazis se fonde sur une essence humaine qui devrait être évidente, mais qui ne l'est guère, puisqu'elle échappe, depuis l'aube de l'humanité, à l'entendement de millions de tortionnaires et de bourreaux.» (24)

Ce qui nous intéresse dans ce jugement sévère, c'est comment Barilier fait échouer le philosophe Camus : en l' opposant à Platon, le Philosophe par excellence : «Et si Platon non plus, en dernier ressort, ne *prouvait* pas ses valeurs, il les *fondait*. Camus ne les fonde ni ne les prouve. Il en est réduit à les désirer. Sur le plan moral pas plus que sur le plan métaphysique, il ne sort du règne de la nostalgie» (25). On voit bien ici pourquoi Barilier ne *peut* lire la notion de mesure autrement que comme valeur morale. Aux yeux de Barilier, Camus ne semble pas être un philosophe, parce qu'il n'a pas réussi à fonder une morale, et une philosophie qui n'arrive pas à fonder des valeurs morales ne mérite plus le nom de philosophie :

> «Dire que Camus échoue à fonder une morale, ce n'est pas dire, évidemment, que la générosité, la grandeur ne lui étaient pas imparties. C'est dire simplement que la tentative de *L'Homme révolté*, pour honnête et noble qu'elle soit, est un échec philosophique. [...] Si, en un mot, Camus témoigne d'impuissance philosophique, il faut bien rechercher cet auteur où il se trouve : dans la littérature.» (26)

Mais c'est ici que la contradiction fondamentale du chapitre se fait jour : Barilier fait échouer le philosophe Camus pour sauver l'écrivain, tout en se défendant de lire la notion de mesure comme valeur esthétique.

Valeur éthique et valeur esthétique

Sans vouloir faire échouer ni le philosophe ni l'écrivain, nous proposons de sauver l'envers *et* l'endroit en assignant à la notion de mesure la portée la plus grande possible, comme valeur morale autant que comme valeur esthétique. Nous commençons par «sauver» le philosophe Camus en disant que *L'Homme révolté* n'est pas un échec philosophique, tout simplement parce qu'il n'y était jamais question de *fonder métaphysiquement* des valeurs morales (27). Déjà dans *Le Mythe de Sisyphe*, Camus s'explique de façon rigoureuse à ce sujet :

«Il n'est qu'une morale que l'homme absurde puisse admettre, celle qui ne se sépare pas de Dieu : celle qui se dicte. Mais il vit justement hors de ce Dieu. Quant aux autres morales (j'entends aussi l'immoralisme), l'homme absurde n'y voit que des justifications et il n'y a rien à justifier.» (*Œ II*, p.149)

Il faut également relire les premières pages de l'introduction de *L'Homme révolté* qui s'expriment clairement : «*Le propos de cet essai est une fois de plus d'accepter la réalité du moment, qui est le crime logique, et d'en examiner précisément les justifications : ceci est un effort pour comprendre mon temps*» (*Œ II*, p.413). Il s'agit donc de «*comprendre son temps*», qui est «*un temps des idéologies*» (*Œ II*, p.414). C'est pourquoi l'effort de *L'Homme révolté* ne consiste pas à vouloir «*remonter à la racine des choses*» (*ibid.*), à *fonder* la valeur de mesure ou de nature humaine - il n'y aurait que Dieu qui puisse fonder des morales, mais «Dieu est mort», et chacun doit dire à l'autre «*qu'il n'est pas Dieu*» (*Œ II*, p.709) - mais à *comprendre* les idéologies du temps et à savoir comment se conduire face à elles : «*L'important n'est donc pas encore de remonter à la racine des choses, mais, le monde étant ce qu'il est, de savoir comment s'y conduire*» (*Œ II*, p.414).

«*Savoir comment s'y conduire*» : il ne s'agit donc pas de vouloir *fonder métaphysiquement* une morale, mais de développer une morale *provisoire* et d'analyser les justifications des idéologies du temps, tout en sachant que l'on demeure toujours dans une idéologie puisqu'on est de ce temps. Ce propos est profondément paradoxal et évoque un travail de Sisyphe. C'est pourquoi nous essaierons par la suite de faire apparaître le propos de *L'Homme révolté* dans toute sa paradoxalité et de mieux cerner son rapport avec *Le Mythe de Sisyphe*.

D'emblée pénétré de l'idée d'absurde, *L'Homme révolté* poursuit la logique du *Mythe de Sisyphe* : *«Cet essai se propose de poursuivre, devant le meurtre et la révolte, une réflexion commencée autour du suicide et de la notion d'absurde»* (*Œ II*, p.414). Cette fois Camus applique la logique de l'absurde à la question du meurtre et non plus à celle du suicide. Il développe deux chaînes argumentives parallèles et contradictoires, toutes deux prenant leur point de départ dans la notion d'absurde. La première passe par l'absence des valeurs et par la loi du plus fort, pour conclure que le meurtre est possible : *«Rien n'étant vrai ni faux, bon ou mauvais, la règle sera de se montrer le plus efficace, c'est-à-dire le plus fort. Le monde alors ne sera plus partagé en justes et injustes, mais en maîtres et esclaves»* (*Œ II*, p.415).

La deuxième chaîne passe par le maintien de la confrontation absurde et par la vie comme seul bien nécessaire, pour conclure que le meurtre est impossible :

> «Ce raisonnement admet la vie comme le seul bien nécessaire puisqu'elle permet précisément cette confrontation et que, sans elle, le pari absurde n'aurait pas de support. Pour dire que la vie est absurde, la conscience a besoin d'être vivante. [...] Dès l'instant où ce bien est reconnu comme tel, il est celui de tous les hommes.» (*Œ II*, p.416)

Camus vient à la conclusion qu'un tel raisonnement double *«nous assure en même temps qu'on peut et qu'on ne peut pas tuer»* et qu'il *«nous abandonne dans la contradiction»* (*Œ II*, p.417). Que faire? Apparemment, le développement effectué ne permet pas de trancher la question du meurtre.

A ce sujet, il faut se rappeler que le point de départ des deux chaînes, à savoir le sentiment d'absurdité d'un individu, n'entraîne pas nécessairement une pluralité d'êtres humains sur le plan, car *Le Mythe de Sisyphe* était parti d'une pensée «individualiste» ou «narcissique» : pour pouvoir tuer quelqu'un, il faut être deux; Sisyphe, lui, était seul. C'est pourquoi du *Mythe de Sisyphe* à *L'Homme révolté*, Camus devra passer d'une pensée «individualiste» aboutissant dans une «éthique de la quantité», à une pensée qui tiendra compte d'une pluralité d'êtres humains (28).

Camus devra donc trouver un autre point d'appui, en faisant naître la notion de révolte à partir de l'expérience absurde : «*Je crie que je ne crois à rien et que tout est absurde, mais je ne puis douter de mon cri et il me faut au moins croire à ma protestation. La première et la seule évidence qui me soit ainsi donnée, à l'intérieur de l'expérience absurde, est la révolte*» (Œ II, p.419). Nous ne nous attardons pas sur la question de savoir si ce développement à la cartésienne est légitime ou pas. Ce qui nous frappe ici, c'est que Camus n'a pas développé la notion de révolte *tout de suite après* avoir été abandonné dans la contradiction lors du développement des deux chaînes argumentatives. Pourquoi Camus, durant une page, s'interroge-t-il sur les contradictions inhérentes à la notion d'absurde? Et pourquoi ne quitte-t-il pas cette notion après avoir critiqué son insuffisance pour pouvoir trancher la question du meurtre?

Il faut en effet constater que la notion d'absurde subsiste dans le développement cité plus haut : «*La première et la seule évidence qui me soit ainsi donnée, <u>à l'intérieur de l'expérience absurde,</u> est la révolte*» (Œ II, p.419, nous soulignons). De toute évidence, Camus ne veut pas éliminer l'absurde en général, mais seulement un certain aspect de l'absurde, à savoir le côté narcissique, complaisant et confortable de la position absurde :

«L'absurdité parfaite essaie d'être muette. Si elle parle, c'est qu'elle se complaît ou, comme nous le verrons, s'estime provisoire. <u>Cette complaisance,</u> cette considération de soi, marque bien l'équivoque profonde de la position absurde. D'une certaine manière, l'absurde qui prétend exprimer l'homme dans sa solitude <u>le fait vivre devant un miroir.</u> Le déchirement initial <u>risque alors de devenir confortable.</u>» (*Œ II*, p.418, nous soulignons.)

Ce passage peut être lu comme la critique la plus sévère et honnête du *Mythe de Sisyphe*. Il exprime, à un niveau philosophique, le débat entre la position ethique et politique acquise dans les *Lettres à un ami allemand* et la conception philosophique (et narcissique) du temps du *Mythe de Sisyphe*. Pour pouvoir s'imaginer Sisyphe heureux, il faut être seul. Dès qu'on est deux, la célèbre phrase de la fin du *Mythe de Sisyphe* risque de tourner en légitimation cynique du pouvoir vis-à-vis de chaque victime. *L'Homme révolté* peut donc être lu comme confession philosophique racontant l'histoire comment, du *Mythe de Sisyphe* aux *Lettres à un ami allemand*, le miroir narcissique s'est brisé.

Mais il faut noter que le passage cité plus haut peut également être interprété comme une auto-critique, car il argumente toujours à partir de la position absurde, puisque le concept de révolte n'est pas encore élaboré. Il en résulte la situation paradoxale suivante : la position absurde se juge elle-même, tout en déclarant qu'elle *«exclut les jugements de valeur en voulant maintenir la vie, alors que vivre est en soi un jugement de valeur»* (*Œ II*, p.417). On peut donc affirmer que le propos de *L'Homme révolté* est profondément paradoxal, se dévorant et se renouvelant sans cesse, et avec un tel propos il n'est que «logique» que *L'Homme révolté* débouche sur un concept essentiellement paradoxal et infini.

A ce sujet, remarquons que plusieurs passages des *Carnets* soulignent ce caractère paradoxal de la mesure, en mettant l'accent sur l'affirmation de la contradiction : *«Je crois que cela m'est égal d'être dans la contradiction. [...] J'ai envie de trouver un accord, et, sachant que je ne puis me tuer, savoir si je puis tuer ou laisser tuer, et, le sachant, en tirer toutes les conséquences même si cela doit me laisser dans la contradiction»* (*C II*, p.172); et : *«Mesure. Ils la considèrent comme la résolution de la contradiction. Elle ne peut être rien d'autre que l'affirmation de la contradiction et la décision héroïque de s'y tenir et d'y survivre»* (*C III*, p.31).

Par son caractère ambigu, le concept de mesure fait coïncider, d'une manière analogue à une théologie négative (29), toutes les contradictions de la position absurde en lui-même, sans pourtant tomber dans le mysticisme. *L'Homme révolté* ne serait alors pas un échec philosophique, parce qu'il est - à sa manière, c'est-à-dire selon la logique de l'écriture camusienne - cohérent : *«Toute la philosophie de la non-signification vit sur une contradiction du fait même qu'elle s'exprime. Elle donne par là un minimum de cohérence à l'incohérence, elle introduit de la conséquence dans ce qui, à l'en croire, n'a pas de suite»* (*Œ II*, p.416).

Il semble que Gay-Crosier parvient aux mêmes conclusions, en ce qui concerne le propos paradoxal de *L'Homme révolté*, où la révolte se renouvelle sans cesse pour finir par se dévorer :

> «Génératrice de la conscience critique, la révolte camusienne est également régénératrice en ce qu'elle ne cesse d'affirmer ce qu'elle nie et de nier ce qu'elle affirme, créant ainsi un équilibre des contraires aussi paradoxal que fragile, mais assumant aussi "l'éternel retour" du même et de l'autre.» (30)

Précisons que dans notre interprétation, il ne s'agit pas de vouloir montrer que Camus se contredit ou qu'il n'a pas réussi à fonder quoi que ce soit. Nous pensons au contraire que la contradiction est d'emblée présente dans *L'Homme révolté*, à tous les niveaux, et que l'exigence d'un fondement métaphysique de la mesure ne l'y est pas. Il s'agit plutôt de comprendre par quels concepts Camus arrive à *«introduire de la conséquence»* (*Œ II*, p.416) dans son propos paradoxal.

Il est vrai qu'on pourrait nous contredire en s'appuyant sur les dernières pages de la première partie de *L'Homme révolté*, où il est justement question de fondement de valeur : «*Elle* [i.e. : la révolte] *est un lieu commun qui fonde sur tous les hommes la première valeur*» (*Œ II*, p.432). Et de continuer par un autre passage : «*Le fondement de cette valeur est la révolte elle-même. La solidarité des hommes se fonde sur le mouvement de révolte et celui-ci, à son tour, ne trouve de justification que dans cette complicité*» (*Œ II*, p.431, nous soulignons).

Il n'empêche que ledit fondement n'a pas la prétention d'être un fondement métaphysique, puisqu'on est «*loin du sacré et des valeurs absolues*» (*ibid.*), et que cette «première valeur» qu'est la solidarité des hommes n'est encore qu'une «*valeur confuse*» (*ibid.*). Par conséquent, cette «première valeur» reste un défi à prendre ou à laisser, et il ne peut, en vérité, être question de fondement métaphysique.

Avant de vérifier notre interprétation par la lecture de la fin de *L'Homme révolté*, interrogeons-nous sur la fonction de la notion de nature humaine. Nous venons d'affirmer que Camus n'a pas la prétention de vouloir fonder, au sens métaphysique, une mesure comme valeur morale. A quoi bon alors cette notion de nature humaine, si elle risque de faire croire à un fondement de l'homme et d'une morale que *L'Homme révolté* ne pourrait tenir?

C'est qu'elle permet, au niveau de la pensée, de faire le pas du sentiment individuel de révolte à la solidarité des révoltés avec tous les hommes, sans qu'on puisse nécessairement l'utiliser au service d'une «idéologie de démesure». On comprend alors que Camus prête attention à ne pas la déterminer trop fortement, et qu'il préfère souvent la décrire de manière négative ou encore évoquer un «homme à venir» :

> «L'homme est la seule créature qui refuse d'être ce qu'elle est» (*Œ II*, p.420); «L'analyse de la révolte conduit au moins au soupçon qu'il y a une nature

Valeur éthique et valeur esthétique 73

humaine» (*Œ II*, p.425); «<u>Quelque chose</u> en lui [i.e. : en l'esclave] est nié qui ne lui appartient pas seulement, mais qui est un lieu commun où tous les hommes, même celui qui l'insulte et l'opprime, ont <u>une communauté prête</u>» (*id.*); «Pour être, l'homme doit se révolter, mais sa révolte doit respecter la limite qu'elle découvre en elle-même et où <u>les hommes, en se rejoignant, commencent d'être</u>» (*Œ II*, p.431); «Le révolté, loin de faire un absolu de l'histoire, la récuse et la met en contestation, au nom d'<u>une idée qu'il a</u> de sa propre nature» (*Œ II*, p. 693); «En même temps qu'elle <u>suggère</u> une nature commune des hommes, la révolte porte au jour la mesure et la limite qui sont au principe de cette nature.» (*Œ II*, p.697, nous soulignons.)

Tout dans la lignée de la logique de l'absurde, la nature humaine est donc indispensable au concept de révolte, mais ne doit pas être fondée métaphysiquement, car le *«défi»* (*Le Mythe de Sisyphe*, *Œ II*, p.139), ce *«pari déchirant et merveilleux de l'absurde»* (*ibid., Œ II*, p.137), doit rester ouvert. On se rappellera également que lors de la rédaction de «L'Enigme», Camus insistera sur le fait que *«nul homme ne peut dire ce qu'il est»* (*Œ II*, p.861).

Cette lecture se rapproche, semble-t-il, du point de vue de Gay-Crosier, au sujet de la morale tout comme à celui de la nature humaine :

«Le postulat camusien d'une nature humaine n'annule pas [...] le relativisme passioné par un fondement idéaliste mal venu. Il associe deux notions clefs, la nature et l'homme, qui chacune maintient le sens concret qu'elle a dans l'univers camusien, et en dérive, dans la pratique comme dans la théorie, le champ d'actions et de pensées limité à l'intérieur duquel se déroule la vie de tout le monde. Ces notions sont ancrées dans la texture charnelle commune de l'homme et leur association renvoie à «une complicité transparente [...], [à] la solidarité de la chaîne, une communication d'être à être qui rend les hommes ressemblants et ligués» (II, 684). Loin de diriger l'individu vers une morale formelle qu'il n'est jamais question de proposer, la nature humaine est pour Camus la seule règle, la seule mesure capable d'ordonner le jeu désordonné de la vie, jeu dont les variations sont aussi nombreuses que les hommes qui vivent leur propre vie.» (31)

Dans cette explication de Gay-Crosier, l'expression «jeu désordonné de la vie» semble correspondre à l'idée d'une «démesure dans la mesure». Précisons cependant que Gay-Crosier omet de présenter le rapport de la pensée de Camus avec la métaphorique solaire.

Avant d'étendre nos recherches concernant la notion de mesure sur les autres œuvres camusiennes, vérifions nos résultats en lisant les dernières pages de *L'Homme révolté*. S'il est vrai que le concept camusien de mesure est essentiellement paradoxal puisqu'il est élaboré à partir d'une logique de l'absurde et qu'il est le fruit du propos paradoxal de l'essai, il doit être possible de déceler des expressions ou figures rhétoriques répondant aux caractéristiques de la mesure et de la révolte trouvées plus haut.

Il se trouve que l'idée de tension y est présente textuellement ainsi que dans la notion de déchirement :

«[...] ceux-là font avancer l'histoire qui savent, au moment voulu, se révolter contre elle aussi. Cela suppose une interminable tension et la sérénité crispée dont parle le même poète [i.e. : René Char]. Mais la vraie vie est présente au cœur de ce déchirement. Elle est ce déchirement lui-même, l'esprit qui plane sur des volcans de lumière, la folie de l'équité, l'intransigeance exténuante de la mesure.» (*Œ II*, p.705, nous soulignons.)

Valeur éthique et valeur esthétique 75

Notons que l'idée de tension est également renforcée par l'emploi d'oxymores («la sérénité crispée», «l'intransigeance exténuante»). Quant à l'idée d'intensité de vie, Camus l'évoque en hypostasiant la vie en «vraie vie».
L'idée d'ouverture temporelle et de renvoi infini est exprimée par une accumulation de verbes au futur, récusant par là l'idée d'un arrêt :

> «Mais l'injustice et la souffrance <u>demeureront</u> et, si limitées soient-elles, elles <u>ne cesseront pas</u> d'être le scandale. Le «pourquoi» de Dimitri Karamazov <u>continuera</u> de retentir; l'art et la révolte <u>ne mourront qu'avec le dernier homme</u>» (*Œ II*, p.706, nous soulignons.)

D'autres passages évoquent l'idée d'ouverture temporelle ou de renvoi infini et l'idée d'interdépendance et de solidarité : *«Ceux qui ne trouvent de repos ni en Dieu ni en l'histoire se condamnent à vivre pour ceux qui, comme eux, ne peuvent pas vivre : pour les humiliés»* (*Œ II*, p.707). Quelquefois, l'idée d'interdépendance ou de solidarité fraternelle va de pair avec l'idée d'intensité de vie, que Camus évoque cette fois-ci en comprimant la vie au présent, tout en gardant l'idée d'ouverture temporelle :

> «Son honneur [i.e. : de la révolte] est de ne rien calculer, de tout distribuer à la vie présente et à ses frères vivants. C'est ainsi qu'elle prodigue aux hommes à venir. La vraie générosité envers l'avenir consiste à tout donner au présent. La révolte prouve par là qu'elle est le mouvement même de la vie.» (*Œ II*, p.707)

Toutes ces connotations se trouvent encore intensifiées dans l'image de l'arc tendu à la fin de l'essai. On y retrouve l'idée de solidarité fraternelle (*«chacun d'entre nous»*), l'idée d'ouverture temporelle (*«à l'heure où naît enfin un homme»*), celle d'intensité de vie (*«le bref amour de cette terre»*), celle de tension à maintenir (*«tendre l'arc»*) et celle de renvoi infini (*«refaire ses preuves, conquérir* [...] *ce qu'il possède déjà»*) :

> «A cette heure où chacun d'entre nous doit tendre l'arc pour refaire ses preuves, conquérir, dans et contre l'histoire, ce qu'il possède déjà, la maigre moisson de ses champs, le bref amour de cette terre, à l'heure où naît enfin un homme, il faut laisser l'époque et ses fureurs adolescentes. L'arc se tord, le bois crie. Au sommet de la plus haute tension va jaillir l'élan d'une droite flèche, du trait le plus dur et le plus libre.» (*Œ II*, p.709)

Cette image répond évidemment à la citation du début du dernier chapitre («*"L'obsession de la moisson et l'indifférence à l'histoire, écrit admirablement René Char, sont les deux extrémités de mon arc"*», *Œ II*, p.705). Il faut cependant noter que dans la phrase de Char citée par Camus, il n'est ni question de flèche ni d'élan et que l'image de l'arc fait également allusion à Ulysse se vengeant des prétendants (32).

Nous voyons dans cette circonstance un dernier indice pour pouvoir affirmer qu'il subsiste une force démesurée à l'intérieur de la mesure camusienne, d'autant plus que ladite image renvoie également à la démesure sainte de Nietzsche (33). Car dans la préface du livre *Par-delà bien et mal*, œuvre à laquelle le titre du chapitre fait allusion (*Au-delà du nihilisme*), il existe la même image de l'arc tendu, et si la flèche y est peut-être absente, on en retrouve au moins la notion :

> «Mais nous qui ne sommes ni jésuites, ni démocrates, ni même assez Allemands, nous, bons Européens et libres, *très* libres esprits, - nous avons encore toute la détresse de l'esprit et la pleine tension de son arc. Et peut-être aussi la flèche, la tâche, et qui sait? le *but*...» (34)

Remarquons que l'image de l'arc chez Nietzsche fait écho à la sentence héraclitienne de l'«incessante harmonie tels que l'arc et la lyre» (35), dans laquelle on retrouve l'idée de renvoi infini (*palíntonos*) et la portée esthétique (*lúres*) que nous avons attribuées au concept camusien de mesure.

Avant de vouloir étendre nos recherches sur d'autres œuvres de Camus, essayons de résumer les résultats provisoires de notre étude. Le concept de mesure, tel que Camus l'élabore dans *L'Homme révolté*, est essentiellement ambigu et possède, comme nous le montrerons encore plus loin, une étendue éthique et esthétique. Il peut être interprété comme concept qui a mûri au cours du développement de *L'Homme révolté*, embrassant et faisant coïncider, à la manière d'une théologie négative, les contradictions trouvées dans le propos de l'essai, sans pourtant retomber dans le narcissisme du *Mythe de Sisyphe*. Comme nous avons essayé de le montrer, la mesure camusienne ne peut pas être pensée sans l'idée d'une démesure à l'intérieur de la mesure camusienne, servant de force motrice ou de tension. Par ailleurs, on peut affirmer que le concept de mesure est étroitement lié au thème solaire et qu'il perd de son riche éclat dès qu'on néglige cet aspect.

Notre interprétation se rapproche, semble-t-il, du point de vue de Gay-Crosier, qui ne parle pas d'un caractère paradoxal de la mesure, sinon de son caractère aporétique :

«[...] il me semble utile de renvoyer ici au rapport étroit entre la mesure et l'aporie. Déclaration socratique par excellence, l'aporie n'est pas un constat de faiblesse intellectuelle ou morale ni d'un manque de courage ou d'une propension au dégagement que maint détracteur de Camus croyait détecter dans la pensée de midi. Outre la reconnaissance d'un savoir toujours partiel, l'aporie est aussi une manifestation lucide de modestie. On oublie trop facilement que la mesure camusienne n'est pas proposée comme une fin mais comme un moyen. Ni l'ataraxie contemplative ni l'équilibre parfait des contraires ne sont visés, mais simplement une méthode pour apprivoiser la tension que créent les contradictions insolubles qu'il ne faut abolir ni intellectuellement ni spirituellement.» (36)

Dans son livre *Albert Camus et la pensée grecque*, Dimitris Papamalamis met moins l'accent sur le côté aporétique ou paradoxal que sur la tension et le dynamisme de la mesure : «La mesure est une limite, un point instable où l'on doit se maintenir. Elle a un caractère dynamique. Elle est une tension entre deux forces opposées.» (37)

Ce que nous avons compté tacitement parmi les attributs de la mesure camusienne, c'est évidemment le lien étroit que la mesure camusienne établit avec le motif de la prise de conscience. Nous avons trouvé cette thématique surtout dans le *Mythe de Sisyphe*, dans lequel les idées d'interminable tension et de renvoi infini sont déjà présentes, et on peut émettre l'hypothèse que le lien entre la mesure camusienne et la thématique de la prise de conscience s'effectue par la notion de soleil en tant que donneur de lumière spirituelle, mais que ce lien entre le soleil et la thématique de l'*epistémè* ne va pas sans une certaine violence de la part du soleil camusien.

Papamalamis expose ce lien entre la mesure camusienne et la thématique de la prise de conscience de la façon suivante :

«Les contraires chez Camus ne s'annulent pas, ils se disputent continuellement le terrain et se tiennent en équilibre, lequel risque, à chaque instant, d'être rompu. Pourtant dans cette ambiguïté il subsiste un point stable : c'est le moi qui connaît; cette conscience lucide de l'unité, qui constate la fluidité de la vie psychique et l'ambiguïté de la connaissance du monde. Le moi n'a aucun caractère métaphysique, il connaît le monde et en même temps il est connaissance de lui : l'Univers révèle l'homme à lui-même. L'homme contemple le monde dont il fait partie intégrante, et dans son effort pour le connaître, prend conscience de l'unité de son moi. Cette prise de conscience n'est pas faite une fois pour toute,

Valeur éthique et valeur esthétique

elle risque d'être perdue à chaque instant dans la multiplicité et la maintenir nécessite un effort constant.» (38)

Notons que dans cette conception, Papamalamis néglige le rôle et l'importance du soleil camusien. Puisque la prise de conscience nécessite un effort constant et que cette thématique est liée à la problématique de la mesure, on peut émettre l'hypothèse que la métaphorique solaire est associée, elle aussi, à cette notion d'effort incessant. Nous nous consacrerons à ce sujet dans notre deuxième partie.

Notes :

1. Barilier 1977, pp.112 et 113.
2. *ibid.*, p.114.
3. *ibid.,* p.113.
4. *ibid.*, p.115.
5. *ibid.*, p.116.
6. *ibid.*, p.120.
7. *ibid.*, p.121.
8. *ibid.*, p.121.
9. *ibid.*, p.113.
10. *ibid.*, p.116.
11. *ibid.*, p.112.
12. *ibid.*, pp.112 et 113 (nous soulignons).
13. *ibid.*, p.23.
14. *ibid.*, p.21.
15. *ibid.*, p.113.
16. *ibid.*, p.111.
17. *ibid.*, p.111.
18. *La volonté de puissance*, t.2, p.401 (Nous soulignons; les termes en italique le sont dans le texte de Nietzsche). La citation correspond aux passages suivants :*KSA* (t.XI), p.104; et *KSA* (t.XI), p.123.
19. Barilier 1977, p.115.
20. *ibid.*, pp.111 et 115 (nous soulignons).
21. *ibid.*, p.126.

22. *ibid.*, p.115.
23. *ibid.*, p.120.
24. *ibid.*, pp.122-123.
25. *ibid.*, p.123.
26. *ibid.*, pp.126 et 127.
27. Cf. aussi *Œ II*, «Introduction aux *Maximes* de Chamfort», p.1100 : «Nos vrais moralistes n'ont pas fait de phrases, ils ont regardé et se sont regardés. Ils n'ont pas légiféré, ils ont peint. Et par là ils ont plus fait pour éclairer la conduite des hommes» (nous soulignons).
28. Cf. Di Méglio 1982, p.35 : «L'égocentrisme de «l'éthique de la quantité» dans *Le Mythe de Sisyphe* a été remplacé par une morale de la solidarité humaine.»
29. Nous pensons à la théologie négative de Nicolaus de Cusa. Pour la différence entre l'aporie camusienne et la théologie négative, cf. Raymond Gay-Crosier, «La révolte génératrice et régénératrice», in : *Albert Camus : œuvre fermée, œuvre ouverte?, Actes du colloque du Centre Culturel International de Cerisy-la Salle*, Paris 1982, p.132.
30. Raymond Gay-Crosier «La révolte génératrice et régénératrice», in : *Albert Camus : œuvre fermée, œuvre ouverte?, Actes du colloque du Centre Culturel International de Cerisy-la Salle*, Paris 1982, p.134.
31. *ibid.*, pp.130-131.
32. *Odyssée*, chant XXI, 404-434; chant XXII, 1-121.
33. Cf. aussi le chapitre consacré à Nietzsche, *Œ II*, p.482 : «La liberté coïncide avec l'héroïsme. Elle est l'ascétisme du grand homme, "l'arc le plus tendu qui soit".»
34. *Par-delà bien et mal*, «Préface», pp.18-19 (les caractères en italique le sont dans le texte de Nietzsche); *Jenseits von Gut und Böse*, KSA (t. V), p.13.
35. Diels/ Kranz, *Les Présocratiques*, fragment B.51 : «*ou xuniâsin hókos diapherómenon heoutôi homológeei, palíntonos harmoniè hókosper tóxon kaì lúrès.*»
36. Raymond Gay-Crosier «La révolte génératrice et régénératrice», in : *Albert Camus : œuvre fermée, œuvre ouverte?, Actes du colloque du Centre Culturel International de Cerisy-la Salle*, Paris 1982, p.132.
37. Papamalamis 1965, p.47.
38. *ibid.*, p.35.

Chapitre III

La mesure comme paradigme

> «Après tout, le soleil nous chauffe quand-même les os.»
>
> Camus, «L'Ironie»

Etendons à présent notre étude à d'autres œuvres de Camus. Au cours des deux premiers chapitres, nous avons déjà eu l'occasion d'effleurer les *Noces*, *L'Eté* et *Le Mythe de Sisyphe*. Mais avant de pouvoir continuer notre lecture, il faut nous demander si dans les œuvres non philosophiques de Camus la notion de mesure mérite l'attention que nous lui prêtons. A quel point le concept de mesure peut-il, somme toute, jouer un rôle considérable dans les œuvres dites littéraires? Certes, nous avons vu que *L'Homme révolté* suppose un lien entre l'art et la révolte, et donc aussi entre l'art et la notion de mesure. Mais peut-on à juste titre transférer ce lien proclamé du temps de *L'Homme révolté* aux œuvres créées avant l'époque en question?

Dans un cahier où il a écrit ses tous premiers récits, Camus a noté une sorte de préface pour un futur recueil d'essais, parmi lesquels aurait dû figurer un texte intitulé *Le Courage*, texte qui sera la dernière partie de «L'Ironie» dans *L'Envers et L'Endroit* (1). Dans cette sorte de proto-préface, les récits de Camus sont mis en lumière par rapport à sa conception du monde :

«Ça ennuie les gens qu'on soit lucide et ironique. On vous dit : «Ça montre que vous n'êtes pas bon.» Je ne vois pas le rapport. Si j'entends dire à quelqu'un : «Je suis immoraliste», je traduis : «J'ai besoin de me donner une morale»; à un autre : «Sus à l'intelligence», je comprends : «Je ne peux pas supporter mes doutes.» Parce que ça me gêne qu'on triche. Et le grand courage c'est de s'accepter soi-même, avec ses contradictions.
Ces essais sont nés des circonstances. Je crois qu'on y sentira la volonté de n'en rien refuser. C'est vrai que les pays méditerranéens sont les seuls où je puisse vivre, que j'aime la vie et la lumière; mais c'est aussi vrai que le tragique de l'existence obsède l'homme et que le plus profond silence y reste attaché. Entre cet envers et cet endroit du monde et de moi-même, je me refuse à choisir. Si vous voyez un sourire sur les lèvres désespérées d'un homme, comment séparer ceci de cela? Là l'ironie prend une valeur métaphysique, sous le masque de la contradiction. Mais c'est une métaphysique en acte. Et c'est pour cela que le dernier essai porte le titre : *Le Courage.*» (2)

Dans *Albert Camus, soleil et ombre*, Roger Grenier commente ce texte en lui assignant une portée programmatique pour la pensée de Camus : «Ce bref texte est déjà un concentré de la pensée de Camus : sentiment tragique de la vie, nécessité de se forger une morale, méfiance envers le rationalisme, mystique de la Méditerranée, révolte et acceptation, envers et endroit» (3).

A la suite de notre lecture de *L'Homme révolté*, et en prenant en considération le soin que Camus prête à la contradiction dans le passage cité, on peut affirmer que les germes de la pensée de Camus se trouvent déjà dans ses toutes premières œuvres.

Il faut également constater que l'auteur des *Noces* attribue déjà une grande importance à la révolte et à cet étrange entrelacement du oui et du non au sein de la révolte. Car dans

La mesure comme paradigme

la plus grande acceptation du monde, le narrateur sent surgir la force de la négation : *«Abandonné de moi-même, je me sentais sans défense contre les forces lentes qui en moi disaient non»* («Le Vent à Djémila», *Œ II*, p.63); et inversement, dans «Le Désert», il nous apprend que la révolte comprend aussi un oui : *«Il est aussi vrai que toute négation contient une floraison de "oui"»* (*Œ II*, p.87); et : *«Florence! Un des seuls lieux d'Europe où j'ai compris qu'au cœur de ma révolte dormait un consentement»* (*Œ II*, p.88).

On peut donc émettre l'hypothèse que le problème de la mesure se trouve de façon paradigmatique dans l'œuvre camusienne. Il va sans dire que les récits de l'avant-guerre n'ont pas encore cette exigence éthique et que les œuvres dites littéraires ne portent pas ce poids philosophique qu'aura *L'Homme révolté*. Il n'empêche que nous pouvons à présent attacher une attention maximale à la problématique de mesure dans l'œuvre entière, et c'est alors que déjà dans les *Noces* nous retrouvons les mêmes allusions à la sentence héraclitienne de l'*«incessante harmonie tels que l'arc et la lyre»* (4) trouvées à la fin de *L'Homme révolté* :

> «Dans cette grande respiration du monde, le même souffle s'accomplissait à quelques secondes de distances et reprenait de loin en loin le thème de pierre et d'air d'une fugue à l'échelle du monde. Chaque fois, le thème diminuait d'un ton : à le suivre un peu plus loin, je me calmais un peu plus. Et parvenu au terme de cette perspective sensible au cœur, j'embrassais d'un coup d'œil cette fuite de collines toutes ensembles respirant et avec elle comme le chant de la terre entière.» (*Œ II*, p.86)

Mais remarquons que la problématique de la mesure n'est pas uniquement présentée dans des passages faisant allusion à l'harmonie héraclitienne. Dimitris Papamalamis nous rappelle que la notion de mesure n'est pas étrangère «à *L'Envers et l'Endroit* des choses et [que] *L'Exil et le Royaume* s'y rapporte» (5). Contentons-nous pour le moment d'esquisser, très schématiquement, la problématique de la mesure telle qu'elle figure dans *L'Envers et l'Endroit* ainsi que dans les *Noces*.

Dans *L'Envers et l'Endroit*, la problématique de la juste mesure est en étroite correspondance avec le *topos* de la prise de conscience du narrateur. On peut noter un emploi fréquent d'images exprimant un jeu entre mesure et démesure (6). Dans tous les récits, plusieurs souvenirs sont d'une part exposés par l'instance narrative; d'autre part celle-ci tend à rassembler ces souvenirs en la concience subjective du narrateur pour parvenir à une appréhension globale du monde (7).

Ce jeu de renvoi des différents souvenirs aboutit chaque fois, sur le plan de la conscience subjective du narrateur explicite, en une sorte d'essai de réappréhension, en une tentative de réconcilier et d'appréhender les expériences vécues, en rassemblant et unifiant les éléments contraires dans la conscience même. On peut constater que cette tentative de réconciliation est souvent associée à l'image du soleil.

Dans «L'Ironie» par exemple, les trois histoires parallèles racontent trois destins tragiques différents et sont opposées au sentiment esthétique du narrateur («*...de l'autre côté, toute la lumière du monde*», Œ II, p.22). La tentative de résumer le tout («*Tout ça ne se concilie pas?*», *ibid.*) aboutit en une invocation - si ironique soit-elle - du soleil : «*Après tout, le soleil nous chauffe quand même les os*» (*ibid.*).

Il faut noter que dans ce texte il existe une vacillation semblable à celle trouvée dans *L'Homme révolté*. Car le soleil sert d'une part comme opposition esthétique au sentiment tragique de la vie («*...de l'autre côté, toute la lumière du monde*», *ibid.*), mais d'autre part il peut aussi être lu comme force unissant les trois histoires («*Après tout, le soleil nous chauffe quand-même les os*», *ibid.*). Placé dans un contexte qui suggère l'idée de la mort («les os») ainsi que celle d'un au-delà («après tout»), le soleil s'approprie les connotations de réconciliation («tout ça ne se concilie pas?») et de chaleur («chauffe»), et devient ainsi à la fois symbole de l'enfer ainsi que celui du paradis.

Cette ambiguïté du soleil est confirmée par un autre phénomène, puisque la différence des trois destins tragiques est renforcée par le lien plus ou moins direct que le texte établit avec le registre astral ou de lumière à la fin de chaque histoire : *«Elle éteint toujours la lumière quand elle est seule»* (*Œ II*, p.17); *«Il a la lune»* (*Œ II*, p.20); *«On pouvait voir le beau soleil transparent»* (*Œ II*, p.22).

Ainsi, par l'intermédiaire de la lumière et par l'astre à qui il donne son reflet, le soleil est en même temps responsable de la différence et de la similitude des trois histoires : *«Il s'agit de trois destins semblables et pourtant différents»* (*Œ II*, p.22). Cette différence des images à la fin des trois destins (7) indique que la métaphorique de la lumière est ambivalente et que le rapport entre le soleil et la thématique de la prise de conscience est ambigu.

Le récit «Entre oui et non» expose, lui aussi, une tentative de réconciliation, mais cette fois entre le présent et le passé. Dans un entrelacement de différents souvenirs, le narrateur arrive à un point où sa conscience semble faire coïncider le présent avec le passé : *«Comment séparer ce café désert de cette chambre du passé. Je ne sais plus si je vis ou si je me souviens»* (*Œ II*, p.30). Ce sont la lumière dans le café et les phares de la baie qui parviennent à rassembler les différentes images, en répondant aux lumières dans les situations rappelées : *«Dans un angle du café, une lampe à acétylène donne une lumière inconstante»* (*Œ II*, p.24); *«Les phares commencent à tourner : une lumière verte, une rouge, une blanche»* (*ibid.*).

L'alternance des différentes lumières des phares appelle un passé où l'on trouve une répétition tout-à-fait semblable (*«...après un regard à la montre où dansait, trois fois répétée, la flamme de la veilleuse»*, *Œ II*, p.27). Quant à la lumière inconstante de la lampe à acétylène, celle-ci rappelle un passé où il est question d'une autre lumière folle (*«la flamme démente qui brillait dans les yeux verts de la chatte»*, *Œ II*, p.28).

Toutes ces lumières des différentes situations se condensent en quelque sorte dans le souvenir de la mère silencieuse : *«Elle s'est levée pour donner de la lumière»* (*Œ II*, p.29). On peut donc affirmer que la lumière noue les différents souvenirs avec le présent. Mais en même temps la lumière sépare aussi les différents souvenirs pour restituer le narrateur dans la réalité du présent : *«Je ne sais plus si je vis ou si je me souviens. Les lumières des phares sont là. Et l'Arabe qui se dresse devant moi me dit qu'il va fermer»* (*Œ II*, p.30).

Dans «La Mort dans l'Ame», on peut constater une hésitation semblable de la part de la lumière, mais cette fois c'est celle du soleil. Car d'un côté, le soleil de Vicence établit l'opposition entre le séjour de Prague et les pays méditerranéens pour encore renforcer le sentiment de détresse à Prague : *«C'est maintenant seulement que j'entrevois la leçon du soleil et des pays qui m'ont vu naître»* (*Œ II*, p.38); mais de l'autre côté, ce n'est qu'après la leçon du soleil que le narrateur arrive à faire coïncider les expériences vécues : *«Ce pays me ramenait au cœur de moi-même et me mettait en face de mon angoisse secrète. Mais c'était l'angoisse de Prague et ce n'était pas elle»* (*Œ II*, p.38); et : *«En même temps, entrait en moi avec le soleil quelque chose que je saurais mal dire. A cette extrême pointe de l'extrême conscience, tout se rejoignait et ma vie m'apparaissait comme un bloc à rejeter ou à recevoir»* (*Œ II*, p.39). A l'instar du soleil de «L'Ironie», celui de «La Mort dans l'Ame» a donc la double fonction de faire ressortir les contraires et de les faire coïncider.

«Amour de vivre» reprend la problématique de la conscience comme coïncidence des contraires et l'associe au nom de «Méditerranée» : *«Sensible à tous les dons, comment dire les ivresses contradictoires que nous pouvons goûter (jusqu'à celle de la lucidité). Et jamais peut-être un pays, sinon la Méditerranée, ne m'a porté à la fois si loin et si près de moi-même»* (*Œ II*, p.43).

Notons que le texte renforce également un autre problème déjà latent dans «La Mort dans l'Ame», à savoir celui de la création littéraire et de la juste désignation. Car il se peut que l'ultime mesure de ses propres pas se confond avec la

La mesure comme paradigme 87

démesure et la perte de toute limite : *«Je perdais mes limites, n'étais plus que le son de mes pas»* (Œ II, p.43). Mais cette coïncidence des contraires se heurte au fait même que le narrateur crée en racontant la coïncidence vécue : *«Je sais bien que j'ai tort, qu'il y a des limites à se donner. A cette condition, l'on crée»* (Œ II, p.45).

Dans «L'Envers et l'Endroit» enfin, on retrouve cette logique du soleil que nous connaissons un peu mieux à présent. D'une part, c'est grâce au soleil que le narrateur arrive à s'opposer aux *«gens pressés»* (Œ II, p.50) : *«Il suffit : une seule lueur naissante, me voilà rempli d'une joie confuse et étourdissante. C'est un après-midi de janvier qui me met ainsi en face de l'envers du monde»* (Œ II, p.48). Mais d'autre part, le soleil a aussi la force de faire coïncider les contraires : *«Qui suis-je et que puis-je faire, sinon entrer dans le jeu des feuillages et de la lumière? Etre ce rayon où ma cigarette se consume [...]. C'est moi-même que je trouve au fond de l'univers. Moi-même, c'est-à-dire cette extrême émotion qui me délivre du décor»* (ibid.).

Le soleil peut donc séparer le sujet des autres gens et lui faire ressentir sa solitude profonde, mais d'autre part il peut également embrasser le sujet et l'intégrer dans la totalité du monde : *«Un homme contemple et l'autre creuse son tombeau : comment les séparer? [...] Entre cet endroit et cet envers du monde, je ne veux pas choisir»* (Œ II, p.49).

Dans les *Noces*, les notions de mesure et de soleil sont présentes presque à chaque page et le lien que nous supposons paraît du coup évident. On y trouve la mesure en tant qu'équilibre harmonieux, en tant que mariage entre l'homme et la nature. Mais il faut noter que ces textes parlent également des idées de démesure, à savoir de l'amour sans mesure, de la dissolution dans l'extase et de la passivité de se laisser envahir et submerger par le monde.

On peut donc affirmer que les *Noces* présentent la mesure *comme problème*, ce qui est confirmé par les contradictions innombrables dans ces textes (9).

Mais avec le problème de mesure, Camus se consacre aussi aux thèmes de la prise de conscience et de la conception du monde : *«Tipasa m'apparaît comme ces personnages qu'on décrit pour signifier indirectement un point de vue sur le monde»* (*Œ II*, p.59). Cette thématique de la prise de conscience se trouve en étroite correspondance avec le problème de la dualité de l'esprit et du corps ainsi qu'avec la thématique de la mort (10).

Devant cet arrière-plan, le lien supposé entre la métaphorique de la lumière et la mesure se manifeste à travers un soleil donnant à l'homme sa lueur spirituelle. Dans quasiment tous les récits des *Noces*, nous retrouvons le même essai de réappréhension du temps de *L'Envers et l'Endroit*, sous forme d'une «leçon» paradoxale donnée au narrateur, que celui-ci le veuille ou non (11). Durant cette leçon paradoxale, le soleil soumettra le sujet à une perpétuelle tension entre mesure et démesure, entre la prise de conscience et l'abandon momentané.

Dans «Noces à Tipasa» par exemple, Camus confesse : *«Ce n'est pas facile de devenir ce qu'on est, de retrouver sa mesure profonde»* (*Œ II*, p.56). Il se peut qu'on la cherche alors en dehors de soi, dans l'espace dominé par le soleil (*«Sous le soleil du matin, un grand bonheur se balance dans l'espace»*, *Œ II*, p.57), et dans le corps, pour sentir la *«pesanteur de chair et d'os, abruti au soleil»* (*ibid.*). Le soleil se révèle ainsi comme ultime instance, responsable de la possibilité de trouver sa propre mesure dans l'espace et dans la corporalité.

Mais les effets du soleil sont aussi responsables de la prise de conscience qui pose le problème de mesure, car sentir cette pesanteur du corps, c'est toujours en avoir conscience : *«Ici même, je sais que jamais je ne m'approcherai assez du monde»* (*Œ II*, p.57). La conscience ainsi décalquée ne fait donc que renforcer le problème de mesure. Que faire? Au moins trouver une bonne mesure qui ne soit qu'apparente, un accord joué dans le décalquement des consciences :

La mesure comme paradigme

«Il y a un sentiment que connaissent les acteurs lorsqu'ils ont conscience d'avoir bien rempli leur rôle, [...] d'avoir fait coïncider leurs gestes et ceux du personnage idéal qu'ils incarnent, d'être entrés en quelque sorte dans un dessin fait à l'avance. [...] C'était précisément cela que je ressentais : j'avais bien joué mon rôle» (*Œ II*, p.60).

Il faut alors dire oui au soleil qui est responsable de tout, l'accepter en l'assumant et en l'exorcisant à la fois :

«Amour que je n'avais pas la faiblesse de revendiquer pour moi tout seul, conscient et orgueilleux de le partager avec toute une race, née du soleil et de la mer, vivante et savoureuse, qui [...] adresse son sourire complice au sourire éclatant de ses ciels.» (*Œ II*, p.60)

«Le Vent à Djémila» accentue l'hésitation entre les formes de démesure et de mesure : «*Il y régnait* [...] *quelque chose comme l'équilibre d'une balance*» (*Œ II*, p.61); «*Dans cette grande confusion du vent et du soleil qui mêle aux ruines la lumière, quelque chose se forge qui donne à l'homme la mesure de son identité avec la solitude et le silence de la ville morte*» (*id.*). C'est alors que le soleil surgit comme symbole d'un sentiment de présence, entraînant avec ce dernier le problème de la mesure :

«Ce bain violent de soleil et de vent épuisait toutes mes forces de vie. [...] Bientôt, répandu aux quatre coins du monde, oublieux, oublié de moi-même, je suis ce vent [...]. Et jamais je n'ai senti, si avant, à la fois mon détachement de moi-même et ma présence au monde.» (*Œ II*, p.62)

Ce passage montre bien que le «bain violent de soleil et de vent» est responsable de la coïncidence des contraires.

Mais être présent, ne plus éprouver le problème de mesure, c'est aussi ne plus rien attendre, ne plus désirer : *«Et ce qui me frappe à ce moment, c'est que je ne peux aller plus loin»* (Œ II, p.62); *«Prendre conscience de son présent, c'est ne plus rien attendre»* (Œ II, p.63). Au moment du total abandon, accompagné de l'étouffement de la lumière intérieure et celle du soleil, surgit un contre-mouvement qui fait renaître le problème de la mesure : *«A mesure [...] que les bruits et les lumières étouffaient sous les cendres qui descendaient du ciel, abandonné de moi-même, je me sentais sans défense contre les forces lentes en moi qui disaient non»* (*id.*). La conscience peut donc être éclipsée un moment mais finit toujours par renaître et même par devenir force démesurée : *«Je veux porter ma lucidité jusqu'au bout»* (Œ II, p.65).

Avec la pleine restitution de la conscience, l'espace et le temps regagnent leur étendue et font renaître le jeu d'opposition entre mesure et démesure, avec un Dionysos et un soleil à l'arrière-plan du paysage : *«Djémila reste derrière nous avec l'eau triste de son ciel [...] et, dans le crépuscule détendu et sonore, le visage vivant d'un dieu à cornes au fronton d'un autel»* (Œ II, p.66). La mention du crépuscule, désigné d'une part comme «détendu» mais représentant d'autre part une tension ou un passage entre le jour et la nuit, marque bien l'ambiguïté du soleil vis-à-vis de la problématique de la mesure et de la prise de conscience du narrateur.

C'est avec plus de distance que «L'Eté à Alger» décrit cet éternel jeu du soleil entre démesure et mesure, l'homme et le monde, le total abondon de soi-même et la prise de conscience. Le récit semble concevoir cet éternel dialogue comme une tension à laquelle on est soumis et qu'il faut assumer :

«A mesure qu'on avance dans le mois d'août et que le soleil grandit, le blanc des maisons se fait plus

La mesure comme paradigme 91

aveuglant et les peaux prennent une chaleur plus sombre. Comment alors ne pas s'identifier à ce dialogue de la pierre et de la chair à la mesure du soleil et des saisons?» (*Œ II*, p.69).

Une fois accepté ce dialogue, on peut alors se rapprocher d'une union décrite par le néoplatonisme : *«Cette union que souhaitait Plotin, quoi d'étrange à la retrouver sur la terre? L'Unité s'exprime ici en termes de soleil et de mer»* (*Œ II*, p.75). Le prix de cette union promise, c'est évidemment qu'elle risque fort de ressembler à un renoncement, à une capitulation de l'esprit, et Camus d'ajouter : *«Je n'exprime pas ici une complaisance de la créature dans sa condition. C'est bien autre chose»* (*id.*). Pour bien montrer qu'il en est ainsi, Camus décrit cette union entre l'homme et la parenté du monde en termes de violence (*«où les coups du sang rejoignent les pulsations violentes du soleil de deux heures»*, *id.*), et ajoute aux «noces de l'homme et de la terre» une «note» contenant un récit de bagarre (12).

«Le Désert» illustre peut-être le mieux ce jeu ambigu entre l'abandon et la prise de conscience du narrateur, entre l'esprit et le corps : *«C'est dans la joie que l'homme prépare ses leçons et parvenue à son plus haut degré d'ivresse, la chair devient consciente»* (*Œ II*, p.82); *«Double vérité du corps et de l'instant»* (*id.*); *«Et quel accord plus légitime peut unir l'homme à la vie sinon la double conscience de son désir de durée et son destin de mort?»* (*Œ II*, p.85). Dans cette coïncidence des contraires, la douleur matérielle peut même se transformer en plaisir de la conscience : *«...un point extrême de pauvreté rejoint toujours le luxe et la richesse du monde»* (*Œ II*, p.84); *«Une certaine continuité dans le désespoir peut engendrer la joie»* (*Œ II*, p.85); *«...je saisissais le balancement qui mène certains hommes de l'ascèse à la jouissance et du dépouillement à la profusion dans la volupté»* (*Œ II*, p.88).

Ici encore, le soleil en tant que flamme illumine d'une part l'esprit du narrateur pour lui donner sa leçon, mais d'autre part il est aussi responsable du total abandon du narrateur et le fait dévorer par les flammes de son désir :

> «Dans son ciel mêlé de larmes et de soleil, j'apprenais à consentir à la terre et à brûler dans la flamme sombre de ses fêtes. J'éprouvais... mais quel mot? quelle démesure? comment consacrer l'accord de l'amour et de la révolte? La terre! Dans ce grand temple déserté par les dieux, toutes mes idoles ont des pieds d'argile.» (*Œ II*, p.88).

La juxtaposition de l'idée de «démesure» avec celle d'un «accord de l'amour et de la révolte» montre bien le côté problématique de cette coïncidence des contraires. Relevons également que l'absence des dieux («déserté par les dieux») et le caractère fragile des idoles («pieds d'argile») soulignent le côté provisoire de cette coïncidence des contraires.

Résumons notre brève esquisse des deux œuvres du jeune Camus. Dans *L'Envers et l'Endroit* comme dans les *Noces*, on peut parfaitement constater une couche textuelle qui est vouée à la problématique de la mesure, sans que celle-ci soit forcément thématisée *comme telle*. Dans quasiment tous les récits, la problématique de la prise de conscience est étroitement liée à la métaphorique de la lumière, et celle-ci détient une fonction essentiellement ambivalente, parce qu'elle sépare et rassemble les divers éléments des récits.

Affirmer que la problématique de la mesure s'étend de façon paradigmatique sur l'œuvre camusienne, cela revient évidemment à dire que cette œuvre accorde une attention considérable au phénomène du temps. Cette remarque est confirmée par le fait que le soleil physique est souvent présenté par Camus comme instance rythmique, comme mesure du rythme diurne et annuel (13), ou encore par le fait que la mesure camusienne a une connotation d'ouverture temporelle, comme nous avons déjà eu l'occasion de le constater. Mais dans ce contexte il faut également tenir compte des passages où l'auteur nous présente des images venues de la mémoire involontaire, images qui à première vue paraissent même évoquer une conception proustienne du temps : «*...de ces heures que, du fond de l'oubli, je ramène vers moi, s'est conservé surtout le souvenir intact d'une pure émotion*» («Entre oui et non», Œ II, p.23).

On peut en effet constater que le récit «Entre oui et non» commence avec une allusion manifeste à Proust : «*S'il est vrai que les seuls paradis sont ceux qu'on a perdus...*» (14). A la limite, on serait même tenté de prolonger délibérément ce rapprochement, par exemple en tenant compte de l'importance que Camus accorde à «*la lumière ronde de la lampe à pétrole*» de la chambre à coucher («Entre oui et non», Œ II, p.25-26), qui trouve son écho dans le motif de la «*lampe à acétylène*» du café maure donnant «*une lumière inconstante*» (*ibid.*, Œ II, p.24). Ce jeu de lumière inconstante fait penser à un passage de la *Recherche* :

> «...on oublie presque toujours que nous [...] sommes nous-mêmes un animal privé de cette raison qui projette sur les choses une clarté de certitude; nous n'y offrons au contraire, au spectacle de la vie, qu'une vision douteuse et à chaque minute anéantie pour l'oubli, la réalité précédente s'évanouissant devant celle qui lui succède, <u>comme une projection de lanterne magique</u> devant la suivante quand on a changé le verre...» (15)

S'il est vrai, comme Georges Poulet le suggère dans ses *Etudes sur le temps humain/1*, que «Proust a appris à se représenter l'existence selon les jeux "vacillants et momentanés" de la lanterne magique» (16), peut-on du même droit dire que Camus a appris à se représenter l'existence selon les reflets inconstants de la lampe à pétrole? Cependant, un tel rapprochement de Camus à Proust se heurte au point de vue de Doubrovsky selon lequel Camus se rapproche d'une conception bergsonienne du temps (17). Proposons à présent d'opposer la conception de la durée de Bergson à celle de

Proust, afin de mieux pouvoir juger de quel côté il faut situer Camus.

Dans les *Etudes sur le temps humain*, Georges Poulet affirme que «rien n'est [...] plus faux que de comparer la durée proustienne à la durée bergsonienne. Celle-ci est un plein, celle-là, un vide; celle-ci un continu; celle-là, un discontinu» (18). Une différence essentielle entre ces deux conceptions de la durée consiste dans l'effort que le sujet effectue non pas pour se souvenir - celui-ci se faisant par la mémoire involontaire - mais en quelque sorte pour «faire la synthèse» dans l'appréhension du monde, comme le remarque Poulet :

> «Loin d'être comme le veut Bergson, une "continuité mélodique", la durée humaine est, aux yeux de Proust, une simple pluralité de moments isolés loin les uns des autres. Or, comme Proust l'a fait remarquer lui-même, la différence de nature entre ces deux durées entraîne nécessairement une différence égale dans les démarches par lesquelles l'esprit s'aventure à les explorer. C'est comme un lent et facile glissement en arrière que Bergson conçoit la recherche du temps perdu. Au cours d'une rêverie, l'esprit se détendant s'enfonce insensiblement dans un passé dont la substance toujours liquide et dense ne cesse jamais de le presser doucement de tous côtés. Au contraire, chez Proust, l'exploration du passé apparaît d'emblée comme une difficulté si grande que pour la surmonter il ne faut rien de moins que l'invention d'une grâce spéciale et le maximum d'effort de la part de celui qui en est le sujet.» (19)

On peut constater que pour le sujet camusien il ne faut pratiquement pas d'effort pour pouvoir se laisser «glisser en arrière»; entièrement placée sous le signe du continu, la transition au souvenir se fait même souvent en une seule phrase : «*S'il est vrai que les seuls paradis sont ceux qu'on a perdus, je sais comment nommer ce quelque chose de tendre et d'inhumain qui m'habite aujourd'hui. Un émigrant revient dans sa patrie. Et moi, je me souviens»* («Entre oui et non», *Œ II*, p.23, nous soulignons). Cette facilité du sujet de se laisser «glisser en arrière» va de pair avec une remarque qui peut être lue comme une prise de distance ironique par rapport au projet proustien : *«Je ne veux pas remâcher du bonheur. C'est bien plus simple et c'est bien plus facile»* (ibid., *Œ II*, p.23).

Selon Poulet, le monde proustien est un monde de «choses interchangeables, que rien n'attache à un point particulier de l'espace et de la durée» (20); par conséquent il s'agit d'un «temps des exclusions et des résurrections, temps des fragments et des hiatus entre les fragments, temps des éclipses et des anachronismes» (21). Malgré le phénomène de contiguïté, on pourrait donc peut-être dire que chez Proust nous sommes dans le temps discontinu; il n'y a que des fragments de temps et d'espace qui ne peuvent être retrouvés que par intuition. Chez Camus par contre, l'expérience du temps nous est présentée comme durée pure : *«Chaque jour, je quittais ce cloître comme enlevé à moi-même, inscrit pour un court instant dans la durée du monde»* («Amour de vivre», *Œ II*, p.44, nous soulignons).

Cette durée du monde dans laquelle le sujet se trouve inscrit n'est pas sans rappeler la «durée toute pure», telle que Bergson la décrit dans son *Essai sur les données immédiates de la conscience* :

> «La durée toute pure est la forme que prend la succession de nos états de conscience quand notre moi se laisse vivre, quand il s'abstient d'établir une séparation entre l'état présent et les états antérieurs. Il n'a pas besoin, pour cela, de s'absorber tout entier dans la sensation ou l'idée qui passe, car alors, au contraire, il cesserait de durer. Il n'a pas besoin non plus d'oublier les états antérieurs : il suffit qu'en se rappelant ces états il ne les juxtapose pas à l'état actuel comme un point à un autre point, mais les organise avec lui, comme il arrive quand nous nous rappelons, fondues pour ainsi dire ensemble, les notes d'une mélodie.» (22)

S'abstenir d'établir une séparation entre l'état présent et les états antérieurs, c'est précisément le phénomène que Camus décrit à plusieurs reprises dans *L'Envers et l'Endroit* : «*Mais à cette heure, où suis-je? Et comment séparer ce café désert de cette chambre du passé. Je ne sais plus si je vis ou si je me souviens*» (*Œ II*, p.30). Souvent cette expérience de la durée est même accompagnée de notions de chant : «*Maintenant le feu se recouvre de cendre dans le foyer. Et toujours le même soupir de la terre. Une derbouka fait entendre son chant perlé. Une voix rieuse de femme s'y plaque*» (*Œ II*, p.27).

On peut donc dire que si l'expérience du temps chez Proust nous dévoile plutôt un «être en creux» (23), celle de Camus est au contraire régie par l'évocation d'une présence pleine. Certes, chez Camus on trouve aussi ce sentiment «creux» : «*Dans cette vieille maison, tout semblait creux alors*» (*Œ II*, p.27). Mais à cette remarque il faut objecter que ce sentiment est de l'ordre du remémoré et qu'il ne se situe pas au niveau de l'acte de mémorisation. Le souvenir camusien s'effectue au contraire avec la présence pleine du corps : «*Son corps même est imprégné de cette maison. Ses jambes conservent en elles la mesure exacte de la hauteur des marches*» (*Œ II*, p.24).

Après cette première approche, occupons-nous du rapport entre la conception du temps et la mesure camusienne. L'idée de «démesure dans la mesure» trouvée dans *L'Homme révolté* est déjà présente dans des images qui se rapportent à l'expérience vécue du temps, cela dès *L'Envers et l'Endroit* :

> «Le monde s'achève ici comme chaque jour et, de tous ses tourments sans mesure, rien ne demeure maintenant que cette promesse de paix. L'indifférence de cette mère étrange! Il n'y a que cette immense solitude du monde qui m'en donne la mesure.» (*Œ II*, p.26, nous soulignons.)

La mesure comme paradigme 97

L'entrelacement des idées de mesure et de démesure est manifeste. Les termes ou expressions «tous», «sans mesure», «ne rien», «immense» possèdent un côté démesuré et s'opposent à l'idée de mesure exprimée à la fin du passage. La solitude exprimée ici est celle *du* monde, non pas une solitude *face au* monde; le sentiment de continuité et de présence est si fort qu'il n'y a, à vrai dire, plus de distance possible entre le moi et le monde; *le monde c'est moi* : *«Quand suis-je plus vrai que lorsque je suis le monde?»* (Œ II, p.49).

Enchâssant un souvenir dans le récit primaire (d'une part la mère et l'enfant à la maison durant la nuit, et d'autre part le «moi» situé «ici», seul le soir dans le café de l'Arabe, se souvenant du temps passé), le passage cité plus haut n'expose pas seulement deux temps «réels» différents (le soir, maintenant - la nuit, autrefois), mais invoque également des conceptions du temps bien différentes, à savoir : 1. une conception «vulgaire» et linéaire du temps, comme addition d'instants successifs s'écoulant irréversiblement («Le monde s'achève ici»); 2. une conception cyclique du temps, se répétant et se renouvelant («comme chaque jour»); 3. enfin l'idée d'une situation «existentielle» ou extatique, ceci dû à l'emploi des déictiques («cette promesse de paix», «cette mère étrange», «cette solitude du monde»), ce qui met l'accent sur la présence du locuteur.

Notons que cette situation «existentielle» est présentée comme ouverture temporelle vers le futur, puisqu'elle possède un connotation utopique («cette promesse de paix»), mais qu'elle est en même temps tournée vers le passé («cette mère étrange»). S'ouvrant également sur la totalité du monde («cette immense solitude du monde»), la situation «existentielle» décrite dans ce passage peut être lue comme image d'une ouverture spatio-temporelle au monde physique.

Il faut cependant souligner le caractère uniquement potentiel de ce rapport du sujet à la spatialité et au temps linéaire, puisque cette situation n'entretient pas de rapport physique déjà établi; il s'agit plutôt d'un instant suspendu entre le présent et le passé : «*...de ces heures que, du fond de l'oubli, je ramène vers moi, s'est conservé surtout <u>le souvenir</u>*

intact d'une pure émotion, d'un *instant suspendu dans l'éternité*» (*Œ II*, p.23, nous soulignons).

Il n'est pas nécessaire qu'au niveau du récit enchâssé cet «instant suspendu» doive avoir été de l'ordre de l'instantané, car il se peut très bien que la «situation» mémorisée (ou si l'on veut le «contenu» du souvenir) se soit étendue dans le temps «réel». Mais là aussi le souvenir est souvent exprimé sous la forme du présent : «*Il reste alors de longues minutes à la regarder*» (*Œ II*, p.24). Il suffit que le sujet éprouve ce moment comme «temps d'arrêt», même si ce moment d'arrêt s'étend sur une longueur considérable au niveau du temps «réel» passé : «*Tout à l'heure, la vieille rentrera, la vie renaîtra : la lumière ronde de la lampe à pétrole, la toile cirée, les cris, les gros mots. Mais maintenant, ce silence marque un temps d'arrêt, un instant démesuré*» (*Œ II*, pp.25-26). Cet «instant démesuré» peut donc se prolonger dans le temps «réel», et le sujet peut éprouver cet instant démesuré soit déjà au niveau du temps mémorisé, soit au niveau de l'acte de mémorisation.

Le côté démesuré de cet «instant suspendu» peut encore se manifester autrement, à savoir comme irruption de quelque chose de neuf : «*La mère a sursauté*» (*Œ II*, p.26); «*Derrière elle, la nuit s'amassait peu à peu. Devant elle, les magasins s'illuminaient brusquement*» (*id.*); «*Elle, de son côté, s'agitait, geignait, sursautait brusquement parfois*» (*Œ II*, p.27). Il faut cependant ajouter que ce côté démesuré dans l'expérience vécue du temps ne doit pas toujours se manifester :

> «A mesure que j'avance, une à une, elles [les cigales] mettent leur chant en veilleuse, puis se taisent. J'avance d'un pas lent, oppressé par tant d'ardente beauté. Une à une, derrière moi, les cigales enflent leur voix puis chantent : un mystère dans ce ciel d'où tombent l'indifférence et la beauté.» («La Mort dans l'Ame», *Œ II*, p.38)

Nous sommes bien dans le royaume de la mesure camusienne; l'invocation à la beauté en témoigne. Le côté démesuré du

La mesure comme paradigme 99

souvenir que nous venons de trouver plus haut n'a pas complètement disparu, mais n'est ici que caché, sous-jacent, puisque les expressions «oppressé» et «tant d'ardente beauté» reflètent un côté démesuré. L'irruption est donc toujours possible, comme nous le montre encore le souvenir de la femme dansante dans «Amour de vivre» : «*...la vie reflue lentement vers le quartier des cafés chantants. [...] Un coup de cymbale soudain et une femme sauta brusquement dans le cercle exigu...*» (*Œ II*, p.41).

Selon notre point de vue, les images citées plus haut représentent un équilibre qui peut à tout moment être rompu, mais qui parfois se prolonge dans le temps. Ajoutons que cet équilibre peut même aller de pair avec une certaine lenteur :

«Dans une heure, une minute, une seconde, maintenant peut-être, tout pouvait crouler. Et pourtant le miracle se poursuivait. Le monde durait, pudique, ironique et discret [...]. Un équilibre se poursuivait, coloré pourtant par toute l'appréhension de sa propre fin.» (*Œ II*, p.44)

L'équilibre que Camus évoque ici demande à être maintenu, mais peut à tout moment être rompu par une force démesurée, inhérente à cet équilibre. Comme nous avons déjà eu l'occasion de le constater, cette constellation est tout-à-fait caractéristique pour la mesure camusienne.

Quel est le rapport de ces passages avec l'idée de présence? L'invocation d'un temps présent, pleinement saturé, se heurte au fait que les récits de *L'Envers et l'Endroit* sont tous régis par une superposition de deux (sinon trois) temps, à savoir celui de l'énoncé - lui-même partagé en un temps remémoré et un temps de l'acte de mémorisation - et celui de l'acte de l'énonciation. Cette difficulté est elle-même thématisée à plusieurs reprises : «*...laissez-moi découper cette minute dans l'étoffe du temps*» (*Œ II*, p. 48); «*Si une angoisse encore m'étreint, c'est de sentir cet impalpable instant glisser entre mes doigts comme les perles du mercure*» (*ibid.*). Il va sans dire que cette difficulté est inhérente au phénomène de l'écriture et on peut se demander si elle a des conséquences sur un plan technique ou encore à un niveau métapoétique. Ce sera le sujet de notre troisième partie, consacrée à des questions littéraires et métapoétiques.

Notes :

1. Grenier 1987, pp.26-28.
2. *ibid.*, p.28.
3. *ibid.*, p.29.
4. On peut déjà trouver des allusions à la sentence héraclitienne dans *L'Envers et l'Endroit* : «Le monde soupire vers moi dans un rythme long et m'apporte l'indifférence et la tranquillité de ce qui ne meurt pas.» (Œ *II*, p.24); «Et toujours ce grand soupir du monde. Une sorte de chant secret naît de cette indifférence.» (Œ *II*, p.24); «Et toujours le même soupir de la terre. Une derbouka fait entendre son chant perlé.» (Œ *II*, p.27); «Dans ce cœur moins solide, la musique du monde entre plus aisément.» (Œ *II*, p.34).
Cf. également dans les *Noces* : «Que d'heures passées à écraser les absinthes, à caresser les ruines, à tenter d'accorder ma respiration aux soupirs tumultueux du monde!» (Œ *II*, p.56); «...c'est la mélodie du monde qui parvient jusqu'à nous» (Œ *II*, p.57).
5. Papamalamis 1965, p.7.
6. Par exemple : «Ses jambes conservent en elles la mesure exacte de la hauteur des marches.» (Œ *II*, p.24); «Mais maintenant, ce silence marque un temps d'arrêt, un instant démesuré.» (Œ *II*, p.26); «...de tous ses tourments sans mesure, rien ne demeure maintenant que cette promesse de paix.» (*ibid.*); «Il n'y a que cette immense solitude du monde qui m'en donne la mesure.» (*ibid.*); «Je passais des heures démesurées dans l'immense quartier du Hradschin, désert et silencieux.» (Œ *II*, p.33); «Un grand désaccord se fait entre lui et les choses.» (Œ *II*, p.34); «La passion chemine par degrés vers les larmes.» (Œ *II*, p.37); «...mesuré longuement par le chant des cigales.» (*ibid.*); «...tout m'est prétexte pour aimer sans mesure.» (*ibid.*); «A mesure que j'avance, une à une, elles mettent leur chant en veilleuse, puis se taisent.» (Œ *II*, p.38); «...j'étais trop tendu pour l'écouter.» (*ibid.*); «...des mélodies dont on ne saisissait que le rythme parce que tous les pieds en donnaient la

La mesure comme paradigme 101

mesure.» (*ibid.*); «Dans la salle, l'excitation n'avait plus de bornes.» (*Œ II*, p.42); «Je sais bien que j'ai tort, qu'il y a des limites à se donner.» (*Œ II*, p.45); «Mais il n'y a pas de limites pour aimer.» (*ibid.*, nous soulignons.)

7. Par exemple : «Tout ça ne se concilie pas? [...] Qu'est-ce que ça fait, si on accepte tout?» (*Œ II*, p.22); «Et moi, je me souviens.» (*Œ II*, p.23); «...s'est conservé surtout le souvenir intact d'une pure émotion...» (*ibid.*); «Chaque geste retrouvé me révèle à moi-même.» (*ibid.*); «Dans ce café maure, [...] je me souviens non d'un bonheur passé, mais d'un étrange sentiment.» (*ibid.*); «Plus tard, bien plus tard, il devait se souvenir de cette odeur mêlée de sueur et de vinaigre, ...» (*Œ II*, p.27); «Je ne sais plus si je vis ou si je me souviens.» (*Œ II*, p.30); «Que vient faire ici cette stupide appréhension? Mais, déjà, l'esprit marche.» (*Œ II*, p.31); «Je me souviens encore que sur les bords de l'Vltava, je m'arrêtais soudain,...» (*Œ II*, p.34); «Comment oublierai-je la figure niaise du garçon d'étage [...]?» (*Œ II*, p.35); «...j'ai mis longtemps à comprendre mon attachement et mon amour pour le monde de pauvreté.» (*Œ II*, p.38); «C'est qu'à ce moment, je comprenais vraiment ce que pouvaient m'apporter de semblables pays.» (*Œ II*, p.44); «Ce n'est plus d'être heureux que je souhaite maintenant, mais seulement d'être conscient.» (*Œ II*, p.49).

8. Pour l'analyse plus détaillée de ces trois passages, cf. notre troisième partie.

9. Cf. par exemple Barilier 1977, pp.23 sq.

10. «...je perdais conscience du dessin que traçait mon corps» (*Œ II*, p.62); «...c'est ici que je trouverais le mot exact qui dirait [...] la certitude consciente d'une mort sans espoir» (*Œ II*, p.63);«...le seul progrès de la civilisation. [...] c'est de créer des morts conscientes» (*Œ II*, p.64); «Ce qu'il [i.e. : le pays] exige, ce sont des âmes clairvoyantes, c'est-à-dire sans consolation. Il demande qu'on fasse un acte de lucidité comme on fait un acte de foi» (*Œ II*, p.67).

11. «Nous ne cherchons pas de leçons» (*Œ II*, p.56); «Voir, et voir sur cette terre, comment oublier la leçon?» (*Œ II*, p.57); «Djémila figure alors le symbole de cette leçon d'amour et de patience qui peut seule nous conduire au cœur battant du monde» (*Œ II*, p.61); «C'est dans la joie que l'homme prépare ses leçons et parvenue à son plus haut degré d'ivresse, la chair devient consciente» (*Œ II*, p.82); «La grande vérité que patiemment il [i.e. : le monde] m'enseignait, c'est que l'esprit n'est rien, ni le cœur même» (*Œ II*, p.87).

12. Il s'agit de la «Note», *Œ II*, p.77.
13. «Comment alors ne pas s'identifier à ce dialogue de la pierre et de la chair à la mesure du soleil et des saisons?» (*Œ II*, p.69, nous soulignons).
14. *Œ II*, p.23. Cf. Marcel Proust, *A la recherche du temps perdu*, t.IV (*Le temps retrouvé*), Paris 1989, p.449 : «...les vrais paradis sont les paradis qu'on a perdus.»
15. Marcel Proust, *A la recherche du temps perdu*, t.II (*A l'ombre des jeunes filles en fleurs*), Paris 1988, p.177 (nous soulignons).
16. Georges Poulet, *Etudes sur le temps humain/1*, Paris 1952, p.403.
17. Doubrovsky 1960, p.90 : «If Sartre's philosophy is, at bottom, nothing but Cartesianism without God, that of Camus, on the contrary, could be termed Bergsonianism without teleology.»
18. Poulet 1952, p.431.
19. *ibid.*, p.432.
20. *ibid.*, p.402.
21. *ibid.*, p.434.
22. Henri Bergson, *Essai sur les données immédiates de la conscience*, Paris 1993, pp.74-75.
23. Poulet 1952, p.401.

DEUXIEME PARTIE :

LA METAPHORIQUE SOLAIRE COMME RENVOI A LA PENSEE GRECQUE

Chapitre premier

L'évocation du monde hellénique

> «La solution de Plotin, c'est la transparence.»
>
> «"crede ut intelligas." Cette raison s'assouplit. Elle s'éclaire des lumières de la Foi.»
>
> Camus, *Diplôme d'Etudes Supérieures*

Par l'évocation d'une «pensée solaire» qui porte en elle les insignes de la mesure, Camus nous avait invités à interpréter les notions de soleil comme figure métonymique de la problématique de mesure, et *a fortiori* comme symbole de la thématique de prise de conscience. Nous avons vu que dans *L'Homme révolté* le soleil doit être lu comme symbole d'une «démesure *dans* la mesure», figurant comme force motrice de la mesure camusienne. Mais le soleil renvoie également à ce que Camus appelle la «pensée grecque». C'est pourquoi nous traitons à présent la référence camusienne au monde grec, en décelant les différentes fonctions des notions de soleil et de mesure dans le texte camusien.

Depuis la parution du *Diplôme D'Etudes Supérieures* de Camus dans l'édition de la Pléiade, les critiques n'ont jamais cessé de souligner que l'une des obsessions constantes de Camus était de s'interroger sur les relations entre l'Antiquité non-chrétienne et le christianisme de l'Evangile (1). Dans cette confrontation des deux civilisations, Camus opte incontestablement pour la Grèce et contre le christianisme. Toutes les grandes problématiques et thématiques qui obséderont Camus durant sa carrière peuvent être réduites à cette dichotomie entre l'hellénisme et le christianisme (2).

Ce sentiment profond de la part de Camus pour la Grèce a été objet de maintes discussions. Pour la plupart des critiques d'aujourd'hui, l'hellénisme camusien possède un caractère forcé puisqu'il ne sert qu'à donner du contrepoids au christianisme (3). De plus, Paul J. Archambault a montré de façon exemplaire qu'une grande partie du *Diplôme d'Etudes Supérieures* du jeune Camus n'est que le produit d'une compilation de passages considérables à partir de la littérature secondaire et de livres scolaires, compilation frisant le plagiat et que Camus a même utilisée pour la rédaction de l'une ou l'autre œuvre postérieure (4).

Avec Archambault, d'autres critiques ont montré le côté réducteur de la lecture camusienne de l'Evangile, car d'une part, Camus n'a pas pris en considération le thème de la rédemption, et d'autre part il a réduit le christianisme à une doctrine de *sola gratia*, à une conception proche du jansénisme qui selon lui réduit la valeur de la révolte à un minimum et par conséquent n'a pas de place dans l'Univers camusien (5).

On n'a pas non plus manqué de souligner que Camus a vu dans le christianisme protestant un précurseur de l'eschatologie hégélienne (6). Enfin, bien des critiques ont mis en évidence que les attaques camusiennes contre le christianisme s'effectuent en tournures et termes chrétiens (7).

Il ne s'agit pas ici de retracer les propos des divers critiques qui se sont déjà occupés de l'un ou de l'autre aspect de l'hellénisme camusien, mais d'analyser à quel point la métaphorique solaire employée par Camus correspond aux exigences de l'Univers hellénique, tel que le concevait notre auteur. Car malgré les interprétations erronées concernant certains aspects du christianisme et les simplifications ou déformations effectuées par Camus à l'égard de la pensée grecque, la métaphorique solaire s'inscrit dans un système

L'évocation du monde hellénique 107

d'écriture qui ne saurait être d'une plus parfaite cohérence. Ce n'est que grâce à la métaphorique solaire que la conception camusienne du monde hellénique pourra être maintenue de l'époque du *Diplôme d'Etudes Supérieures* jusqu'au temps de *L'Exil et le Royaume*, et même de *La Chute*.

Une analyse de l'évocation du monde hellénique par la métaphorique solaire doit contourner trois difficultés principales. Premièrement, le caractère non-conceptuel du terme «soleil» - et par extension celui de l'expression «pensée solaire» - nous incitent à parler d'un «renvoi métaphorique» au monde grec de la part de Camus. De quel monde grec s'agit-il? Où s'arrête le corpus grec? Plotin est-il encore grec? Nietzsche, Spengler font-ils partie de la Grèce? Ces questions ne touchent pas seulement aux problèmes d'hypertextualité et de délimitation des textes, mais posent également un autre problème, car une fois définis les textes grecs auxquels Camus se réfère, doit-on automatiquement se limiter aux passages «solaires»? Et en quoi consiste la caractéristique «solaire» du monde grec? Est-ce une certaine abondance de lumière, naturelle ou spirituelle? Est-ce cet esprit de la philosophie grecque dont on dit généralement qu'il est au commencement de la pensée occidentale? Mais comment peut-on encore trancher entre cet esprit et celui de l'«idéologie allemande», entre l'esprit grec et l'esprit hégélien en termes de soleil?

Une étude sur la notion de soleil chez Camus ne doit pas perdre de vue la force suggestive du thème solaire que nous venons d'illustrer par ces questions, mais doit aussi se demander dans quelle mesure Camus, tout en s'opposant à la pensée de minuit par l'évocation d'une pensée solaire, reste tributaire d'une tradition qui a toujours fait le parallèle entre soleil et esprit, tradition qui a justement été revendiquée par les grands penseurs de minuit. Force est de se demander à quel point Camus est partagé entre la nécessité de se faire l'avocat d'une pensée solaire et donc grecque, et celle de constater qu'il est *«indécent de proclamer aujourd'hui que nous sommes les fils de la Grèce. Ou alors nous en sommes les fils renégats»* («L'Exil d'Hélène», *Œ II*, p.854). Nous pensons que cette brisure à l'intérieur de l'enjeu le plus intime de l'auteur doit trouver son reflet violent dans la figure du soleil camusien.

Deuxièmement : une fois délimités les passages solaires à l'intérieur du corpus grec, il faut tenir compte des différentes fonction de la métaphorique solaire. Même chez Platon, philosophe par excellence chez lequel il y a distinction précise entre «*he toû agathoû idéa*» et «*he eikóna*», entre l'idée du juste et son image, on est confronté à un problème fondamental. Car dans le mythe de la caverne (*Politeia VII*, 514a, 2 - 517a,7), on peut certes distinguer nettement entre le dedans de la caverne et son extérieur, entre le feu produisant les ombres dans la caverne, et le soleil permettant la perception des choses à l'extérieur. Cependant, lorsqu'il est question d'interpréter le mythe (517a, 8 - 518d, 7), Platon nous renvoie à une autre parabole, à savoir à l'allégorie du soleil (*Politeia VI*, 508a, 3 - 509b, 9). Le feu dans le mythe de la caverne correspond au soleil réel, les ombres dans la caverne représentant le réel, tandis que les choses à l'extérieur de la caverne illustrent les «idées», le soleil étant une «image» (*eikóna*) pour «*he toû agathoû idéa*», pour l'idée du juste ou l'idée des idées (VII, 517b, 8).

Ainsi la métaphorique de la lumière s'inscrit dans une double-distinction de l'apparence et du réel d'une part, et du réel et de l'idéel d'autre part. *D'une part*, le feu dans la caverne est responsable du monde des apparences, alors que le soleil réel garantit la perception juste des choses extérieures; et *d'autre part*, le soleil réel n'appartient qu'au monde de la *phúsis*, alors qu'en tant qu'image de l'idée de toutes les idées, il est la cause du juste et du beau («*orthôn te kaì kalôn aitía*», *Politeia* VII, 517c).

Par cette appartenance au monde des fausses apparences, à celui du physique et à celui du spirituel, la métaphorique de la lumière aura, tout au long de la tradition philosophique, tantôt cette connotation d'apparence illusoire, tantôt un rapport à l'intelligible. Une étude sur l'hellénisme camusien doit tenir compte de cette double-fonction de la métaphorique de la lumière.

La troisième difficulté se manifeste lorsqu'on envisage le rapport entre ce que l'on pourrait appeler la véracité d'un discours et son système de métaphores. Chez Platon, les différents niveaux et les différentes fonctions du soleil sont clairs et distincts : pas question de confondre le feu de la caverne avec le soleil extérieur, ni le soleil réel avec celui qui figure comme image de l'idée du juste. Chez Camus par contre, la force suggestive de la métaphorique solaire risque de compromettre l'idée de mesure, comme Francis Jeanson croyait le démontrer dans sa critique (8). Mais ce risque d'incohérence entre un plaidoyer pour la mesure et un «style démesuré» est-il effectivement présent dans *L'Homme révolté*?

De manière générale, on peut constater que l'évocation camusienne du monde hellénique a cela de particulier qu'elle se divise en deux perspectives qui ont un rapport tout à fait différent avec la métaphorique solaire. Car d'un point de vue extérieur, la pensée grecque est assimilée au soleil, et s'oppose par cela à la pensée de minuit; à l'intérieur du corpus textuel des philosophes grecs par contre, le côté uniquement lumineux de la pensée grecque est transformé en un jeu de lumière et d'ombre.

L'Homme révolté est à cet égard exemplaire. Avant même que Camus n'entame l'analyse proprement dite de la pensée de minuit, le renvoi au monde des Anciens donne un certain support à l'idée de nature ou de condition humaine, support nécessaire puisque - nous l'avons vu dans notre première partie - la notion de nature est à la fois fragile et indispensable au développement camusien : «*L'analyse de la révolte conduit au moins au soupçon qu'il y a une nature humaine, comme le pensaient les Grecs*» (Œ II, p.425).

De cette avance, l'idée de mesure peut également profiter; elle se sera introduite dans le discours avant que Camus ne la discute pleinement et qu'il ne se voue à la distinction entre pensée de minuit et pensée de midi : «*Les Grecs [...] restent fidèles à cette mesure, qu'ils avaient déifiée. [...] Le Grec peint sans doute la démesure, puisqu'elle existe, mais il lui donne sa place, et par là une limite*» (Œ II, p.439). Une fois accomplie l'analyse de l'idéologie allemande et démontrées les conséquences que la pensée de minuit implique, Camus peut alors se faire l'avocat de la mesure. Puisque celle-ci tient une grande part de sa force argumentative de la métaphorique solaire, on est tenté d'assimiler le monde des Grecs aux notions de soleil et de lumière. Mais à l'intérieur du renvoi hellénique par contre, Camus se voue à la pensée grecque proprement dite et s'empresse de souligner le caractère double du monde des Anciens : *«la civilisation au double visage»* (*Œ II*, p.703). Par là il redonne de l'espace à l'ombre.

Il en résulte le schéma suivant : quand il s'agit de se parer contre la pensée de minuit, la Grèce est représentée par le soleil et la lumière; mais une fois établie l'idée de mesure, Camus insiste sur le caractère double de la pensée grecque. La pensée solaire, *«la civilisation au double visage»* (*Œ II*, p.703), est donc lumineuse vue de l'extérieur, mais à la fois claire et obscure vue de l'intérieur.

Cet équilibre peut également être observé dans d'autres essais. Déjà dans son *Diplôme d'Etudes Supérieures*, Camus met en lumière le double-aspect de la Grèce antique :*« [...] tout porte à mettre en valeur près de la Grèce de la lumière une Grèce de l'ombre, moins classique, mais tout aussi réelle»* (*Œ II*, p.1225). La conclusion du *Diplôme d'Etudes Supérieures* nous indique que Camus a trouvé cette *«Grèce de l'ombre»* chez Nietzsche, qui voit dans sa disparition le commencement de la décadence de l'hellénisme (9). Le double-aspect de la Grèce antique que l'on peut suivre jusqu'à «L'Exil d'Hélène» sera une constante dans l'œuvre entière et sera toujours assimilé aux idées de limite et d'équilibre : *«La pensée grecque s'est toujours retranchée sur l'idée de limite. Elle n'a rien poussé à bout, ni le sacré, ni la raison, parce qu'elle n'a rien nié, ni le sacré, ni la raison. Elle a fait la part de tout, équilibrant l'ombre par la lumière»* (*L'Homme révolté, Œ II*, p.853).

A partir de ce point de vue, les oscillations dans *L'Homme révolté* que nous avons analysées dans notre première partie ne mettent donc pas en question la cohérence du discours camusien, mais s'inscrivent au contraire dans la conception camusienne du monde grec. Elles nous indiquent en outre comment il faut interpréter la notion de soleil. Car la mesure étant soutenue à la fois par le renvoi hellénique et par une métaphorique solaire, et le renvoi hellénique comportant un double-aspect de lumière et d'ombre, le soleil camusien doit, lui aussi, se diviser en une face lumineuse et une face sombre, comme le remarque Camus ailleurs à plusieurs reprises : *«La bonne explication est du moins toujours double. La Grèce nous l'enseigne, la Grèce à laquelle il faut toujours revenir. La Grèce c'est l'ombre et la lumière. Nous savons bien, n'est-ce pas, nous autres, hommes du Sud, que le soleil a sa face noire?»* (*Œ II*, p.1343).

Notons que dans la préface pour l'édition allemande des *Poésies* de René Char on retrouve l'idée de face noire du soleil évoquée par Camus pour caractériser la pensée grecque : *«Dans la grande lumière où Char est né, on sait que le soleil est parfois obscur»* (*Œ II*, p. 1164).

Il est intéressant de constater que lorsqu'il n'est pas directement question d'une pensée purement grecque, Camus s'empresse de souligner que cette «face noire» du soleil disparaît du champ d'observation des divers penseurs. Les lignes du *Diplôme d'Etudes Supérieures* dans lesquelles Camus s'occupe des pensées de Plotin et d'Augustin sont très significatives à ce sujet. Car la présentation et l'analyse camusiennes des deux grandes étapes de la *«christianisation de l'Hellénisme décadent»* (*Œ II*, p.1308), incarnés par l'auteur des *Ennéades* et par celui des *Confessions*, sont accompagnées d'une véritable systématique métaphorique qui aide Camus à soutenir ses thèses - si réductrices ou erronées soient-elles.

Dans la partie consacrée à Plotin, Camus analyse les images utilisées par l'auteur des *Ennéades* (*Œ II*, pp.1269-1289). N'accordant à Plotin qu' un statut intermédiaire entre la pensée grecque et le christianisme (10), Camus tient à montrer que la métaphorique de l'auteur des *Ennéades* est régie par les idées de transparence (11) et que la «face noire» du soleil est absente (12) :

«La solution de Plotin, c'est la transparence. Les intelligibles sont dans l'Intelligence mais leurs rapports ne sont pas de ceux qu'une logique courante accepterait. Comme ces diamants qu'une même eau remplit, dont chaque éclat se nourrit de feux qui jouent aussi dans d'autres faces, de sorte que cette même lumière infiniment répétée ne se définit que par ces feux mais en même temps ne saurait s'y résumer, ainsi l'Intelligence répand son éclat dans les intelligibles qui sont en elle, comme elle en eux, sans qu'on puisse dire ce qui d'elle est à eux, et d'eux à elle : "Tout est transparent, rien d'obscur ni de résistant; tout être y est visible à tout être jusque dans son infinité; il est une lumière pour une lumière. Tout être a en lui toutes choses et voit toutes choses en autrui. Tout est partout. Tout est tout. Chaque être est tout. Là-bas, le soleil est tous les astres et chacun d'eux est le soleil."» (Œ II, p.1277, nous soulignons.)

Puisque Plotin est fils d'un *«Hellénisme décadent»* (Œ II, p.1308) et qu'il est à mi-chemin entre une pensée grecque et une pensée chrétienne, il ne peut s'exprimer que par des métaphores employant des notions de lumière, et doit omettre les notions d'ombre - c'est ce que Camus semble insinuer, et du moins pour Plotin il semble avoir raison. Loin de la «Grèce de l'ombre», de la *«Grèce pessimiste, sourde et tragique»* (Œ II, p.1309), la pensée de Plotin n'a plus droit à une métaphorique de lumière et d'ombre, mais est censée représenter la lumière pure.

Mais si pour Camus la pensée de Plotin représente la lumière pure, il en est tout autrement pour la pensée d'Augustin. En rejetant le dogme de la prédestination, mais en accordant à Augustin le fait d'avoir intégré la pensée dans la «religion», Camus semble impliquer que la philosophie d'Augustin représente le point culminant d'un compromis entre la raison hellénique et la foi chrétienne, comme le remarque Paul J. Archambault (13). Ce compromis entre la pensée grecque et la foi chrétienne est conçu par Camus comme une transformation de la pensée plotinienne : *«S'il [i.e. Augustin] adopte un moment le Néoplatonisme ce fut bientôt pour le transfigurer»* (*Œ II*, p.1295).

Or Camus nous présente cette transfiguration de la pensée plotinienne par un renversement de la métaphorique de la lumière. Car la méthode de Plotin dont Camus dit qu'Augustin l'emprunte, autrefois si lumineuse, devient d'un coup sombre, au point qu'elle devra même être illuminée par la foi :

> «L'Augustinisme proclame à chaque pas l'insuffisance de la philosophie. La seule raison intelligente est celle qui est <u>éclairée par la foi</u>. [...] La Foi a fini par accepter la Raison qu'elle ignorait; mais si l'on croit Saint Augustin ce fut pour la mettre à un rang bien singulier. "Si non potes intelligere, crede ut intelligas, praecedit fides, sequitur intellectus. Ergo noli quaerere intelligere ut credam, sed crede ut intelligas." Cette raison s'assouplit. Elle <u>s'éclaire des lumières de la Foi</u>.» (*Œ II*, p.1305, nous soulignons.)

Voilà le renversement accompli. La raison de la «Grèce de la lumière», autrefois équilibrée par la «Grèce sombre», par la *«Grèce pessimiste, sourde et tragique»* (*Œ II*, p.1309), est maintenant sombre à son tour et a besoin de la lumière de la foi.

Il faut préciser que l'interprétation camusienne du fameux «crede ut intelligas» est sinon fausse, du moins originale. Camus accentue le «crede» chez Augustin, alors que l'on pourrait du même droit mettre l'accent sur la subordonnée finale. Déjà ici Camus se méfiait des perspectives qui seraient trop téléologiques.

Mais malgré cette interprétation un peu réductrice d'Augustin, il faut noter ici que la métaphorique de la lumière employée par Camus pour décrire le passage progressif de la tradition hellénique au christianisme ne peut être d'une cohérence plus parfaite. Cette description s'effectue en deux temps et demande chaque fois une nouvelle adaptation de la métaphorique de la lumière. Car dans un premier temps, la pensée plotinienne se sépare de la Grèce pessimiste et tragique, et puisque cette dernière représente la Grèce sombre, la description de la pensée plotinienne n'a plus recours qu'à des images de lumière. Mais dans un deuxième temps, la pensée «lumineuse» se change elle-même en raison sombre et *«assouplie»* (*Œ II*, p.1305) - c'est la pensée d'Augustin, à présent sombre à son tour et ayant elle-même besoin de la lumière de la foi.

Du passage de la Grèce antique à l'époque de Plotin, on peut donc constater la disparition de la «Grèce sombre», tandis que du passage de Plotin à Augustin s'opère un renversement métaphorique, la Grèce de la lumière se changeant elle-même en raison sombre.

On peut donc affirmer que dans ce passage progressif de la pensée grecque au christianisme, tel que Camus le conçoit, la métaphorique de la lumière employée par Camus joue un rôle tout aussi nécessaire que cohérent, ceci aux niveaux synchronique et diachronique. Sur le plan synchronique, la métaphorique de la lumière obéit à la structure «dedans-dehors». Vue de l'intérieur, la pensée grecque comporte un côté sombre et un côté clair; vue de l'extérieur et opposée à l'idéologie allemande par contre, elle ne montre plus que le côté clair. Sur le plan diachronique en revanche, l'écriture camusienne opère par un renversement métaphorique. Ne comportant plus la Grèce de l'ombre, le néoplatonisme ne sera représenté que par des images de lumière; mais une fois assimilée par le christianisme, la raison grecque se retourne en raison sombre.

Mais l'évocation du monde hellénique n'est pas uniquement présente dans le contexte d'un débat entre le christianisme et la pensée grecque, souvent elle se fait aussi en servant de référence esthétique. A ce sujet, il faut noter que la célèbre phrase *«Je me sens un cœur grec»* (*Œ II*, p.380), maintes fois citée par la critique, exprime moins une référence à une pensée proprement dite qu'une parenté diffuse au niveau du sentiment.

L'évocation du monde hellénique

Selon le mot de Laurent Mailhot, la Grèce de Camus est «l'Algérie vécue et rêvée, perdue et retrouvée» (14). Déjà en 1937, Camus tient une conférence sur le thème «La culture indigène, la nouvelle culture méditerranéenne», et y montre les ressemblances entre les divers pays de la Méditerranée, au niveau des paysages tout comme à celui des sensibilités, voire des modes de vie des habitants : *«Ce n'est pas le goût du raisonnement et de l'abstraction que nous revendiquons dans la Méditerranée, mais c'est sa vie, les cours, les cyprès, les chapelets de piments [...], les paysages écrasés de soleil...»* (*Œ II*, p.1324).

Dans les *Noces*, Camus établit un lien étroit entre la vie algérienne de tous les jours et l'amour de la Grèce antique pour la beauté corporelle :

«Pour la première fois depuis deux mille ans, le corps a été mis nu sur des plages. Depuis vingt siècles, les hommes se sont attachés à rendre décentes l'insolence et la naïveté grecques, à diminuer la chair et compliquer l'habit. Aujourd'hui et par-dessus cette histoire, la course des jeunes gens sur les plages de la Méditerranée rejoint les gestes magnifiques des athlètes de Delos.» (*Œ II*, p.69)

Camus évoque ici une esthétique de la Grèce antique qui renvoie principalement à la nature, et privilégiant l'immédiat. Simplicité, netteté, voire nudité : voilà pour Camus les principaux attributs du sentiment esthétique grec, tel qu'il se manifeste dans ses premières œuvres. Ce sentiment esthétique va de pair avec un goût pour le superficiel et la surface des corps : *«A Tipasa, je vois équivaut à je crois, et je ne m'obstine pas à nier ce que ma main peut toucher et mes lèvres caresser»* (*Œ II*, p.59). Remarquons que l'expression «je vois équivaut à je crois» témoigne d'une récusation du christianisme tout en gardant une connotation chrétienne (15).

Il va sans dire que ce sentiment esthétique de la part de Camus va de pair avec une priorité essentielle du présent vécu (16) se trouvant très proche d'une conception bergsonnienne du temps (17) : vivant dans un éternel présent, le corps n'a pas besoin de profondeur. Dans cette perspective, les *Noces* nous livrent le témoignage d'une expérience immédiate du corps ne laissant rien dans l'ombre et ne connaissant pas d'arrière-plan. Cependant, ce témoignage de l'immédiat ne va pas sans susciter le problème de l'âme et du corps, car comme nous avons vu dans notre première partie, la thématique de la prise de conscience de l'homme est omniprésente dans les *Noces*.

Contrairement à une éventuelle «esthétique de minuit» qui tiendrait compte du devenir et des variations des gris des brumes, le sentiment esthétique évoqué par Camus renvoie à un soleil présent en hiver comme en été : « *La plupart continuent cette vie pendant l'hiver et, tous les jours à midi, se mettent nus au soleil pour un déjeuner frugal [...] C'est qu'ils sont "bien au soleil"*» (Œ *II*, p.68). Responsable du bien-être des hommes, nourrissant l'appétit du beau, le soleil devient ainsi l'ultime mesure esthétique commandant le royaume du visible et du tangible.

Si pour la Grèce antique cet espace esthétique est celui de la mesure et de l'ordre, il y a donc parfaite correspondance entre le soleil et la mesure sur le plan esthétique. Il va de soi qu'un tel sentiment de beauté n'exclut ni le soir ni la nuit, mais là aussi le sentiment esthétique «de surface» est indifférent à toute profondeur spirituelle : «*Entre ce ciel et ces visages tournés vers lui, rien où accrocher une mythologie, une littérature, une éthique ou une religion, mais des pierres, la chair, des étoiles et ces vérités que la main peut toucher*» (Œ *II*, pp.74-75).

Cette conception du sentiment de beauté exprimée par un soleil lumineux est-elle compatible avec les niveaux épistémologique et éthique? Et comment le noyau noir du soleil que nous avons trouvé plus haut se manifesterait-t-il sur le plan du sentiment esthétique?

A première vue, l'approche corporelle permet à la connaissance humaine de revenir à elle-même et de trouver ses limites : principe esthétique régnant sur le royaume du visible et du tangible, le soleil permet ainsi à l'homme de trouver sa propre mesure à travers l'expérience immédiate du corps. Là encore, le lien entre un soleil comme principe esthétique et une mesure issue de l'expérience corporelle est parfaitement établi.

Mais n'y a-t-il pas un clivage insurmontable entre l'expérience corporelle de l'homme et le savoir de sa propre mortalité, entre le royaume du corps et celui de l'esprit? Comment ce soleil permettant à l'homme la connaissance des limites corporelles peut-il également garantir la prise de conscience de sa propre mortalité?

Il est clair qu'au moment où Camus quitte le plan uniquement physique, le soleil va être métaphorisé; les pages précédentes de notre étude nous l'ont bien montré. Mais il faut également tenir compte du fait que le passage de la connaissance corporelle à l'esprit ne se fait pas sans une certaine violence, affectant la notion de mesure comme celle de soleil. Pour la mesure hellénique, Jean Starobinski nous décrit cette violence dans son livre *L'Œil vivant* : «Il y a une secrète démesure dans ce qui paraît être le triomphe de la mesure : la volonté de délimiter, de géométriser, de fixer des relations stables ne va pas sans une violence supplémentaire par rapport à l'expérience naturelle» (18).

Cette violence au clivage entre le monde corporel et celui de l'esprit se manifeste chez Camus à plusieurs reprises, et cela déjà dans ses premières œuvres. Dans les *Noces* par exemple, Camus affirme : «... *le chemin qui va de la beauté à l'immoralité est tortueux, mais certain. Plongée dans la beauté, l'intelligence fait son repas de néant»* (Œ II, p.85). Cette violence n'est-elle pas celle du soleil? Non pas celle du soleil comme principe esthétique, mais celle de la lumière spirituelle? Sous l'influence de cette flamme spirituelle, le sentiment esthétique grec de Camus tentera même de réduire l'homme à une pierre, aux dépens du niveau éthique :

«La flamme noire que [...] les peintres italiens ont élevée parmi les paysages toscans comme la protestation lucide de l'homme jeté sur une terre dont la splendeur et la lumière lui parlent sans relâche d'un Dieu qui n'existe pas.

A force d'indifférence et d'insensibilité, il arrive qu'<u>un visage rejoigne la grandeur minérale d'un paysage</u>.» (*Œ II*, p.80, nous soulignons.)

Au passage du niveau esthétique au niveau éthique ou épistémologique, le soleil se métaphorise en flamme et dévoile par là son côté noir et violent. Bien des années plus tard, on peut retrouver la même tentation de l'homme de devenir indifférent et insensible, et là encore l'idée d'un soleil violent n'est pas loin : «*Dans la ville, et à certaines heures, pourtant, quelle tentation de passer à l'ennemi!* <u>quelle tentation de s'identifier à ces pierres</u>, *de se confondre avec cet* <u>univers brûlant</u>» (*Œ II*, p.830, nous soulignons).

Ce mouvement de pétrification a été relevé par plusieurs critiques, à un niveau d'ordre plutôt psychologique (19) aussi bien qu'à un niveau qui serait plutôt métapoétique (20). Il nous semble pourtant important de souligner que ce mouvement de pétrification est associé au côté violent ou noir de la métaphorique de la lumière.

Ce côté violent du soleil au sein du clivage entre l'univers du corps et celui de l'esprit ne se manifeste cependant pas toujours. Dans un autre passage des *Noces*, on retrouve l'idée que l'homme trouve sa mesure dans les pierres mortes, mais ici le côté noir ou violent du soleil est absent :

«J'entends bien qu'on me dit : l'Italie, la Méditerranée, terres antiques où tout est à la mesure de l'homme. Mais où donc et qu'on me montre la voie? Laissez-moi ouvrir les yeux pour chercher ma mesure et mon contentement! Ou plutôt si, je vois : Fiesole, Djémila et <u>les ports dans le soleil</u>. La mesure de l'homme? Le silence et <u>les pierres mortes</u>. Tout le reste appartient à l'histoire.» (*Œ II*, p.85, nous soulignons.)

Il est intéressant de constater que dans ce passage il existe déjà une certaine opposition entre «soleil» et «histoire», préfigurant ainsi l'opposition plus élaborée entre la «pensée solaire» et la «pensée de minuit» du temps de *L'Homme révolté*.

L'évocation du monde hellénique

Nous venons de souligner l'importance du soleil au niveau du sentiment esthétique et de mettre en évidence le côté noir ou violent du soleil. Passons à présent au niveau de la référence camusienne au monde grec par l'évocation d'un sentiment religieux. Pouvons-nous trouver des parallèles entre la notion de soleil et la présence des dieux grecs?

A première vue, cela paraît être le cas. La fréquente évocation de divers dieux dans les *Noces* est remarquable, et ces dieux sont en étroite liaison avec l'idée de soleil ou de lumière : *«Au printemps, Tipasa est habitée par les dieux et les dieux parlent dans le soleil»* (Œ II, p.56). Cependant, les dieux évoqués par Camus semblent appartenir à un curieux statut ontologique, puisqu'ils meurent avec la disparition quotidienne du soleil physique : *«Les dieux éclatants du jour retourneront à leur mort quotidienne»* (Œ II, p.60). Non seulement les dieux grecs ont l'air de descendre au niveau des mortels, mais inversement les hommes des *Noces* semblent avoir la capacité de devenir dieux eux-mêmes, à l'aide de l'ardeur de l'été : *«Ces hommes n'ont pas triché. Dieux de l'été, ils le furent à vingt ans par leur ardeur à vivre et le sont encore, privés de tout espoir»* (Œ II, p.76).

Pourtant, la fusion complète entre l'univers des dieux et celui des mortels se fait dans une atmosphère où la notion de soleil ne semble plus jouer aucun rôle : *«Ce soir, me voici dieu parmi les dieux»* (Œ II, p.82). A partir de ces passages, il faut se demander si la référence au sentiment religieux grec est indépendante d'une métaphorique solaire.

Essayons d'analyser de plus près les caractéristiques du sentiment religieux grec, tel qu'il est évoqué par Camus. D'abord, on peut constater que la référence à une religiosité grecque se caractérise par une obstinante absence de renvoi direct, analysée par Barilier dans le premier chapitre de son étude :

«Camus joue de l'aura mythique, des harmoniques lumineuses du mot «dieu» [...]. Le mot divin se charge d'une puissance évocatoire, qu'il doit à la dérive lumineuse de la Grèce antique dans la mémoire de l'auteur et du lecteur. Mais en même temps, les pistes «théologiques» sont brouillées.» (21)

La raison de ce «brouillage» des «pistes théologiques» paraît à première vue claire, car dans cette phase de l'œuvre camusienne, l'évocation du monde grec veut encore se passer de références mythologiques. Dans son étude *Les mythes dans l'œuvre de Camus*, Monique Crochet affirme que la fin de l'année 1937 marque une sorte de charnière concernant l'intérêt de Camus pour le mythe : «...à une période - de 1935 à 1937 - d'indifférence aux mythes, voire de rejet, succède une longue période où l'auteur se passionne pour les fables antiques» (22). Dans la première période, on peut donc admettre avec Barilier que Camus «espère rejoindre une sensibilité plus immédiate [...] et par là justifie son refus du mythe» (23).

C'est pourquoi on peut constater non seulement une fréquente évocation divine dans les *Noces*, mais en même temps un refus explicite des mythes et des dieux : *«Bien pauvres sont ceux qui ont besoin de mythes. Ici les dieux servent de lits ou de repères dans la course des journées»* (Œ II, p.57); *«Et qu'ai-je besoin de parler de Dionysos pour dire que j'aime écraser les boules de lentisques sous mon nez?»* (*ibid.*).

Mais il faut noter ici que ce «brouillage des pistes théologiques» est dû encore à d'autres raisons, à savoir à la différence entre la religion en tant qu'institution et le sentiment religieux, ainsi qu'à la différence entre le sentiment religieux du christianisme et celui de l'hellénisme. Déjà dans son *Diplôme d'Etudes Supérieures*, Camus s'était vivement intéressé au passage progressif des formes de pensée grecque à la pensée chrétienne, et particulièrement à la Gnose, *«un des premiers essais de collaboration gréco-chrétienne [...], une réflexion grecque sur des thèmes chrétiens»* (24). On peut donc affirmer qu'il est particulièrement difficile de trancher nettement entre les passages où Camus se réfère à un sentiment religieux chrétien et les passages où il renvoie à un sentiment religieux grec.

Nous croyons avec Papamalamis que si Camus rejette par son concept d'absurde toute notion de religion et refuse par là toute forme de saut dans la transcendance, il ne nie cependant pas *a priori* l'expérience du sacré et du religieux :

> «L'expérience et la notion de l'absurde lui [i.e. Camus] apprennent à ne pas être arrogant. Il ne doit jamais chercher l'absolu, car il est illogique de mélanger l'absolu au relatif. Cette considération l'amène à rejeter toute notion de religion sans nier pour cela le religieux et le sacré.» (25)

Dans *Le Mythe de Sisyphe*, Camus affirme qu'on *«peut être chrétien et absurde»* (Œ II, p.188). Selon Papamalamis, Camus reconnaît que la foi chrétienne combat à ses côtés contre le mal, si elle est vivante (26), et la respecte, bien qu'il n'y soit jamais rentré (27).

Mais à part ce goût du sacré de la part de Camus, on peut trouver beaucoup de formules paradoxales au sujet du rapport des hommes avec Dieu, comme dans «Le Désert» qui peut de manière égale se référer à un Dieu chrétien ou à un dieu grec : *«...la protestation lucide de l'homme jeté sur une terre dont la splendeur et la lumière lui parlent sans relâche d'un Dieu qui n'existe pas»* (Œ II, p.80); *«Une intelligence sans dieu qui l'achève cherche un dieu dans ce qui la nie»* (Œ II, p.85).

Dans son *Diplôme d'Etudes Supérieures*, Camus avait marqué un vif intérêt pour Marcion qui, selon le jeune étudiant, avait le mieux énoncé le thème gnostique d'une divinité maléfique pour thématiser le problème du mal. Pour Marcion, le créateur du monde tangible est un dieu cruel et belliqueux, inférieur au Dieu du monde invisible : *«Il y a deux divinités pour Marcion : l'une, supérieure règne dans le monde invisible, l'autre, subalterne est le Dieu de ce monde. [...] le deuxième Dieu, juge cruel et belliqueux, est le dieu de l'Ancien Testament»* (28).

On peut alors très bien s'imaginer que les protestations camusiennes vis-à-vis de Dieu que nous venons de présenter se rapportent surtout à ce dieu belliqueux et moins au Dieu du monde invisible. En tout cas, l'«ascétisme d'orgueil» proposé par Marcion et que Camus ne peut s'empêcher de reprendre dans son *Diplôme d'Etudes Supérieures* semblent déjà préfigurer le *ductus* orgueilleux du *Mythe de Sisyphe* :

> «La règle de vie que propose Marcion est ascétique. Mais c'est un <u>ascétisme d'orgueil.</u> C'est par haine du Créateur qu'il faut mépriser les biens de ce monde : donnez le moins de prise à sa domination c'est l'idéal de Marcion. De là l'ascétisme le plus extrême. [...] Dans cette vue pessimiste sur le monde et ce <u>refus orgueilleux d'accepter,</u> court la résonance d'une sensibilité toute moderne.» (*Œ II*, p.1257, nous soulignons.)

Ce «*refus orgueilleux d'accepter*» correspond à celui du héros absurde du *Mythe de Sisyphe* qui, selon Camus, «*chasse de ce monde un dieu qui y était entré avec l'insatisfaction et le goût des douleurs inutiles*» (*Œ II*, p.197), tout en s'empressant de préserver le châtiment divin.

Mais que le goût du sacré de la part de Camus soit lié au christianisme ou à l'hellénisme, il importe pour Camus qu'il soit appréhendé par la conscience lucide de l'homme, car autrement il provoque des conséquences dangereuses, comme le remarque Papamalamis :

> «Nous avons dans l'œuvre de Camus des exemples où l'irruption du sacré dans la réalité se fait sans mesure. Et pour celui qui l'a provoquée c'est la mort. La lucidité de la raison humaine réduit «la part» du sacré dans la vie à des proportions mesurées, qui permettent à l'homme d'en éprouver le choc, sans qu'il perde pour autant sa personnalité et sans qu'il risque de le payer de sa vie. En d'autres termes, on éprouve le sentiment du sacré chaque fois que la raison se trouve aux confins du connu et de l'inconnu. Comme la raison doit toujours se trouver en mouvement, une lutte perpétuelle est engagée pour la limitation du sacré.» (29)

L'évocation du monde hellénique

Limitation du sacré dans ses domaines, appréhension du sacré par la conscience lucide de l'homme : devant l'arrière-plan d'un sentiment vague du sacré se dressera, comme nous le montrerons plus loin, une vision grecque du monde qui restitue à chaque chose la place qui lui est propre ainsi qu'une conception de la raison limitée par le mystère.

Nous pouvons conclure que si Camus se réfère au monde grec par une évocation des sentiments religieux, il récuse en même temps toute forme de «saut» dans la transcendance et exige que le sacré soit appréhendé par la conscience de l'homme. Bien qu'il soit difficile de trancher nettement entre le sentiment religieux grec et celui du christianisme, les différentes réflexions autour du sentiment religieux sont étroitement liées à la thématique de l'*epistémè* et semblent pouvoir se passer de la métaphorique de la lumière.

Au lieu de poursuivre dans cette direction par une étude plus élaborée des différences entre le christianisme et l'hellénisme, examinons plutôt les principaux textes philosophiques grecs auxquels Camus se réfère. Il faut remarquer que le corpus textuel de la Grèce antique accorde déjà une grande attention au phénomène de mesure. La notion de mesure est déjà connue chez les présocratiques et peut être considérée comme l'expression par excellence du concept grec de vertu.

Ce concept rassemble, en une unité harmonieuse, l'idée d'un ordre cosmique avec celle d'un règlement de l'âme et de la *polis*. Se rapprochant de la pudeur (*aidós*) et s'opposant à l'*hubris*, la mesure est toujours conçue par opposition aux vertus archaïques et heroïques comme le courage (*andreía*) et la magnanimité (*megalopsuchía*). L'idée de mesure est présente aussi bien dans la tragédie antique que dans l'esthétique de l'hellénisme classique, mais c'est la philosophie qui a le mieux éclairé toute son étendue : les sentences les plus anciennes telles que «la mesure est le meilleur» (*métron áriston*), «le milieu est le meilleur» (*més' árista*) ou la sentence des sept sages (*medèn ágan*), établissent un lien profond avec le «*gnôthi sautón*» («connais-toi toi-même»). Ainsi, la conception éthique de la mesure est enracinée dans l'idée précise de ce qui convient à l'homme : être mortel et inférieur aux dieux, l'homme doit se soumettre aux dieux et s'intégrer dans l'ordre cosmique (30).

Chez Héraclite, l'idée de mesure trouve son premier fondement philosophique comme concept épistémologique; pour lui, le «*sophreneîn*», la pensée saine liée à la connaissance de soi-même, est la meilleure des vertus, puisqu'elle rend possible des manières d'agir et de parler qui seraient fondées dans l'entendement avec la nature (31).

Les sophistes Protagoras, Antiphon et Kritias gardent les liens traditionnels de la mesure avec les concepts d'ordre (*kósmos, táxis*) et de pudeur (*aidós*) (32). Mais avec eux, la portée éthique de la mesure est réduite à un relativisme épistémologique. Excluant le lien avec la *pólis* et les dieux, la mesure ne se réfère plus qu'à l'homme en général ou en particulier, tel que Protagoras l'exprime dans la sentence «*homo-mensura*» (33). Finalement, la mesure n'est plus qu'une vertu au service de l'individu (34) ou même synonyme de bêtise et de faiblesse (35). Comme la loi (*nomos*), la mesure n'est dès lors plus qu'une invention des faibles qui essaient de restreindre les forts dans leur effort d'assouvir leurs désirs (*pleonetsía*) (36). Le bonheur comme la vertu ne sont plus à trouver dans l'autorestriction, mais dans la grandeur des désirs dans lesquels l'hédoniste, plus spécialement le tyran, peut se consumer pleinement (37). Ce n'est qu'avec Platon et Aristote que l'idée de mesure, comme *sophrosúne* («prudence») (38) ou comme *mesótes* («juste milieu») (39), tentera de retrouver son poids philosophique.

A partir de ce bref aperçu, nous pouvons certes constater que la mesure camusienne est en partie enracinée dans la tradition hellénique (40). Cependant, si Camus se réfère à la mesure de la Grèce antique, ce n'est pas pour la reprendre telle quelle, mais plutôt pour entrer en discussion avec elle et s'en servir de point d'appui : «*J'entends bien qu'on me dit : l'Italie, la Méditerranée, terres antiques où tout est à la mesure de l'homme. Mais où donc et qu'on me montre la voie? Laissez-moi ouvrir les yeux pour chercher ma mesure et mon contentement*» («Le Désert», *Œ II*, p.85). Ce n'est pas dans la sentence «homo-mensura», mais du côté d'Héraclite et de Platon que Camus va puiser pour élaborer sa conception de la mesure. Il faut également tenir compte des rapports hypertextuels aux textes de Nietzsche et de Spengler, puisque Camus lit *Le Déclin de l'Occident* déjà en 1937 (41) et qu'il s'intéressera aux textes de Nietzsche tout au long de sa vie.

Soulignons à quel point l'idée de «démesure dans la mesure» de notre première partie diffère des différents concepts de mesure du monde grec. Puisque cette idée de «démesure dans la mesure» répond, par son caractère ambivalent, plutôt à des exigences du XXe siècle que nous avons esquissées au début de notre première partie, le renvoi camusien aux textes d'Héraclite ou de Platon sera accompagné de fortes transformations textuelles.

En ce qui concerne le renvoi de Camus au penseur d'Ephèse, Paul J. Archambault affirme que l'opinion que Camus s'est faite sur Héraclite est plus proche des interprétations des hellénistes Emile Bréhier et Jean Grenier que de celle de Nietzsche (42). Selon Dimitris Papamalamis, Camus voit dans les Présocratiques les germes d'une pensée qui sera mise au point dans les dialogues platoniciens (43). Tandis que pour Camus Socrate représente *«la vie et la pensée la plus exemplaire de ces siècles»* («L'Exil d'Hélène», Œ II, p.854), Nietzsche, quant à lui, voit en Socrate la fin de la tragédie grecque (44) et le commencement de la décadence antigrecque (45). C'est aussi dans ce sens que la conception camusienne diffère de la conception nietzschéenne d'Héraclite. Car si Nietzsche a vu dans le monde d'Héraclite un retournement sans finalité et un jeu gratuit (46), Camus accentue les notions de limite et de mesure chez le penseur d'Ephèse (47). A Spengler par contre, qui insiste sur le côté euclidien et statique de la culture grecque par opposition au côté faustien des civilisations modernes (48), Camus va rappeler le côté dynamique de la pensée grecque, en insistant sur la notion du devenir dans les *Fragments*.

Deux passages dans lesquels Camus se réfère à Héraclite - l'un dans *L'Homme révolté*, l'autre dans *L'Eté* - auront droit à des transformations textuelles à l'égard des notions de soleil et de mesure. Dans «L'Exil d'Hélène», Camus se réfère explicitement au penseur d'Ephèse : *«A l'aurore de la pensée grecque, Héraclite imaginait déjà que la justice pose des bornes à l'univers physique lui-même. "Le soleil n'outrepassera pas ses bornes, sinon les Erinnyes qui gardent la justice sauront le découvrir"»* (Œ II, p.853).

Ce fragment (49) qui par la notion de borne s'oppose déjà d'une certaine manière à la vision nietzschéenne d'Héraclite, Camus le cite après avoir fait allusion au mythe de Némésis qui pour lui ne serait plus déesse de la vengeance, mais celle de la mesure : *«Némésis veille, déesse de la mesure, non de la vengeance. Tous ceux qui dépassent la limite sont, par elle, impitoyablement châtiés»* (Œ II, p.853). La notion de soleil (*Hélios*) du fragment en question se met à l'arrière-plan pour donner encore plus d'importance au terme de bornes (*métra*).

La même combinaison d'un renvoi à Héraclite et d'une allusion au mythe de Némésis déesse de la mesure se trouve dans *L'Homme révolté*. Mais cette fois, Camus accentue l'idée du devenir et s'oppose par là au côté statique du monde grec, tel que l'envisage Spengler : *«Héraclite, <u>inventeur du devenir</u>, donnait cependant une borne à <u>cet écoulement perpétuel</u>. Cette limite était symbolisée par Némésis, déesse de la mesure, fatale aux démesurés»* (Œ II, p.699, nous soulignons). Ici, l'idée de soleil ou de feu cosmique a disparu; l'opposition entre mesure et démesure affecte la notion de borne à un tel point que celle-ci risque de s'inscrire dans l'idée camusienne de mesure.

Les transformations textuelles montrées plus haut montrent que la lecture camusienne d'Héraclite ne s'oppose pas seulement aux conceptions de Nietzsche et de Spengler, mais qu'elle permet d'autre part l'élaboration du concept de mesure, d'autant plus que Camus se sert encore d'un autre fragment d'Héraclite pour attaquer la démesure : *«La démesure est un incendie, selon Héraclite»* («L'Exil d'Hélène», Œ II, p.855). Le rapprochement de la notion d'incendie avec l'idée de démesure marque d'ailleurs assez bien la double-appartenance de la métaphorique de la lumière dont nous avons parlé plus haut.

L'évocation du monde hellénique 127

S'il est vrai - comme l'affirme Paul J. Archambault - que la théorie des intermédiaires du gnosticisme est encore présente à l'esprit de Camus au temps de *L'Homme révolté* et que Camus «a fait de l'idée grecque de nature sa "réponse" à la théorie gnostique de la médiation qu'il trouvait irrecevable» (50), il faut conclure que c'est bien chez le penseur d'Ephèse que Camus a trouvé les idées de sa réponse.

Cependant, une hésitation significative entre le passage de *L'Eté* et une note des *Carnets* indique que la mesure camusienne n'est pas uniquement enracinée dans le terme héraclitien de bornes, de «*métra*». Car dans «L'Exil d'Hélène», le fragment d'Héraclite incite Camus à utiliser une fois le terme de mesure et une fois celui de limite, puisque ce dernier est plus équivalent au terme de borne : «*Némésis veille, déesse de la mesure, non de la vengeance. Tous ceux qui dépassent la limite sont, par elle, impitoyablement châtiés*» (*Œ II*, p.853, nous soulignons). Dans les *Carnets* par contre, Camus emploie deux fois le terme de mesure : «*Némésis - déesse de la mesure. Tous ceux qui ont dépassé la mesure seront impitoyablement détruits*» (*C II*, p.198, nous soulignons). La raison de ce changement nous paraît claire : c'est parce que le champ sémantique de la mesure camusienne dépasse celui qu'Héraclite attribuait au terme de *métra*; et ce n'est que lorsqu'il se réfère explicitement aux *Fragments* que Camus est contraint d'avoir recours aux notions de limite et de borne.

Le renvoi à Héraclite joue donc certes un rôle considérable dans l'élaboration du concept de mesure. Mais comme celui-ci dépasse l'idée de limite ou de borne, nous pensons que c'est plutôt dans l'idée héraclitienne d'harmonie, symbolisée par l'arc et la lyre (51), que la mesure camusienne est enracinée. Notons ici que plusieurs passages des *Carnets* soulignent ce lien entre les notions d'harmonie, de mesure, de Némésis et l'idée d'interminable tension (52).

Un élément cependant nous frappe au sujet de la lecture d'Héraclite : l'idée de soleil ou de feu cosmique, présente chez Héraclite, est réduite chez Camus à un minimum. Comment interpréter cette réduction de la valeur du soleil? Faute d'autres références à Héraclite, nous voilà face à deux raisonnements également valables. D'une part, la réduction de la valeur du soleil peut être comprise en fonction du mythe de Némésis. Camus aurait-il négligé les notions de soleil et de feu cosmique chez Héraclite pour donner plus d'espace à la notion de «*métra*»? Dans cette perspective, il semble que Camus a voulu éviter une confrontation trop brusque entre le feu cosmique héraclitien et le mythe de Némésis, mythe dont on sait que Camus voulait faire le thème de son troisième cycle (53).

Mais d'autre part, les notions de feu cosmique ou de soleil chez Héraclite sont incompatibles avec l'idée d'un soleil noir que nous avons trouvée plus haut. Ce soleil noir ne provient pas des philosophes grecs proprement dits, mais se trouve enraciné dans la tradition mythologique et mystique de la Grèce antique, et a été repris d'abord par Horace (54), puis par les alchimistes du Moyen-Age, où il figure comme symbole d'initiation (55). Il est peu probable que Camus ait repris cette image du soleil noir directement de la tradition hellénique; vu l'influence qu'a exercée le romantisme sur Camus (56), il a plutôt emprunté l'image du soleil noir au corpus romantique (57).

Notes :

1. Cf. Heinz Robert Schlette, «Albert Camus' philosophische Examensschrift "Christliche Metaphysik und Neuplatonismus"», in : Heinz Robert Schlette (Hg.),*Wege der deutschen Camus-Rezeption*, Darmstadt 1975, pp.329-340.
2. Cf. Archambault 1972, p.76 : «... the conflict is both more concrete and more profound; and with his fondness for antitheses, Camus might have summarized it aphoristically as follows : Hellenism is rebellious, whereas Christianity is resigned; Hellenism is esthetic, whereas Christianity is moral; Hellenism is tragic; whereas Christianity is dramatic; Hellenism is "natural", whereas Christianity is "historical".»
3. Barilier 1977, p.32; Di Méglio 1982, p.21.
4. Archambault 1972, pp.150-151.

5. Schlette 1975, p.333; et Raymond Gay-Crosier, «Circularité de l'affirmation négative : Les méandres de la *via negationis*», in : *Cahiers Albert Camus 11* (1982), p.57 : «La christologie camusienne s'achève prématurément par la mort à la croix et ne tient aucun compte des vertus de la rédemption.» Di Méglio 1982, p.21 : «Avec Saint Augustin, [l'église] revient à ses origines judaïques : la doctrine de la prédestination divise le monde en opposant les «jansénistes» aux «rebelles», le ciel à la terre. Pendant toute la période «triomphante» du christianisme, la foi (dont l'essence est, d'après Camus, de «consentir et de renoncer»!) avait rendu la révolte impossible.»
6. Di Méglio 1982, pp.22-34.
7. Di Méglio 1982, pp.28-29; cf. aussi Jacques Goldstain, «Camus et la Bible», in : *Cahiers Albert Camus 6 (1971)*, pp.7-37.
8. Jeanson 1952, pp.2071-2072.
9. Cf. *Œ II*, p.1309 : «[...] si par ailleurs on en croit Nietzsche, si on accorde que la Grèce de l'ombre [...], Grèce pessimiste, sourde et tragique, était le marque d'une civilisation forte, il faut convenir que le Christianisme à cet égard est une renaissance par rapport au socratisme et à sa sérénité.»
10. *Œ II*, pp.1290 et 1307; cf. Schlette 1975, p.335.
11. Camus parle même d'«abus d'une "Métaphysique de la Lumière" chez Plotin» (*Œ II*, p.1271).
12. «Plotin pense en artiste et sent en philosophe, selon une raison toute pénétrée de lumière et devant un monde où l'intelligence respire» (*Œ II*, p.1286, nous soulignons).
13. Archambault 1972, p.142. Voir aussi Raymond Gay-Crosier, «Circularité de l' affirmation négative : les méandres de la *via negationis*», in : *Cahiers Albert Camus 11, Revue des lettres modernes 1982*, p.57.
14. Laurent Mailhot, *Albert Camus ou l'imagination du désert*, Montréal 1973, p.99.
15. Cf. Di Méglio 1982, p.29; Archambault 1972, p.151; Goldstain 1971, p.102.
16. Cf. Mohrt 1948, p.115; Doubrovsky 1960, pp.89 et 91.
17. Cf. Doubrovsky 1960, p.90 : «If Sartre's philosophy is, at bottom, nothing but Cartesianism without God, that of Camus, on the contrary, could be termed Bergsonianism without teleology.»
18. Jean Starobinski, *L'Œil vivant*, Paris 1961, p.12.
19. Di Méglio 1982, p.28.

20. Raymond Gay-Crosier, «Circularité de l'affirmation négative : les méandres de la *via negationis*», in : *Cahiers Albert Camus 11*, *Revue des lettres modernes 1982*, p.65.
21. Barilier 1977, pp.24-25.
22. Crochet 1973, p.25.
23. *ibid.*, p.28
24. *Œ II*, p.1250. Cf. aussi Archambault 1979, p.27.
25. Papamalamis 1965, p.21.
26. *ibid.*, p.22.
27. Cf. *Œ II*, p.371 : «Je ne partirai jamais du principe que la vérité chrétienne est illusoire, mais seulement de ce fait que je n'ai pu y entrer». Cf. aussi *Œ I, Préface de Jean Grenier* (p.XIII) : «Il faut se dire surtout que si le sentiment religieux proprement dit n'avait pas sa place dans son œuvre [i.e. : de Camus], le sentiment du sacré en revanche était intense.»
28. *Œ II*, pp.1256 et 1257. Cf aussi Archambault 1979, p.29, et Archambault 1972, pp.112 sq.
29. Papamalamis 1965, p.24.
30. Platon, *Protagoras*, 343 b, et *Charmides*, 164 d sq.
31. Diels/Kranz, *Les Présocratiques* B 112, 116.
32. Platon, *Protagoras*, 319 a sq.; Diels/Kranz, *Les Présocratiques*, B 58, 59; Diels/Kranz, *Les Présocratiques* B 6, 7.
33. Diels/Kranz, *Les Présocratiques* B 1.
34. *ibid.*, B 41 a.
35. Platon, *Gorgias*, 491 b; *Politeia*, 348 c et d.
36. Platon, *Gorgias*, 492 a et b.
37. *ibid.*, 494 c.
38. Platon, *Politeia*, 430 d sq.
39. Aristote, *Ethique à Nicomaque*, 1106 a 26 sq.
40. Cf. aussi le *Diplôme d'Etude Supérieures* de Camus, au sujet du gnosticisme (*Œ II*, p.1265).
41. *Carnets I*, p.99 sq.
42. Archambault 1972, pp.36 et 37.
43. Cf. Papamalamis 1965, p.73.
44. Cf. Friedrich Nietzsche, *Sokrates und die griechische Tragoedie*, Nachgelassene Schriften, *KSA* (t.1), pp.601-640. Cf. aussi *Œ I*, p.1708 : «Lorsque Nietzsche accuse Socrate d'être le fossoyeur de la tragédie antique, il a raison dans une certaine mesure.»

45. Cf. Friedrich Nietzsche, *Götzendämmerung, Das Problem des Sokrates*, *KSA* (t.6), pp.67-73. Dans *L'Homme révolté*, on peut constater que Camus s'est bien rendu compte de cette interprétation nietzschéenne à l'égard de Socrate : «La conduite morale, telle que Socrate l'a illustrée, ou telle que le christianisme la recommande, est en elle-même un signe de décadence» (*Œ II*, p.477).
46. Cf. Friedrich Nietzsche, *Die Philosophie im tragischen Zeitalter der Griechen 6-8*, *KSA* (t.1), pp.822-835. Dans *L'Homme révolté*, Camus remarque que Nietzsche voyait surtout «la Grèce de l'ombre, celle des mystères et des dieux noirs» (*Œ II*, p.506). Cf. aussi Archambault 1972, p.37.
47. Cf. aussi *C II*, p.78 sq.
48. Oswald Spengler, *Le Déclin de l'Occident*, Paris 1948, t. I, p.366.
49. Diels/Kranz, *Les Présocratiques*, fragment 22 B 94 : «*Hélios gàr ouch huperbésetai métra. Ei dè mé, Erinúes min Díkes epíkousoi exeurésouoin.*» : «Le soleil n'outrepassera pas ses bornes, sinon les Erinnyes qui gardent la justice sauront le découvrir.»
50. Archambault 1979, p.36.
51. Diels/Kranz, *Les Présocratiques*, fragment 22 B 51.
52. Cf. par exemple *C III*, p.27 : «Personne plus que moi n'a désiré l'harmonie, l'abandon, l'équilibre définitif, mais il m'a toujours fallu y tendre à travers les chemins les plus raides, le désordre, les luttes.»; *C III*, p. 31 : «Mesure. Ils la considèrent comme la résolution de la contradiction. Elle ne peut être rien d'autre que l'affirmation de la contradiction et la décision héroïque de s'y tenir et d'y survivre.»; *C III*, p.44 : «Némésis. L'ivrognerie de l'âme et du corps n'est pas une démence, mais un confort et un engourdissement. La vraie démence flambe au sommet d'une interminable lucidité.»
53. *C II*, p.328.
54. *Sermones*, liber prior, IX : «huncine solem/ tam nigrum surrexe mihi.»
55. Cf. Carl Gustav Jung, *Grundwerk in neun Bänden, Band 7 : Taumsymbole des Individuationsprozesses*, Zürich 1987, p.119; Hélène Tuzet, «L'image du Soleil Noir», in : *Revue des Sciences Humaines (octobre-décembre 1957)*, pp.479-502.
Notons que l'image du soleil obscur n'est pas étranger à la tradition biblique : Isaïe 13,10; 50,3; Ezéchiel 32,8; Joël 1,19; 2,2; 2,3; 2,10; 3,4; 4,15; Matthieu 24,29; Marc 13,24; Apocalypse 6,12.

56. Michel Benamou, «Romantic Counterpoint», in : *Yale French Studies 1960*, pp.44-51; Mohrt 1948, pp.113 et 114; André Meunier, «Approches de l'art camusien», in : *Albert Camus 2 (Revue des lettres modernes 1969)*, p.11.
67. Sur la filiation de l'image du soleil noir, cf. Hélène Tuzet, «L'image du Soleil Noir», in : *Revue des Sciences Humaines (octobre-décembre 1957)*, pp.479-502; Paul Pieltain, «Sur l'image d'un soleil noir», in : *Cahiers d'Analyse Textuelle 5 (1963)*, pp.88-94; Paul Pieltain, «Encore l'image du soleil noir», in : *Cahiers d'Analyse Textuelle 6 (1963)*, pp.102-105; Roger Caillois, «Les démons de midi», in : *Revue de l'Histoire des Religions*, (Janvier-Février 1937), pp.142-173, et in : *Revue de l'Histoire des Religions*, (Juillet-Août 1937), pp.54-120 et pp.143-187.

Chapitre II

La destruction du mythe de la caverne

«C'est une image étrange, que tu décris là, dit-il, et d'étranges prisonniers.»

Platon, *La République*

«Paris est une admirable caverne.»

Camus, «L'Enigme»

Contrairement à Paul J. Archambault qui prétend que Platon n'occupe pas de place importante dans l'œuvre de Camus (1), nous pensons que c'est dans une incessante discussion avec le fondateur de l'Académie que la métaphorique solaire de Camus recèle toute sa fascination. On ne saurait trop souligner que la présence de Platon dans l'œuvre de Camus a été négligée profondément, négligence qui est d'autant plus regrettable que le texte camusien opère d'intéressantes transpositions du mythe de la caverne. Certes, on ne trouve pas de citation *directe* de Platon qui soit d'une portée aussi grande que les fragments d'Héraclite examinés plus haut. Cependant, les allusions au mythe de la caverne sont si nombreuses dans l'œuvre de Camus qu'il faut y admettre la présence de Platon - bien que ce soit celle d'un Platon quelque peu scolarisé.

Selon Papamalamis, Camus apprécie chez Platon la juste position du problème philosophique fondamental qu'est le rapport entre le *Logos* et la vérité. Toutefois, Papamalamis affirme que Camus prend ses distances par rapport à l'interprétation platonicienne de l'Un :

> «Camus [...] ne veut accepter aucun «a priori». L'unité dont il parle contiendrait et expliquerait tout, mais elle n'aurait aucun caractère transcendant dans le sens d'une «transcendance verticale». C'est sur ce point qu'il se sépare de Platon. Le philosophe grec est obligé de mettre l'idée du bien au-delà de toute essence et de tout devenir, pour être cohérent dans l'explication qu'il donne du Monde réel.» (2)

Pour donner de l'appui à son interprétation, Papamalamis cite deux passages du *Mythe de Sisyphe*, l'un exprimant des réserves vis-à-vis de la phénoménologie husserlienne, l'autre se servant d'une citation d'Aristote (3). Pourtant, Camus ne s'oppose pas au corpus textuel platonicien proprement dit dans ces passages, car le rapport à Platon n'est pas si incontestable que ne le veut Papamalamis : dans le passage où se trouve la citation d'Aristote (4), le nom de Platon n'est pas présent dans le texte camusien, et il faut se demander si Camus ne s'oppose pas moins au fondateur de l'Académie qu'à ses successeurs. Quant au passage consacré à Husserl, le nom de Platon s'y trouve certes deux fois, mais là Camus est très prudent : «*L'on croit entendre Platon*» (*Œ II*, p.131); et : «*Il* [i.e. Husserl] *se sent plus près peut-être de Platon*» (*ibid.*, nous soulignons). Sans vouloir mettre en doute l'interprétation proposée par Pamalamis, nous en proposons une qui n'est peut-être pas moins plausible : par la récusation d'une «transcendance verticale», Camus se serait moins détourné du philosophe attique qu'il ne se serait opposé à une *«métaphysique de consolation»* (*MS, Œ II*, p.132), que celle-ci soit représentée sous forme d'un christianisme ou sous celle du néoplatonisme.

La destruction du mythe de la caverne

Pour mieux cerner le rapport entre Camus et Platon, nous proposons d'analyser les différentes transformations textuelles du mythe de la caverne. Dans les *Carnets*, on peut lire le passage suivant qui date de 1936 :

> «Ce jardin de l'autre côté de la fenêtre, je n'en vois que les murs. Et ces quelques feuillages où coule la lumière. Plus haut c'est encore les feuillages. Plus haut, c'est le soleil. [...] De toute cette joie épandue sur le monde, je ne perçois que des ombres de feuillages qui jouent sur les rideaux blancs. [...] Il suffit : cette seule lueur naissante et me voici inondé d'une joie confuse et étourdissante, prisonnier de la caverne, me voici seul en face de l'ombre du monde. [...] Mais le chant du monde s'élève et moi, enchaîné au fond de la caverne, je suis comblé avant d'avoir désiré. L'éternité est là et moi je l'espérais.» (*C I*, pp.20-23.)

Le renvoi à Platon est évident : les notions de caverne, de mur, d'ombre, de soleil, la tripartition par le double «plus haut», l'idée d'emprisonnement, tout cela en témoigne. Les transformations les plus significatives par rapport au texte de Platon concernent l'absence d'un feu ainsi que le sujet narratif qui se retrouve seul dans la caverne sans être entraîné à l'extérieur.

Ces changements expriment une réserve du jeune Camus à l'égard d'une interprétation chrétienne du platonisme. Comme dans *Le Mythe de Sisyphe*, Camus rejette l'idée de «saut» dans la transcendance et s'oppose à une vision qui n'accorde plus aucune valeur aux choses réelles ou sensibles. Si dans la version de Camus l'homme n'est pas entraîné à l'extérieur de la caverne, il n'est pour autant pas privé du soleil, puisque c'est la même lumière qui luit à l'intérieur et à l'extérieur de la prison. Le prisonnier sait que le soleil existe. La lueur du soleil étant dans la caverne, là où Platon n'accordait que la présence d'un feu, il n'est plus besoin pour le prisonnier d'être entraîné en dehors : *«L'éternité est là»* (*ibid.*). Curieuse situation du soi-disant prisonnier : le soleil, en tant qu'image de l'idée du vrai, comme symbole de la prise de conscience, garantit au sujet le savoir que le soleil existe, mais laisse le prisonnier dans la complaisance de sa situation.

Le texte cité plus haut est repris dans «L'Envers et l'Endroit» et accentue l'idée d'immanence. Il subit de légers changements dont le plus significatif est la suppression du terme de caverne :

> «Ce jardin de l'autre côté de la fenêtre, je n'en vois que les murs. Et ces quelques feuillages où coule la lumière. Plus haut, c'est encore les feuillages. Plus haut, c'est le soleil.[...] De toute cette joie épandue sur le monde, je ne perçois que des ombres de ramures qui jouent sur mes rideaux blancs.[...] Il suffit : une seule lueur naissante, me voilà rempli d'une joie confuse et étourdissante. <u>C'est un après-midi de janvier qui me met ainsi</u> en face de <u>l'envers</u> du monde.[...] Laissez donc ceux qui veulent tourner le dos au monde. [...] A cette heure, tout mon royaume est de ce monde. [...] <u>Et quand donc suis-je plus vrai que lorsque je suis le monde?</u> Je suis comblé avant d'avoir désiré. L'éternité est là et moi je l'espérais.» (Œ II, p.48-49, nous soulignons.)

A part d'autres légères transformations, l'absence de l'idée de caverne, la substitution de la notion d'ombre («en face de l'ombre du monde») par celle de l'envers («en face de l'envers du monde») ainsi que la transformation de l'expression «le chant du monde <u>s'élève</u>» en «quand donc suis-je plus vrai que lorsque je <u>suis</u> le monde?» mettent en question une trop forte distinction entre un «en-deçà» et un «au-delà» du monde : *«Entre cet endroit et cet envers du monde, je ne veux pas choisir»* (Œ II, p.49).

A partir de notre lecture de *L'Homme révolté*, ce refus de «saut» dans la transcendance s'inscrit déjà dans une critique de ce que Camus appellera «l'idéologie allemande». Le texte permet de voir dans quelle mesure la pensée de minuit reste malgré tout tributaire d'une métaphorique solaire : dominée par l'idée de l'histoire, la pensée de minuit risque d'interpréter les différents niveaux de l'allégorie de la caverne comme différentes étapes - celle de l'ombre, puis celle de la lumière du feu, enfin celle de la lumière du soleil - vers un *télos*. Une fois devenu ce qu'il est, l'Esprit hégélien reste ce qu'il est, l'histoire s'étant accomplie, alors que chez Platon le prisonnier retournera dans la caverne. Dans la version de «L'Envers et l'Endroit», le sujet n'en sort même pas, mieux : la notion de caverne n'est plus présente.

Comme la lueur du soleil peut se manifester auprès du sujet et le «remplir d'une joie confuse et étourdissante», il n'est pas besoin de se soumettre au commandement d'un but : *«Je suis comblé avant d'avoir désiré. L'éternité est là et moi je l'espérais»* (*Œ II*, p.49). L'adaptation de l'allégorie de la caverne du jeune Camus répond donc déjà aux exigences d'une pensée de midi développée dans *L'Homme révolté*, mais témoigne encore de cette suffisance à soi-même dont l'essai de 1951 se débarrassera.

Par l'adaptation du mythe de Platon qui met l'accent sur le refus de «saut» dans la transcendance, Camus s'oppose également à une pensée s'approchant du christianisme, opposition qui est renforcée par des tournures d'une connotation chrétienne (5). Etienne Barilier met en lumière cette opposition au christianisme dans son étude :

«A l'affirmation d'un Dieu, d'un au-delà, il [i.e. Camus] voulait opposer l'exemple d'un sacré qui ne passe pas les frontières de l'humain. Les dieux sont alors condamnés à être l'antithèse de Dieu. Lorsque Camus fait dire aux Grecs : "notre Royaume est de ce monde", il donne à cette affirmation, par sa formulation même, un aspect polémique, par référence à une parole du Christ que les Grecs, bien évidemment, ne pouvaient connaître.» (6)

Cette opposition de Camus à une pensée s'approchant du christianisme trouve son reflet au niveau de la métaphorique solaire. Par l'omission du niveau intermédiaire qui est celui du feu, et en insistant sur le jeu entre la «lueur naissante» et les «ombres de ramures», Camus fait du soleil l'image d'une origine produisant des contraires. Alors que chez Platon la puissance allégorique du soleil est obtenue par la comparaison à un feu beaucoup plus faible, le soleil camusien, comme source d'un jeu complémentaire entre la lumière et l'ombre, devient responsable du côté noir du monde. L'adaptation camusienne de l'allégorie de la caverne répond donc déjà en partie à la conception d'une «pensée au double-visage», exprimée dans *L'Homme révolté*.

En 1951, dans «L'artiste en prison», Camus fera resurgir l'image d'un jardin divisé en une partie ensoleillée et une partie obscure dans une citation d'Oscar Wilde : *«"Mon erreur, dit-il* [i.e. Wilde] *dans De Profundis, fut de me confiner exclusivement aux arbres de ce qui me semblait le côté ensoleillé du jardin et de fuir l'autre côté à cause de ses ombres et de son obscurité"»* (Œ II, p.1124). Ces paysages vu à partir d'une fenêtre ou d'une terrasse ont donc eu un impact sur la création artistique de Camus, et il faut conclure que les passages cités sont d'une importance considérable pour l'œuvre camusienne (7).

L'adaptation du mythe de Platon par le jeune Camus invite à lire les notions de soleil et de ciel en rapport avec l'idée de vérité et de prise de conscience. Le soleil meurtrier et étouffant de *L'Etranger* s'enrichit alors d'une connotation positive, surtout dans la deuxième partie du roman. La situation de Meursault rappelant celle du prisonnier dans les passages que nous venons de lire, le soleil impliqué dans l'idée de ciel sera responsable de l'apaisement du meurtrier : *«Maman disait souvent qu'on n'est jamais tout à fait malheureux. Je l'approuvais dans ma prison, quand le ciel se colorait et qu'un nouveau jour glissait dans ma cellule»* (Œ I, p.1205).

Serge Doubrovsky est un des premiers à voir cette correspondance entre Meursault et le prisonnier de la caverne de Platon, sans pourtant analyser les différentes fonctions du soleil (8). Dans son analyse «Soleil, Ciel et Lumière dans *L'Etranger* de Camus» (9), René Andrianne s'oppose à cette interprétation «platonique» en montrant que le soleil et la lumière sont perçus comme éléments hostiles et aggressifs, et que seul le ciel est un élément apaisant. Cependant, Andrianne se limite à une lecture psychanalytique du texte et évite de prendre en considération l'étendue philosophique ou épistémologique du soleil comme du roman en question. Il nous semble légitime d'envisager aussi cette connotation épistémologique du soleil, vu la réception «existentialiste» du roman. Les contradictions entre une lecture psychanalytique de *L'Etranger* et une interprétation prenant en considération le côté «platonicien» du soleil soulignent l'ambiguïté du thème solaire chez Camus.

Bien qu'il joue un rôle meurtrier rappelant la force d'une Nécessité antique, le soleil peut également être lu comme symbole de liberté ou d'ultime instance, expliquant à la limite tout acte commis. Quand les juges interrogent Meursault sur les motifs qui avaient inspiré son acte, celui-ci répond bien que c'était *«à cause du soleil»* (Œ I, p.1198). La réponse donnée par Meursault est à la fois logique et absurde, unissant la raison physique - l'aveuglement et l'étouffement par le soleil sur la plage - et la raison spirituelle - le soleil comme symbole de liberté, d'ultime instance.

Dans l'œuvre camusienne de l'après-guerre, on trouve d'autres passages faisant allusion au mythe de la caverne et qui mettent l'accent sur d'autres centres d'intérêt. Vers la fin de *L'Homme révolté*, on peut lire le passage suivant :

«Et déjà, en effet, la révolte, sans prétendre à tout résoudre peut au moins faire face. Dès cet instant, midi ruisselle sur le mouvement même de l'histoire. Autour de ce brasier dévorant, des combats d'ombres s'agitent un moment, puis disparaissent, et des aveugles, touchant leurs paupières, s'écrient que ceci est l'histoire. Les hommes d'Europe, abandonnés aux ombres, se sont détournés du point fixe et rayonnant. Ils oublient le présent pour l'avenir, la proie des êtres pour la fumée de la puissance, la misère des banlieues pour une cité radieuse, la justice quotidienne pour une vaine terre promise.» (*Œ II*, p.708)

L'allusion au texte de Platon s'est enrichie d'une connotation politique, puisqu'il n'est plus question d'un seul sujet comme dans «L'Envers et l'Endroit» : la caverne s'est de nouveau peuplée de monde. Ce changement de perspective s'inscrit dans l'évolution générale du jeune Camus à celui de l'après-guerre, analogue à l'évolution du *Mythe de Sisyphe* à *L'Homme révolté*. Si dans «L'Envers et l'Endroit» le sujet ne s'intéressait point aux autres («*Laissez donc ceux qui veulent tourner le dos du monde*», *Œ II*, p.49), il est maintenant question de l'Europe entière. Tandis que la notion d'ombre a regagné l'avant-plan, celle de soleil n'est plus présente textuellement. N'étant suggérée que comme point fixe et rayonnant ou évoquée par la notion de midi, l'idée de soleil n'est plus conçue comme source produisant des contraires, n'est donc plus responsable du côté obscur : aux hommes d'Europe de se retourner vers le point rayonnant.

L'opposition entre lumière et ombre ne s'inscrit plus dans la logique de la pensée grecque «au double-visage», mais obéit ici à la distinction entre pensée de midi et pensée de minuit. En omettant les notions de soleil et de feu, Camus évite que l'on interprète les différents niveaux du mythe original comme des étapes vers un *télos*. L'auteur de *L'Homme révolté* peut alors s'opposer pleinement à la pensée de minuit représentée par les notions d'avenir, de puissance, de cité radieuse et de terre promise, en pervertissant l'idée platonicienne du juste en «*justice quotidienne*» (*Œ II*, p.708).

Les transformations de l'allégorie de la caverne effectués par Camus provoquent donc un nivellement voulant effacer toute forme d'au-delà ou toute forme de *télos* qui commande le concept d'histoire, et s'inscrivent dans ce que plusieurs critiques ont appelé une «transcendance horizontale» (10). Toutefois, il faut noter que cette «transcendance horizontale»

La destruction du mythe de la caverne 141

ne peut pas se passer d'un reste de verticalité, symbolisée dans l'image du soleil (11).

D'autres adaptations de l'allégorie de la caverne peuvent être lues comme symptômes préfigurant la dure situation de l'écrivain Camus pendant les polémiques de *L'Homme révolté*. Selon le mot de Roger Quilliot, les essais «solaires» du recueil *L'Eté* sont les «fruits de la pensée de midi, ils prolongent *L'Homme révolté*, ils l'équilibrent» (12). Les adaptations du mythe de Platon y sont d'autant plus intéressantes qu'elles nous permettront de saisir le soleil camusien dans toute son ambiguïté.

Aussi nous feront-elles mieux comprendre l'étrange solidarité entre le soleil et la mesure; cette solidarité se révèlera être si forte que la disparition de l'un des deux termes entraînera également la disparition de l'autre. On sait que dans sa «Réponse à Albert Camus», Jean-Paul Sartre attaquera Camus en ironisant sur la notion de mesure : «Le résultat c'est que vous êtes devenu la proie d'une morne démesure qui masque vos difficultés intérieures et que vous nommez, je crois, mesure méditerranéenne»; et : «Je n'ai que faire de votre mesure, méditerranéenne ou non» (13). La métaphorique solaire étant déjà critiquée dans le compte-rendu de Jeanson, la mesure comme le soleil camusiens seront ainsi réduits au silence.

Dans l'essai intitulé «L'Enigme», composé en 1950 et publié en 1954, on retrouve une adaptation du mythe platonicien qui nous rappelle celle de *L'Homme révolté*, mais cette fois le mythe est placé dans un autre contexte. Le passage que nous allons citer ne s'oppose pas directement à l'Europe de la pensée de minuit, mais est plutôt une réflexion sur la singulière célébrité de l'écrivain qui se plaint de ne pas être reconnu par l'*intelligentsia* parisienne. Lors de la rédaction de cet essai, *L'Homme révolté* n'a pas encore été publié; nous ne sommes donc pas encore au temps de la querelle des *Temps modernes* (1951-1952). Cependant, le mythe platonicien est ici chargé d'une si amère ironie que l'on serait tenté de le lire comme pressentiment de l'atmosphère de solitude des temps qui suivront :

> «Paris est une admirable caverne, et ses hommes, voyant leurs propres ombres s'agiter sur la paroi du fond, les prennent pour la seule réalité. Ainsi de l'étrange et fugitive renommée que cette ville dispense. Mais nous avons appris, loin de Paris, qu'une lumière est dans notre dos, qu'il nous faut nous retourner en rejetant nos liens pour la regarder en face, et que notre tâche avant de mourir est de chercher, à travers tous les mots, à la nommer.» (*Œ II*, p. 866)

On ne peut s'empêcher d'entendre dans ce passage un singulier ton de nostalgie et d'amertume : l'adjectif «admirable» - qu'on le prenne à la lettre ou sur un ton ironique (14) - ainsi que l'expression «avant de mourir» témoignent d'une mélancolie qui est loin du *ductus* combattant du chapitre «La pensée de midi». Pourtant, à l'époque où Camus écrit ces lignes, il est aussi en train de rédiger *L'Homme révolté* qui paraîtra en 1951, et l'on peut constater maints parallèles entre les deux versions : dans les deux cas, les notions de feu et de soleil sont absentes à l'intérieur de l'adaptation proprement dite, l'idée d'ombre a gagné du terrain par rapport à la version de «L'Envers et l'Endroit», et le centre d'intérêt consiste en l'idée de faire retourner les autres vers la lumière.

Mais malgré ces parallèles, la version de «L'Enigme» diffère de celle de *L'Homme révolté* en plusieurs aspects importants, et ces différences - si subtiles soient-elles - fortifient le caractère mélancolique de la version de «L'Enigme» et font de l'essai en question une clé pour la compréhension du soleil camusien.

D'abord, on peut constater que le leurre des hommes de la caverne parisienne est légèrement plus irritant - et peut-être moins pardonnable - que celui des «hommes d'Europe» dans la version de *L'Homme révolté*. Si *«les hommes d'Europe»* sont *«abandonnés aux ombres»* (*Œ II*, p.708) et pour ainsi

La destruction du mythe de la caverne 143

dire soumis passivement à leurs pulsions, les hommes de l'*intelligentsia* parisienne voient *«leurs propres ombres s'agiter»* et *«les prennent pour la seule réalité»* (*Œ II*, p.866, nous soulignons). N'y aurait-il pas là comme l'idée que les hommes de la caverne parisienne sauraient en fait qu'il existe aussi une autre réalité, mais qu'ils s'en détourneraient activement - plus ou moins consciemment - pour se complaire dans leur narcissisme et leur *«fugitive renommée»* (*ibid.*)? Si parmi les «hommes d'Europe» on peut encore trouver des aveugles (*«des aveugles, touchant leurs paupières, s'écrient que ceci est l'histoire»*, *Œ II*, p.708), les hommes de la caverne parisienne sont tous voyants (*«voyant leurs propres ombres»*, *Œ II*, p.866). Alors comment encore faire retourner ces hommes vers la lumière, comment les convaincre de quelque chose qu'ils connaîtraient en fait déjà?

Cette différence entre la version de *L'Homme révolté* et celle de «L'Enigme» va de pair avec un autre élément important. Car dans *L'Homme révolté*, à l'intérieur de l'adaptation du mythe de Platon, il n'y a à vrai dire pas d'instance qui soit opposée aux «hommes d'Europe», sinon celle du narrateur extradiégétique. Dans «L'Enigme» par contre, les hommes de la caverne parisienne sont opposés à un «nous» : *«Mais nous avons appris, loin de Paris, qu'une lumière est dans notre dos»* (*Œ II*, p.866).

Or ce «nous» s'opposant d'abord aux hommes de la caverne va subir de subtils changements qui à nos yeux sont responsables du caractère mélancolique et amer du passage. Le «nous» veut tenter de toutes ses forces de convaincre les autres de sa propre perspective. Mais comment y parvenir si ce «nous» a vu la lumière loin de Paris, et que les hommes ne peuvent ou ne veulent sortir de leur caverne? En s'assimilant et en s'intégrant aux hommes de la caverne, par un dédoublement du «nous» : *«Il nous faut nous retourner en rejetant nos liens»* (*ibid.*, nous soulignons). Triste farce théâtrale : celui qui a vu la lumière se remet les liens, pour ensuite essayer de les rejeter de nouveau et montrer aux autres comment il faudrait faire. Le «nous», ne pouvant convaincre les autres de se retourner vers la lumière, s'assimile à son tour pour se dédoubler en un «nous» des hommes de la caverne parisienne et un «nous» de l'instance narrative.

Tandis que cette tentative d'assimilation aux autres reste fictive, la divergence des deux «nous» sera bien réelle : on sait qu'après la querelle des *Temps modernes*, dans l'année de publication de «L'Enigme» (1954), Camus sera en pleine rédaction de *L'Exil et le Royaume*, de ce recueil de nouvelles reflétant la solitude de l'écrivain. Comment il aurait fallu se retourner vers la lumière, Camus aurait bien voulu le montrer aux hommes de Paris avec la parution de *L'Homme révolté*. Ainsi, le propos de «L'Enigme» selon lequel il faudrait chercher à nommer la lumière obtient une valeur programmatique pour *L'Homme révolté* : *«Notre tâche avant de mourir est de chercher, à travers tous les mots, à la nommer* [i.e. : la lumière]» (Œ II, p.866).

Dans cette perspective, la métaphorique solaire du chapitre de la pensée de midi répond strictement à l'enjeu le plus intime de l'auteur, et par conséquent il ne faut pas être étonné de la «vanité blessée» (15) que Camus montrera à l'égard de la critique des *Temps Modernes*. Bien qu'il n'ait pas vu le côté double du soleil camusien (16), Jeanson s'en prendra justement à ce qui est le plus cher à Camus en attaquant le «style démesuré» produit par la métaphorique solaire, et trouve ainsi l'enjeu le plus intime de Camus pour le soumettre à un jugement sévère.

Amère ironie du sort : c'était bel et bien *«Monsieur le Directeur»* (17) des *Temps Modernes* qui avait vu, à l'époque de *L'Etranger*, le côté noir du soleil camusien. Répondant au journaliste Christian Grisoli dans le magazine *Paru*, Jean-Paul Sartre avait déclaré à propos de Camus : «Je dirais de son pessimisme qu'il est solaire, en pensant à ce qu'il y a de noir dans le soleil» (18). Cependant, si Sartre insistait encore sur le côté noir du soleil au temps de *L'Etranger*, c'est avec une ironie meurtrière qu'il s'attaquera au côté lumineux du soleil lors de sa réponse à Camus : «Et si vous ne raisonniez pas très juste? Si vos pensées étaient vagues et banales? Et si Jeanson, tout simplement, avait été frappé par leur indigence? Si, loin d'obscurcir vos radieuses évidences, il avait été obligé d'allumer des lanternes pour distinguer le contour d'idées faibles, obscures et brouillées?» (19)

S'il est donc vrai que l'adaptation du mythe de la caverne dans «L'Enigme» possède une valeur programmatique pour *L'Homme révolté*, l'essai en question doit nous fournir une clé pour la compréhension du soleil camusien. Bien qu'il soit absent dans l'adaptation proprement dite du mythe de la caverne, le soleil apparaît néanmoins à plusieurs reprises. Dans son étude «"L'Enigme" d'Albert Camus», Gabrielle Moix nous donne une excellente analyse du jeu camusien de l'ombre et de la lumière qui nous permet d'assurer le lien entre le soleil et la mesure camusiens :

> «La "vérité" recherchée a son image de prédilection dans la lumière. Toutefois, pas de *lumière* sans zone d'ombre; la vérité approchée par l'artiste est comparée par Camus à une "*clarté blanche et noire*" (II, 861). Le couple *lumière/ombre* développe d'un bout à l'autre de l'essai deux séries lexicales inextricables qui fusionnent dans l'oxymoron. La lumière chantée par Camus est celle du soleil du Midi qui "*à force d'épaisseur, coagule l'univers et ses formes dans un* EBLOUISSEMENT OBSCUR". [...] Vers la fin de l'essai, quand l'auteur parle d'une "*fidélité instinctive à une lumière où je suis né*" (II, 865), il rend présent le soleil d'Algérie; à la même page, la mention d'Eschyle fait rayonner le soleil grec...
> Ce soleil est appréhendé comme dispensateur de vie. Il est premier et dernier. La place structurelle qu'il occupe au début et à la fin du texte revêt une valeur symbolique. A l'*incipit* comme à la clausule, l'astre solaire est décrit dans son élan dynamique.» (20)

Elan dynamique et fusion des contraires dans l'oxymoron : voilà des caractéristiques que nous avons également trouvées pour la notion de mesure. Quelques pages plus loin dans son étude, Gabrielle Moix met l'accent sur le rapport du soleil camusien avec l'idée d'équilibre entre Apollon et Dionysos ainsi qu'avec l'idée de tension, éléments que nous avons également mis en lumière pour la notion de mesure :

> «Camus se dit l'un des *"fils indignes, mais obstinément fidèles, de la Grèce"* où l'apollonisme lumineux est toujours contrebalancé par un autre instinct symbolisé par Dionysos, et qualifié dans l'«Essai sur la musique» de *"dieu du déchirement"* (II,1201). Lumière apollonienne et noir déchirement dionysiaque font partie intégrante de la *"double mémoire"* évoquée dans «Retour à Tipasa» (875), cet autre essai de *L'Eté*. La *"double mémoire"* de l'artiste se concrétise dans une tension qui tente de concilier les contraires. [...] La tension de l'écriture est très forte dans l'oxymoron, tel cet *"éblouissement obscur"* (861) qui opère la fusion de la lumière et de l'ombre, de la connaissance et du mystère, de la compréhension et de l'incompréhension... L'image de la "corde tendue" métaphorise la notion même de tension : *"A l'heure difficile où nous sommes, que puis-je désirer d'autre que de ne rien exclure et d'* APPRENDRE A TRESSER DE FIL BLANC ET DE FIL NOIR UNE MÊME CORDE TENDUE A SE ROMPRE." (II,874).» (21)

L'analyse de Gabrielle Moix met l'accent sur l'idée de tension et confirme ainsi notre hypothèse que le côté noir du soleil correspond à la «démesure dans la mesure» camusienne. D'un point de vue extérieur, c'est la lutte de la pensée de midi contre celle de minuit, de la mesure contre la démesure, du soleil contre la nuit; à l'intérieur de la pensée grecque par contre, il existe une démesure dans la mesure, Dionysos est au service d'Apollon, tout comme il existe un noyau noir au centre du soleil.

Il nous reste à expliquer le fait que dans «L'Enigme» la notion de soleil - et *a fortiori* l'idée d'un côté noir du soleil - n'est pas présente textuellement lors de l'adaptation proprement dite du mythe de la caverne. Nous pensons que ce fait répond aux circonstances et aux exigences de la situation de l'auteur au moment de la rédaction de l'essai. Se plaignant de la réputation de «pessimisme» que la presse à grand tirage lui prête, Camus ne peut à vrai dire mettre trop l'accent sur le côté noir du soleil; en revanche, parler d'un soleil qui ne serait que lumière pure semble être une perspective tout aussi inadéquate, puisqu'à l'intérieur de la pensée grecque Camus prend soin de montrer les deux côtés du «double-visage».

L'omission de la notion de soleil dans l'adaptation du mythe de Platon paraît donc n'être que logique. Mieux : Camus retourne le jeu de lumière et d'ombre et s'empresse de souligner qu'«*au centre de* [son] *œuvre, fût-elle noire, rayonne un soleil inépuisable*» (*Œ II*, p.865). Après notre présente lecture des différentes versions du mythe de Platon, nous pouvons ajouter qu'au centre du soleil camusien il figure un noyau obscur.

Avant la période de rédaction de «L'Enigme», on peut trouver d'autres allusions au mythe de la caverne qui par leur caractère parodique reflètent cette étrange brisure au sein de l'enjeu le plus intime de l'auteur, entre son engagement pour une pensée grecque et sa résignation face aux «hommes d'Europe». Ne pouvant s'opposer pleinement à la pensée de minuit à cause de son côté obscur, ne pouvant dévoiler sa face noire sans redonner du terrain à l'idéologie allemande, le soleil camusien s'appropriera une connotation de paradis perdu.

Dans un passage de «Prométhée aux Enfers», Camus assimile le mythe de la caverne à celui d'Ulysse, combinaison qu'il reprendra également pour les dernières pages de *L'Homme révolté* (*Œ II*, p.708 sq.). Mais contrairement à la version du chapitre «La pensée de midi», les mythes sont ici transformés par un renversement du mouvement : dans *L'Homme révolté*, le mythe d'Ulysse sera utilisé pour évoquer «*Itaque, la terre fidèle*» (*Œ II*, p.708). Ici, par une évocation du onzième chant de l'Odyssée (22), Ulysse, au lieu de s'embarquer de nouveau après avoir parlé avec Tirésias à la porte du royaume de Hadès, se met lui-même dans la file des âmes défuntes :

«Cette nostalgie même de la lumière me donne raison : elle me parle d'un autre monde, ma vraie patrie. A-t-elle du sens encore pour quelques hommes? L'année de la guerre, je devais m'embarquer pour refaire le périple d'Ulysse. A cette époque, même un jeune homme pauvre pouvait former le projet somptueux de traverser une mer à la rencontre de la lumière. Mais j'ai fait alors comme chacun. Je ne me suis pas embarqué. J'ai pris ma place dans la file qui piétinait devant la porte de l'enfer. Peu à peu, nous y sommes entrés. Et au premier cri de l'innocence assassinée, la porte a claqué derrière nous. Nous étions dans l'enfer, nous n'en sommes plus jamais sortis. Depuis six longues années, nous essayons de nous en arranger. Les fantômes chaleureux des îles fortunées ne nous apparaissent plus qu'au fond d'autres longues années, encore à venir, sans feu ni soleil.» (PE, Œ II, pp.841-942)

Du texte de Platon, il ne reste plus que l'idée d'emprisonnement ainsi que le souvenir d'un feu et d'un soleil, devenant symboles d'un paradis perdu; les prisonniers de la caverne, au lieu de remonter à la surface, s'enfoncent dans l'enfer et ne sortiront plus de la nuit démesurée. Notons qu'au moment où le *ductus* pathétique trouve son point culminant, Camus renvoie à une œuvre de son ancien maître Jean Grenier (23).

Dans «L'Exil d'Hélène», Camus reprend la thématique d'une lutte entre pensée de midi et celle de minuit, mais l'expose d'une manière beaucoup plus sinistre que dans *L'Homme révolté*. S'exprimant contre la démesure, contre la philosophie des ténèbres, et pour l'idée de *«fidélité à ses limites»* (Œ II, p.856), pour l'amour clairvoyant de la condition humaine, Camus sait pourtant bien que cette lutte est inégale au temps où il écrit son essai. Voyant en Hegel le *«vrai rival de Platon»* (Œ II, p.854), il estime que la pensée européenne ne peut plus revenir en arrière : *«Dieu mort, il ne reste que l'histoire et la puissance»* (Œ II, p.855). Parlant à la première personne du pluriel, il avoue que *«nous rêvons d'un équilibre que nous avons laissé derrière nous»* (Œ II, p.854), que *«notre Europe est fille de la démesure»* (Œ II, p.853), que nous avons placé *«l'histoire sur le trône de Dieu»* (Œ II, p.854).

La pensée de midi ainsi exilée est contrainte de se limiter uniquement au champ esthétique et ne peut plus rivaliser avec la pensée historique : *«Nous tournons le dos à la nature, nous avons honte de la beauté»* (Œ II, p.854). Mais cette limitation au niveau esthétique est vue par Camus aussi comme une chance de la pensée grecque : *«Malgré le prix que coûteront aux artistes leurs mains vides, on peut espérer leur victoire»* (Œ II, p.857).

Devant cet arrière-plan, Camus pousse la transformation de l'allégorie de la caverne encore plus loin, à un tel point que le mythe en question ne sera presque plus reconnaissable : si le lien avec la version originale de l'allégorie de la caverne sera à la limite garanti par le nom de Platon et par la notion de mythe, le soleil aura cependant disparu complètement. Quant aux hommes dans la caverne, ils auront pris l'allure d'un énorme animal monstrueux, avalant toute distinction entre celui qui aurait vu la lumière et les autres prisonniers :

> «L'histoire n'explique ni l'univers naturel qui était avant elle, ni la beauté qui est au-dessus d'elle. Elle a donc choisi de les ignorer. Alors que Platon contenait tout, le non-sens, la raison et le mythe, nos philosophes ne contiennent rien que le non-sens ou la raison, parce qu'ils ont fermé les yeux sur le reste. La taupe médite.» (Œ II , p.855)

La taupe, fuyant la lumière provenant d'un soleil absent, se retire dans sa propre méditation : cette mutilation du mythe de Platon témoigne d'une ironie qui ne peut être plus amère.

Alors que les adaptations du jeune Camus mettaient l'accent sur le refus d'un saut dans la transcendance et que le *ductus* combattant de *L'Homme révolté* voulait faire retourner les prisonniers vers la lumière, les deux dernières adaptations que nous venons de présenter mettent l'accent sur l'impossibilité de réconcilier la pensée de midi et l'idéologie allemande. Certes, comme le prouve le livre *Aurore* de Nietzsche auquel Camus fait probablement allusion dans la dernière variante que nous venons de présenter (24), la taupe remontera un jour à la surface. Il faudra cependant attendre l'année 1957 pour retrouver l'astre solaire dans *L'Exil et le Royaume*. La querelle de *L'Homme révolté* aura eu tant d'*impetus* sur la création littéraire de Camus que la nouvelle «Le Renégat» nous présentera un soleil qui paraît avoir changé de camp, analogue à l'auteur qu'on avait accusé d'avoir changé de camp politique (25).

Reprenant l'idée déjà exprimée dans «L'Exil d'Hélène» que «*nous [...] sommes les fils renégats*» de la Grèce (Œ II, p.854), le titre de la nouvelle «Le Renégat» suggère d'abord un soleil semblable à l'essai de 1948. Combien est-on étonné cependant de rencontrer dans la nouvelle un soleil omniprésent, maléfique, se concrétisant et se matérialisant en lames d'acier. On y trouve un soleil «*sauvage*» (Œ I, p.1581), «*torride*» (ibid.), «*irrésistible*» (Œ I, p.1584), un soleil qui frappe «*avec éclat et orgueil*» (Œ I, p.1582), «*à coups de lances brûlantes*» (Œ I, p.1583), c'est un «*soleil de fer*» (Œ I, p.1584), un soleil «*féroce*» (Œ I, p.1588), «*cruel*» (Œ I, p.1592) et «*inexorable*» (Œ I, p.1593).

Le sous-titre de la nouvelle nous met cependant en garde : peut-on prendre au pied de la lettre les propositions d'un «esprit confus»? Ce n'est pas un hasard si la nouvelle «Le Renégat» comporte des parallèles avec *La Chute* qui se joue pourtant dans une atmosphère brumeuse et ténébreuse. Les deux titres faisant allusion à des scènes bibliques, les deux récits sont - en partie du moins - conçus comme de longs discours monologuisants. Tandis que le juge-pénitent Clamence s'adresse, pendant tout le récit, à son *alter-ego*, le missionnaire confus prétend avoir supprimé son successeur - ne fût-ce que dans «*ce long rêve*» (Œ I, p.1593) auquel il est fait allusion dans la dernière partie de la nouvelle.

La ressemblance entre le discours de l'esprit confus et celui de Clamence nous amène à voir dans la position du renégat celle d'un sophiste, oscillant entre la renégation et le repentir («*Ah! Si je m'étais trompé à nouveau!*», *ibid.*). Par inversion du dedans et du dehors, l'idée d'un noyau obscur du soleil que nous avons découverte dans les passages précédents sera changée en soleil noirci dans sa totalité.

Dans son étude *L'univers symbolique de Camus*, Jean Gassin nous révèle le côté noir et maléfique du soleil à partir d'une lecture de la première partie de *L'Etranger*, et vient à la conclusion suivante :

> «...ce symbolisme du soleil noir ne semble pas avoir de valeur autonome. Lorsque Camus parle de la face noire du soleil, c'est pour l'opposer à sa face lumineuse, la seule connue du vulgaire. [...] Ainsi, l'"*éblouissement obscur*" (861) du soleil, ne fait-il que traduire [...] la conflictualité que doit sauvegarder la "*pensée solaire*" (703).» (26)

Montrant uniquement sa face lumineuse quand il s'agit de s'opposer à la pensée de minuit, révélant son noyau obscur à l'intérieur de la pensée grecque, et se retirant sous le signe d'un paradis perdu dès que l'auteur pressent qu'il n'y a plus de réconciliation possible entre la pensée de midi et l'idéologie allemande, le soleil se change en principe maléfique six années après la querelle de *L'Homme révolté*.

Cette versatilité du soleil camusien doit aller de pair avec une nouvelle transposition de l'allégorie de la caverne dans *Le Renégat*. On peut en effet constater que la nouvelle comporte - outre les éléments sadiques et chrétiens, voire missionnaires - plusieurs passages faisant allusion au mythe de Platon :

> «Accroupi, comme aujourd'hui à l'abri du rocher, et le feu au-dessus de ma tête perce l'épaisseur de la pierre, je suis resté plusieurs jours dans l'ombre de la maison du fétiche, un peu plus haute que les autres, entourée d'une enceinte de sel, mais sans fenêtres [...] Le jour, la porte restait fermée et pourtant, l'ombre devenait plus légère, comme si le soleil irrésistible parvenait à couler à travers les masses de sel.» (*Œ I*, pp.1584-1585)

Le narrateur se trouve de nouveau seul dans sa prison. Mais ici, point de jeu simultané entre lumière et ombre comme dans les premières variantes analysées plus haut : la nuit, le prisonnier est entièrement livré à une ombre constante et le jour, il est victime d'une lumière inondant la chambre. Représentant le *«feu au-dessus de ma tête»* (Œ I, pp.1584), le soleil ne s'oppose ni à l'ombre ni au feu, mais acquiert une force totale, détruisant toute distinction entre dehors et dedans.

Si dans les premières variantes, il était encore question de refuser le saut dans la transcendance, le prisonnier n'a ici aucune possibilité de se soustraire à la force venant de l'extérieur : la chambre est fermée hermétiquement. Totalement livré aux forces étrangères, le narrateur sera soumis au jeu cruel des maîtres de la ville de sel : *«...enfin le sorcier a ouvert la petite porte derrière moi, les maîtres ne bougeaient pas, ils me regardaient, je me suis retourné et j'ai vu le fétiche, sa double tête de hache, son nez de fer tordu comme un serpent»* (Œ I, pp.1585-1586).

La transposition du mythe de la caverne a gagné son plus haut degré de perversion. Au lieu de faire retourner le regard du prisonnier pour qu'il puisse voir le feu, au lieu d'entraîner le renégat en dehors de la chambre pour lui montrer un soleil symbole de l'idée du juste, les maîtres ne font que regarder à leur tour le prisonnier. Lorsque celui-ci se retourne, le feu aura fait place au fétiche, moitié bourreau, moitié symbole de tentation.

Quelques lignes plus loin, on retrouve la notion de feu, mais là aussi les rapports entre les valeurs des divers plans seront pervertis d'une manière considérable : *«La porte fermée derrière eux, [...] le sorcier a allumé un feu d'écorces autour duquel il trépignait, sa grande silhouette se brisait aux encoignures des murs blancs, palpitait sur les surfaces plates, remplissait la pièce d'ombres dansantes»* (Œ I, p.1586).

Tout ne se passe plus qu'à l'intérieur de la prison. Malgré sa force totale, le soleil ne joue plus aucun rôle et a cédé le rang au feu d'écorces. Par là, la métaphorique solaire se débarrasse de sa fonction de lumière spirituelle pour devenir

La destruction du mythe de la caverne 153

principe du monde des fausses apparences. Le jeu entre lumière et ombre, autrefois si harmonieux, se trouve cassé («se brisait; encoignures») et fait disparaître la lumière au profit des ombres dansantes qui remplissent la pièce entièrement.

Après la transformation du mythe de la caverne dans «Le Renégat», la destruction du soleil comme image du juste ne semble plus pouvoir être poussée plus loin. On s'attendrait donc à ce que *La Chute*, se déroulant dans l'atmosphère brumeuse de la «philosophie des ténèbres», devrait pouvoir se passer entièrement de l'image du soleil. Il faut cependant relever plusieurs passages dans *La Chute* qui maintiennent le rapport au mythe de Platon sous forme parodique :

> «Les soutes, les cales, les souterrains, les grottes, les gouffres me faisaient horreur. [...] Un balcon naturel, à cinq ou six mètres au-dessus d'une mer encore visible et baignée de lumière, était au contraire l'endroit où je respirais le mieux, surtout si j'étais seul, bien au-dessus des fourmis humaines. [...] Selon moi, on ne méditait pas dans les caves ou les cellules des prisons (à moins qu'elles fussent situées dans une tour, avec une vue étendue); on y moisissait. Et je comprenais cet homme qui, étant entré dans les ordres, défroqua parce que sa cellule, au lieu d'ouvrir, comme il s'y attendait, sur un vaste paysage, donnait sur un mur. Soyez sûr qu'en ce qui me concerne, je ne moisissais pas. A toute heure du jour, en moi-même et parmi les autres, je grimpais sur la hauteur, j'y allumais des feux apparents, et une joyeuse salutation s'élevait vers moi.» (*Œ I*, pp.1487-1488)

L'acte d'allumer des «feux apparents» nous indique que la lumière ne participe plus qu'au monde des fausses apparences et qu'elle ne figure plus comme symbole de l'idée du juste. L'évocation de *«cet homme [...] étant entré dans les ordres» (ibid.)* fait penser à la figure du renégat, ancien missionnaire, auquel il est encore fait allusion dans un autre passage :

> «Je crois surtout que l'action souterraine ne convenait ni à mon tempérament, ni à mon goût des sommets aérés. Il me semblait qu'on me demandait de faire de la tapisserie dans une cave, à longueur de jours et de nuits, en attendant que des brutes viennent m'y débusquer, défaire d'abord ma tapisserie et me traîner ensuite dans une autre cave pour m'y frapper jusqu'à la mort. J'admirais ceux qui se livraient à cet héroïsme des profondeurs, mais ne pouvais les imiter.» (*Œ I*, p.1539)

Outre la correspondance manifeste avec «Le Renégat», notons l'allusion à la figure de la taupe («*action souterraine*») - déjà présente dans «Prométhée aux Enfers» - celle à la Résistance («*...je gagnai la zone sud avec l'intention de me renseigner sur la résistance*», *Œ I*, pp.1538-1539) ainsi que le registre «textuel» («*...en attendant que des brutes viennent [...] défaire [...] ma tapisserie*», *Œ I*, p.1539), qui peut être lu comme allusion à la fameuse querelle. Par là est confirmée notre hypothèse que la destruction du mythe de la caverne va de pair avec la situation difficile de notre auteur au temps de la «querelle» et aux temps qui suivaient.

Toutefois, il faut préciser que l'image du soleil n'est pas tout-à-fait supprimée dans *La Chute*, mais qu'elle subsiste indirectement dans le texte, pour représenter un monde de repère dans la mémoire du narrateur :

> «...le Zuyderzee est une mer morte, ou presque. Avec ses bords plats, perdus dans la brume, on ne sait où elle commence, où elle finit. Alors, nous marchons sans aucun repère, nous ne pouvons évaluer notre vitesse. Nous avançons, et rien ne change. Ce n'est pas de la navigation, mais du rêve.
> Dans l'archipel grec, j'avais l'impression contraire. Sans cesse, de nouvelles îles apparaissaient sur le cercle de l'horizon. Leur échine sans arbres traçait la limite du ciel, leur rivage rocheux tranchait nettement sur la mer.

Aucune confusion; dans la lumière précise, tout était repère. [...] Depuis ce temps, la Grèce elle-même dérive quelque part en moi, au bord de ma mémoire, inlassablement...» (*Œ I*, p.1525)

Il faut conclure qu'au cours de l'évolution de l'œuvre camusienne, le mythe de la caverne est détruit successivement, mais que la figure du soleil subsiste et se transforme en symbole d'un paradis perdu.

Précisons cependant que dans cette lecture nous avons impliqué un lien entre l'image du soleil et la problématique de l'*epistémè*. Le fait que nous sommes venus à des résultats qui contredisent l'étude de René Andrianne lors de notre interprétation du soleil de *L'Etranger*, nous paraît moins mettre en doute les deux résultats divergents que de confirmer la richesse du thème solaire. La contradiction évidente entre la lecture d'Andrianne et une interprétation lisant le soleil comme symbole de prise de conscience ou de vérité, souligne l'ambiguïté et la richesse du soleil camusien.

Notes :

1. Archambault 1972, p.40 : «Plato does not occupy an important place in Camus's work.»
2. Papamalamis 1965, p.16.
3. Papamalamis 1965, pp.16-19.
4. *Œ II*, p.109. La citation d'Aristote se trouve dans la *Métaphysique*, Livre IV (1012b 14-22), dont l'argumentation est reprise au Livre XI (1062b 7-9) consacré à la discussion du principe de contradiction. Dans le passage cité par Camus, Aristote s'opposerait par conséquent plutôt aux sophistes qu'à Platon. L'argumentation aristotélicienne se trouve aussi dans *C I*, p.141. Selon Roger Quillot et Paul J. Archambault, Camus a trouvé la citation dans le *Pouvoir des Clefs* de Chestov (*Œ II*, p.1434; Archambault 1972, p.44).
5. «Tout mon royaume est de ce monde.» (*Œ II*, p.49; cf. aussi *Œ II*, p.1225) Cf. là-dessus Goldstain 1971, pp.99-101; Archambault 1972, p.71; Di Méglio 1982, pp.28-29.

6. Barilier 1977, p.32.
7. Des images d'un jardin ou le paysage vu de la fenêtre ou de la terrasse se trouvent également dans *Les Iles fortunées* de Jean Grenier, dont on sait l'influence qu'il a exercée sur Camus. (Jean Grenier, «Les Iles fortunées», in : *La Nouvelle Revue française, no. 223, avril 1932* , pp.665-671).
8. Doubrovsky 1960, p.92 : «We can now understand better the theme of incarceration. It is the contemporary version of the old Platonic mythe of the "cave". Now, however, the cave has no beyond, it does not reveal to the gaze reflections from a higher reality, it is the whole of reality itself.»
9. Andrianne 1972, pp.161-176.
10. Cf. Raymond Gay-Crosier, «Circularité de l'affirmation négative : les méandres de la *via negationis*», in : *Cahiers Albert Camus 11, Revue des lettres modernes 1982*, p.64; Di Méglio 1982, p.35.
11. Cf. le dernier chapitre de la présente partie.
12. *Œ II*, commentaires Roger Quilliot, p.1817.
13. «Réponse à Albert Camus», in : *Situations IV*, Paris 1994, p.91 et p.96.
14. Si l'on s'en tient aux *Carnets*, il faut conclure que les deux lectures sont valables, l'ambiguïté réflétant à la fois le besoin et l'impossibilité de la part de Camus de faire de Paris «sa» cité :«"Quel malheur est celui de l'homme sans cité"."O faites que je ne sois pas sans cité" dit le chœur. Je suis sans cité.» (*C III*, p.44); «Paris est une jungle, et les fauves y sont miteux.» (*C III*, p.63).
15. Cf. la réponse de Jean-Paul Sartre à Camus, in : *Situations, IV*, Paris 1994, p.90.
16. Jeanson 1952, p.2074 : «Telle est la contradiction de Camus. Esprit méditerranéen, épris de transparence intellectuelle, <u>fidèle à la constance solaire, à la pure lumière de midi</u>, - mais se heurtant dans le monde réel aux contradictions et aux souffrances humaines» (nous soulignons).
17. Cf. la réponse de Camus à Jean-Paul Sartre, *Œ II*, p.154 sq.
18. Cf. Grenier 1987, p.133.
19. Jean-Paul Sartre, «Réponse à Albert Camus», in : *Situations, IV*, p.101.
20. Moix 1989, pp.146-147 (les expressions en italique et en majuscules le sont dans le texte).
21. *ibid.*, pp.148-149 (les expressions en italique et en majuscules le sont dans le texte).

La destruction du mythe de la caverne

22. *Odyssée*, Chant XI.
23. Jean Grenier, «Les Iles fortunées», in : *La Nouvelle Revue Française*, (avril 1932), pp.665-671, et *Les Iles*, Paris 1959. N'oublions pas de préciser qu'un chapitre d'*Ainsi parlait Zarathoustra* porte le titre «Sur les îles bienheureuses».
24. Camus a pu reprendre l'image de la taupe du livre *Ainsi parlait Zarathoustra* (Troisième partie, «Des vieilles et des nouvelles tables», 2), *KSA* (t.IV), p.248, ou encore du livre *Aurore*, *KSA* (t. III), p.11 :«Dans ce livre on trouve au travail un être «souterrain», de ceux qui forent, qui sapent, qui minent. [...] Certes, il reviendra : ne lui demandez pas ce qu'il cherche tout en bas, il vous l'apprendra bien lui-même, malgré son apparence de Trophonius, d'être souterrain, une fois qu'il sera de nouveau «fait homme». On désapprend totalement le silence quand, aussi longtemps que lui, <u>on a été taupe</u>, on a été seul...» (Nous soulignons). Notons que par l'évocation de la taupe, Nietzsche s'oppose à un passage de la *Critique de la raison pure* de Kant (*Critique de la Raison pure*, B 376).
25. Cf. Jean-Paul Sartre, «Réponse à Albert Camus», in : *Situations, IV*, p.101.
26. Gassin 1980, p.31. Les expressions en italique le sont dans le texte.

Chapitre III

Le soleil comme reste de verticalité

> «...voici que je viens d'égorger moi-même tous les dieux au quatrième acte - par moralité! Alors de quoi sera fait le cinquième? D'où tirer un dénouement tragique! - Me faudrait-il songer à un dénouement comique?»
>
> Nietzsche, *Le Gai Savoir*

Camus commence à se passionner pour les mythes antiques à partir de la fin de l'année 1937, et on peut constater une abondance de renvois explicites dans les œuvres postérieures à cette date charnière : Sisyphe, Œdipe, Ulysse, Prométhée, Orphée et Eurydice, sont les principales figures mythologiques grecques que Camus fait renaître dans ses écrits, souvent en employant plusieurs mythes au sein d'une même œuvre. S'il est vrai que Camus a eu recours à des mythes autres que ceux de la tradition hellénique, il n'en reste pas moins vrai que ce sont ces derniers qu'il a utilisés le plus fréquemment : *«Le monde où je suis le plus à l'aise : le mythe grec»* (*C II*, p.317).

Affirmer que la mention explicite de divers mythes ne se manifeste qu'à partir de 1937, cela ne revient évidemment pas à dire qu'avant cette date, le refus de renvoi explicite au mythe soit l'expression d'une ignorance mythologique de la part de Camus. Au contraire : dans son étude, Monique

Crochet vient à la conclusion que bien avant cette date, Camus faisait déjà preuve d'une excellente connaissance des mythes, mais que la technique concernant l'emploi et la fonction des mythes travaillés dans les œuvres se développe au fur et à mesure que l'œuvre entière de Camus évolue (1). Crochet nous convainc en disant que cette évolution dans la technique concernant l'emploi du mythe va de pair avec l'évolution camusienne dans la formation de sa pensée mythique, formation qui a été fortement influencée par divers écrivains comme Jean Grenier, Nietzsche, Gide, Spengler et vraisemblablement Barrès (2).

Nous n'allons pas nous intéresser à ces différentes relations hypertextuelles en tant que telles, mais plutôt nous demander dans quelle mesure Camus *veut se montrer* grec par les références mythologiques. Nous analyserons donc les transformations textuelles que Camus emploie pour se montrer grec, voire plus grec encore que les sources utilisées.

Les choses ne se compliquent pas moins lorsqu'on tient compte des propositions faites par Camus lui-même sur le mythe, à l'époque postérieure à 1937. Dans *Le Mythe de Sisyphe* par exemple, Camus nous apprend que pour lui *«les mythes sont faits pour que l'imagination les anime»* (Œ I, p.196), et qu'il utilise des *«mythes sans autre profondeur que celle de la douleur humaine et comme elle inépuisables»* (Œ I, p.192). Peut-on alors parler encore d'héritage grec? Ce doute paraît être justifié, d'autant plus si l'on tient compte de la manière dont Camus introduit les mythes dans ses écrits.

Pour saisir l'essence hellénique de la référence mythologique camusienne, nous proposons de partir du caractère tragique du mythe grec. Il va sans dire qu'une conception dionysiaque du mythe correspond plutôt à une pensée nietzschéenne qu'à une pensée grecque, et ne garantit nullement de cerner l'essence du mythe grec en tant que tel. Nous risquons fort de ne pouvoir «sauver» Camus le grec et de retrouver uniquement des rapports d'hypertextualité au niveau de la conception mythologique, puisque tout mythe grec n'implique pas forcément une conception tragique du monde. De plus, bien des mythes n'ont jamais eu droit à une représentation qui aurait délecté un amateur de théâtre tel que

Le soleil comme reste de verticalité 161

l'était Camus. Est-il besoin d'ajouter que malgré son philhellénisme, Camus n'a emprunté aucun sujet de pièce au répertoire grec.

Il n'empêche que dans quasiment tous les cas, Camus *transpose* les mythes grecs auxquels il se réfère de telle manière qu'il en résulte des textes comprenant *des éléments essentiels de la tragédie antique*. Ce n'est pas un hasard si Camus a utilisé la catégorie du tragique de façon extensive (3). Le typiquement grec de la référence camusienne au mythe est donc pour ainsi dire caché dans l'élément tragique que Camus a introduit dans tout mythe grec utilisé.

Certes, ici non plus, le fait qu'un élément essentiellement tragique vienne se greffer sur chaque mythe utilisé ne garantit nullement l'appartenance de Camus au monde grec. Nous serons donc plutôt amenés à nous demander pourquoi Camus veut se montrer plus grec que ses modèles.

Avant d'analyser ces transpositions des différents mythes, précisons les éléments dont nous croyons qu'ils appartiennent à «l'essence» de la tragédie antique (4). Ce sont premièrement un conflit entre le héros et un certain ordre donné, ensuite un certain côté ahistorique et apsychologique du mythe tragique, et enfin une attention aiguë à la problématique de la prise de conscience. Nous allons d'abord développer ces points à l'aide des divers auteurs qui ont influencé Camus ainsi qu'à l'aide de la «Conférence prononcée à Athènes sur l'avenir de la tragédie» (*Œ I*, pp.1701 sq.).

Le premier point, le conflit entre le héros et un certain ordre donné, s'exprime le mieux dans la conception dionysiaque du mythe, développée par Nietzsche dans *La Naissance de la tragédie* et qui a vraisemblablement influencé Camus sur ce point (5). Selon Nietzsche, la tragédie antique raconte toujours, sous le revêtement du mythe, la légende de Dionysos, et exprime par conséquent la souffrance et le déchirement du dieu, puis sa réconciliation avec le cosmos. Puisque Dionysos n'apparaît pas toujours sous ses propres traits mais se manifeste à travers une pluralité de figures, les divers héros de la tragédie classique subissent le même déchirement et la même réconciliation finale que le dieu des Mystères.

Dans cette perspective dionysiaque ou plutôt nietzschéenne, le mythe tragique prend une grande profondeur. L'illumination et l'apaisement qui descendent sur le héros à la fin du drame indiquent une plus grande compréhension de soi-même et du monde. Conformément à la *katharsis* d'Aristote (6), le héros comme le spectateur reconnaissent qu'il y a un ordre et qu'il faut s'y intégrer pour pouvoir participer au mystère de l'unité primitive.

Mais la réconciliation finale implique également qu'auparavant il y avait conflit entre le héros et l'ordre du cosmos. Or Camus voyait là un des secrets de la tragédie grecque. Selon lui, il y a tragédie lorsque l'homme se trouve en conflit avec l'ordre divin, qui peut être personnifié dans un dieu ou dans la société : *«Il y a tragédie, lorsque l'homme par orgueil (ou même par bêtise comme Ajax) entre en contradiction avec l'ordre divin, personnifié dans un dieu ou incarné dans la société»* (Œ I, p.1704). Autrement dit, il ne suffit pas d'un ordre à lui seul, ni d'une révolte à elle seule, pour pouvoir parler de tragédie : *«Il faut une révolte et un ordre, l'un arc-boutant à l'autre et chacun renforçant l'autre de sa propre force. Pas d'Œdipe sans le destin résumé par l'oracle. Mais le destin n'aurait pas toute sa fatalité, si Œdipe ne le refusait pas»* (Œ I, p.1705).

Chez Nietzsche, la conception dionysiaque du mythe est intégrée dans une vision tragique de la vie que le philosophe fait passer pour étant celle des Grecs : elle se résume en l'acceptation de l'existence dans ce qu'elle comporte de bonheur comme de souffrance, en un «amor fati» faisant dire à Nietzsche que «ce qui ne me fait pas mourir me rend plus fort» (7). Cette formulation condensée de la conception tragique du monde a frappé Camus à ce point qu'il la cite à deux reprises dans ses *Carnets* (8).

Le côté ahistorique et apsychologique du mythe tragique est développé le mieux chez Spengler auquel Camus prête un vif intérêt à partir de décembre 1937 (9). Selon Spengler, le mythe est le fruit d'une pensée ahistorique, et toute l'histoire de l'Antiquité jusqu'aux guerres médiques serait le produit d'un esprit essentiellement mythique. Ce sens ahistorique de l'univers aurait pour complément l'absence du sentiment d'une évolution intérieure de l'individu : «Le drame antique n'autorise pas plus de motifs purement historiques qu'il ne permet les thèmes du développement intérieur. [...] Jusqu'à l'époque impériale l'art antique ne connaît qu'un sujet, qui lui est en quelque sorte naturel : le mythe» (10) .

Camus résume cette idée dans ses *Carnets* : «Le mythe et sa signification antipsychologique» (11). Crochet souligne que le terme «antipsychologique» est introduit par Camus lui-même dans les notes qu'il a prises sur le texte de Spengler, et propose de parler plutôt de sens «apsychologique» pour exprimer l'absence d'intérêt pour le développement intérieur du héros (12). Le mythe se prête donc moins à un drame obéissant à la «logique du devenir», qu'à une composition d'un drame de situation, où le héros se heurte soudain à son destin. Le mythe tragique exprime donc particulièrement bien cette rencontre soudaine de l'homme et de sa destinée.

Le troisième point, l'attention renforcée à la problématique de la conscience et de la connaissance de l'homme, se trouve déjà formulé dans *Le Mythe de Sisyphe* : «*Si ce mythe est tragique, c'est que son héros est conscient*» (Œ II, p.196). Le conflit entre le héros et l'ordre, la rencontre soudaine de l'homme et de sa destinée se manifeste pour le héros par sa soudaine prise de conscience. Avant cet acte de lucidité, la tragédie est entamée justement par le fait que l'ordre cosmique est ignoré par le héros :

«Le héros nie l'ordre qui le frappe et l'ordre divin frappe parce qu'il est nié. Tous deux affirment ainsi leur existence réciproque dans l'instant même où elle est contestée. Le chœur en tire la leçon, à savoir qu'il y a un ordre, que cet ordre peut être douloureux mais qu'il est pire encore de ne pas reconnaître qu'il existe.» (Œ I, p. 1705-1706)

Cependant, s'il est vrai que pour le héros tragique il s'agit de devenir conscient, de reconnaître l'ordre divin par un acte de lucidité, il est d'autant plus vrai que le héros ne peut fuir le destin qui l'attend par une éventuelle anticipation lucide sur ce qui va lui arriver. La tragédie faisant partie du culte de Dionysos, le mystère impose des limites à la raison, comme la raison repousse les frontières du mystère : *«Pas d'Œdipe sans le destin résumé par l'oracle. Mais le destin n'aurait pas toute sa fatalité si Œdipe ne le refusait pas»* (Œ I, p.1704). Le héros tragique a beau se tenir au principe du *gnôthi sautón*, mais tant qu'il n'a pas rencontré le destin résumé par l'oracle, le héros ne peut reconnaître l'ordre divin. Le projet du «connais-toi toi-même» est donc dominé par le mystère de l'oracle.

Selon Camus, la lucidité à laquelle le sujet veut parvenir est donc moins un résultat d'un projet faustien qui part de la raison absolue du sujet moderne, mais se constitue plutôt à partir des limites qui s'imposent à la raison : *«Si tout est mystère, il n'y a pas de tragédie. Si tout est raison, non plus»* (Œ I, p.1705). Le résultat du «connais-toi toi-même» dans la *katharsis* finale revient à *«accepter donc le mystère de l'existence, la limite de l'homme et cet ordre enfin où l'on sait sans savoir»* (Œ I, p.1705). Au principe éthique résumé par Apollon, les sages ajoutaient bien : *kai medèn ágan* : «et rien de trop».

Dans son *Diplôme d'Etudes Supérieures*, Camus avait relevé la théorie du gnostique Valentin, selon lequel Dieu, ayant eu pitié de Sophia qui n'avait mis au monde qu'un être informe, crée *«de nouveau un principe spécial, Horos ou la limite»* (Œ II, p.1260). Chez Camus, cette conception d'une raison limitée par le mystère, ou inversement la conception d'un sacré appréhendé par la conscience lucide de l'homme, trouve sa réalisation au niveau du mythe et du tragique grecs, condensés dans les deux formules du «connais-toi toi-même» et du «rien de trop».

Cet esprit du «connais-toi toi-même» et du «rien de trop» est déjà particulièrement présent dans *Le Mythe de Sisyphe*. On peut y constater le *«désir éperdu de clarté»* (Œ II, p. 113)

Le soleil comme reste de verticalité

face au phénomène de l'absurde, d'en parvenir à une idée claire et distincte rappelant la démarche cartésienne des *Méditations* : *«Tout commence par la conscience et rien ne vaut que par elle»* (*Œ II*, p.107). Partant des évidences *«sensibles au cœur»*, Camus dit qu'il faut les *«approfondir pour les rendre <u>claires à l'esprit</u>»* (*Œ II*, p.99); s'il y a, oui ou non, une *«logique jusqu'à la mort»*, Camus déclare qu'il ne peut le savoir qu'en poursuivant le raisonnement absurde *«sans passion désordonnée, <u>dans la seule lumière de l'évidence</u>»* (*Œ II*, p.103, nous soulignons). Nous voilà bien près du «lumen naturale», de la lumière naturelle des *Méditations* (13). Précisons cependant que chez Descartes la lumière naturelle trouve son fondement dans l'idée de Dieu et qu'elle implique, en dernière instance, l'harmonie cartésienne, alors que la lumière camusienne témoigne au contraire d'un univers violent.

Car à un certain moment donné, l'exigence de clarté s'avance à un tel point qu'elle mène à un déchirement intérieur, dont la raison est parfaitement consciente, mais face à laquelle elle est impuissante : *«Je veux que tout me soit expliqué ou rien. Et la raison est impuissante devant ce cri du cœur»* (*Œ II*, p.117). C'est alors que la raison doit constater ses propres limites : *«L'homme garde seulement sa clairvoyance et la connaissance précise des murs qui l'entourent»* (*ibid.*). Malgré le cri désespéré du «tout ou rien», la raison n'est cependant pas abandonnée : *«...si je reconnais les limites de la raison, je ne la nie pas pour autant, reconnaissant ses pouvoirs relatifs. Je veux seulement me tenir dans ce chemin moyen où l'intelligence peut rester claire»* (*Œ II*, p.127). Analogue au héros tragique dans la *katharsis* finale, le raisonnement absurde du *Mythe de Sisyphe* aboutit à la conclusion qu'il faut connaître et reconnaître ses limites : *«L'absurde fixe [...] ses limites puisqu'elle* [i.e. la raison] *est impuissante à calmer son angoisse»* (*Œ II*, p.134); *«L'absurde, c'est la raison lucide qui constate ses limites»* (*ibid.*).

Cette prison volontaire de la raison absurde rappelle celle du *cogito* cartésien avant la première preuve de l'existence de Dieu par les effets, mais contrairement à Descartes, Camus récuse l'idée de Dieu qui libérerait la raison de ses chaînes : *«Pour un esprit absurde, la raison est vaine et il n'y a rien au-delà de la raison»* (*Œ II*, p.124). Pourquoi Camus ne recourt-il pas à l'idée de perfection pour agrandir le champ de la raison, et pourquoi maintient-il la notion de raison, si cette dernière est vraiment vaine?

C'est que pour Camus il n'était jamais question de doute méthodique ni de vouloir «reconstruire», comme le fait Descartes, le monde selon l'ordre des raisons : l'existence du monde n'était jamais contestée, même pas hypothétiquement, puisqu'elle est un élément constitutif de l'expérience absurde : *«L'absurde n'est pas dans l'homme [...] ni dans le monde, <u>mais dans leur présence commune</u>»* (*Œ II*, p.120, nous soulignons).

Nous voilà peut-être face à une raison profonde pourquoi Camus n'est pas considéré comme philosophe par maints critiques. Car le tournant épistémologique de l'époque moderne entamé par Descartes, ou le renversement copernicien dont parle Kant (14), ne semblent guère intéresser l'auteur du *Mythe de Sisyphe*. Le point de départ de Camus est l'évidence de la présence incontestable du monde comme de celle de la raison. Le sujet ne comprend pas le monde, soit; mais il est là. La raison est incapable d'appréhender de façon satisfaisante le monde, soit; mais elle est là.

Un passage qui s'explique particulièrement bien sur la relation entre cette évidence et le développement du raisonnement du *Mythe de Sisyphe* révèle ce côté grec comme tragique : *«Mon raisonnement veut être fidèle à l'évidence qui l'a éveillé. Cette évidence, c'est l'absurde. C'est ce divorce entre l'esprit qui désire et le monde qui déçoit, ma nostalgie d'unité, cet univers dispersé et la contradiction qui les enchaîne»* (*Œ II*, pp.134-135). La révolte contre un monde qui déçoit le sujet, la négation d'un ordre qui unirait cet univers dispersé et le déchirement intérieur du sujet, l'incapacité de participer au mystère de l'unité primitive, enfin l'enchaînement contradictoire qui interdit tout développement psychologique ou historique : tous ces éléments sont également constitutifs pour le mythe tragique, et l'apaisement final du héros ne se produit que lorsque celui-ci

Le soleil comme reste de verticalité 167

aura prononcé le mot camusien de la *«raison lucide qui constate ses limites»* (Œ II, p. 134).

Après notre développement de la conception générale du mythe tragique que nous avons retrouvée dans le propos du *Mythe de Sisyphe*, il faut à présent analyser les différents mythes utilisés par Camus et montrer comment ils sont tous soit transformés en mythes tragiques, soit vêtus d'un contexte plus tragique qu'ils ne l'étaient déjà. Nous nous limitons aux principaux mythes utilisés dans l'œuvre camusienne. Au cours de nos analyses, nous nous intéresserons particulièrement au côté violent de la métaphorique de la lumière et à la connotation de paradis perdu déjà trouvés plus haut.

Parmi les mythes que Camus utilise dans ses œuvres, la figure de Sisyphe est sans doute l'une des plus rayonnantes et originales. Avant la parution du *Mythe de Sisyphe*, peu d'écrivains avaient en effet accordé leur attention à ce héros du mythe grec (15). Mais la nouveauté du mythe, tel que Camus nous le présente, ne se réduit pas uniquement au niveau du personnage. S'inspirant de deux sources (16) et complétant l'une par l'autre pour composer sa propre version du mythe, Camus y ajoute en même temps, par son style, un élément essentiellement tragique.

D'abord, il faut constater qu'il n'y a point d'évolution historique ni de développement psychologique dans la variante camusienne du mythe, car Sisyphe se montre obstinément méprisant envers les dieux et la mort, et ne semble pas vouloir changer quoi que ce soit dans son comportement. Quant à la vie antérieure du héros, elle nous est racontée comme une ou plusieurs anecdotes en images servant d'arrière-plan pour la scène de punition.

Le style paratactique qui domine le récit empêche toute évolution régie par la «logique du devenir», et les différentes variations nous sont présentées sous une forme médiatisée, ce qui agrandit éternellement la distance entre la vie d'avant et l'instant de la punition : *«Si l'on croit Homère...»*; *«Les opinions diffèrent sur les motifs qui lui valurent d'être le travailleur inutile des enfers»*; *«On lui reproche d'abord quelques légèretés avec les dieux»*; «<u>Homère nous raconte</u> aussi...»; «<u>On dit</u> encore...» (Œ II, p.195, nous soulignons) : avec tant de versions différentes, impossible de reconstituer les faits sous une forme historique, qui obéirait à la logique du devenir.

Si la version de Camus parvient donc, déjà par son style, à créer une sorte d'atmosphère tragique, elle renforce le côté tragique du mythe par la manière dont elle nous présente Sisyphe, en insistant sur sa douleur, sur le destin qui le frappe, et surtout en soulignant sa clairvoyance : *«Si ce mythe est tragique, c'est que son héros est conscient»* (Œ II, p.196). Finalement, en faisant prononcer au personnage de Sisyphe le *«Tout est bien»* d'Œdipe (Œ II, p.197), Camus transforme Sisyphe en une figure complètement tragique. L'emprunt du caractère tragique d'Œdipe suscite cependant quelques doutes concernant le côté tragique de Sisyphe. Pourquoi ce dernier aurait-il besoin des mots prononcés par le roi de Thèbes? Nous y reviendrons plus loin.

Qu'en est-il du soleil dans l'adaptation camusienne du mythe de Sisyphe? D'abord, on peut constater que la notion de soleil sert à accentuer l'amour de Sisyphe pour la vie et son goût de la beauté avant sa punition : *«Quand il* [i.e. : Sisyphe] *eut de nouveau revu le visage de ce monde, goûté l'eau et le soleil, les pierres chaudes et la mer, il ne voulut plus retourner dans l'ombre infernale»* (Œ II, p.195). Nous retrouvons donc ici le soleil comme instance esthétique.

Au moment du supplice par contre, la notion de soleil disparaît et entraîne avec elle toute idée de ciel ou de dieu : *«Tout au bout de ce long effort mesuré par l'espace sans ciel...»* (Œ II, p.196). Mais une fois chassée l'idée de dieu, la notion de soleil réapparaît pour former cet équilibre camusien bien connu : *«Il n'y a pas de soleil sans ombre, et il faut connaître la nuit»* (17). Puisqu'il ne peut plus se référer à un dieu, le soleil s'appropriera une double-connotation : celle d'un paradis perdu et celle de «l'heure de la conscience» : *«Ainsi,* [...] *aveugle qui désire voir et qui sait que la nuit n'a pas de fin, il* [i.e. : Sisyphe] *est toujours en marche»* (Œ II, p.198). On peut conclure que dans l'adaptation camusienne du mythe de Sisyphe, le soleil doit être lu comme substitution

Le soleil comme reste de verticalité

d'un Dieu chassé par la lucidité de Sisyphe, et qu'il comporte une connotation de paradis perdu.

Le mythe de Prométhée occupe, et par sa grande présence et par son rapport au concept de révolte, une place privilégiée dans l'œuvre de Camus. Nous allons nous limiter à deux éléments qui révèlent bien le côté tragique de l'adaptation camusienne : ce sont la thématique de la faute et celle de la prise de conscience du héros.

La thématique de la culpabilité trouve son expression à travers les différentes dégradations de Prométhée. Par le fait qu'il offre toute une palette de variations du mythe, Camus invite à les comparer et à s'interroger sur les différentes dégradations du révolté. Dans *L'Homme révolté*, Camus présente d'abord Prométhée en citant le texte d'Eschyle (*Œ II*, p.438). Puis, subissant des métamorphoses successives à travers les âges, le Prométhée camusien ne se contente plus de vouloir apporter le feu aux hommes, mais mène ces derniers *«à l'assaut du ciel»* (*Œ II*, p.647) et exige de détrôner Dieu. Pour lutter contre la faiblesse des hommes qui préfèrent se contenter du bonheur de l'immédiat, *«Prométhée, à son tour, devient un maître qui enseigne d'abord, commande ensuite»* (*ibid.*). Sur le chemin qui mène à la «Cité du soleil», Prométhée devient le guide, le maître, puis le juge et le bourreau : *«Prométhée, seul, est devenu dieu et règne sur la solitude des hommes. Mais, de Zeus, il n'a conquis que la solitude et la cruauté; il n'est plus Prométhée, il est César»* (*Œ II*, p.647).

Monique Crochet propose de faire aussi le parallèle entre Prométhée et le personnage de Clamence et voit dans ce dernier une autre dégradation possible du révolté :

«Dans l'essai sur la révolte, nous avons vu Prométhée se dégrader en Caïn et en César; [...] Avec *La Chute*, Camus semble avoir voulu étudier une autre possibilité de dégradation du Révolté : un Prométhée habité par la haine de la race humaine et qui, au lieu de montrer aux hommes «à mélanger les baumes, éléments qui

> écartent toute maladie», au lieu de combattre la peste, essaie au contraire de contaminer le monde. [...] Cet égocentrisme évoque bien sûr Narcisse, amoureux de lui-même.» (18)

Caïn, César, Narcisse : par ces dégradations de Prométhée, le mythe est restitué dans un cadre essentiellement tragique, puisque les forces qui s'y combattent sont également légitimes. Car dans la tragédie, chacun des adversaires est justifiable, aucun n'est juste : *«Antigone a raison, mais Créon n'a pas tort»* (*Œ I*, p.1705); et : *«...de même Prométhée est à la fois juste et injuste et Zeus qui l'opprime sans pitié est aussi dans son droit»* (*ibid.*).

Par le fait qu'il montre les dégradations possibles de Prométhée, Camus lui enlève son rôle de victime et souligne par là son caractère tragique. Personne n'ayant absolument raison, il est toujours une limite à ne pas franchir : *«Celui qui, par aveuglement ou par passion, ignore cette limite, court à la catastrophe pour faire triompher un droit qu'il croit avoir seul»* (*Œ I*, p.1705).

Il n'est donc pas davantage étonnant que le mythe de Prométhée, tel qu'il est présenté dans *L'Homme révolté*, débouche sur l'idée de mesure et sur l'évocation de Némésis, y trouvant son contrepoids et sa conclusion. Toutefois, le fait que Prométhée a en quelque sorte besoin d'une représentation de ses formes dégradées pour apparaître dans ce qu'on pourrait appeler la pureté tragique, suscite quelques hésitations concernant la valeur de ce cadre tragique. Nous y reviendrons plus loin.

Quelques lignes avant la présentation des dégradations de Prométhée, on peut lire un passage qui dévoile le côté violent du soleil camusien :

> «[La révolution] s'oblige à tenir responsable tout homme, et jusqu'au plus servile, de ce que la révolte ait existé et existe encore <u>sous le soleil</u>. Dans l'univers du procès, enfin conquis et achevé, <u>un peuple de coupables</u> cheminera sans trêve <u>vers une impossible innocence</u>...» (*Œ II*, p.647, nous soulignons.)

Le soleil comme reste de verticalité

L'accentuation de la culpabilité des hommes sous le soleil fait de ce dernier sinon un collaborateur, du moins un élément essentiellement violent.

Le deuxième élément du mythe prométhéen par lequel Camus souligne le côté tragique du héros, c'est la thématique de la prise de conscience. Dans «Prométhée aux Enfers», Camus utilise la figure mythologique pour l'opposer à «l'homme actuel», opposition qui répond au mot d'ordre exprimé dans l'épigraphe de l'essai (19). Contre cet homme actuel qui ne se soucie que de la technique et du corps, Prométhée se fait avocat de l'art et de l'esprit :

> «Prométhée, lui, est ce héros qui aima assez les hommes pour leur donner en même temps le feu et la liberté, les techniques et les arts. L'humanité, aujourd'hui, n'a besoin et ne se soucie que de techniques. Elle se révolte dans ses machines, elle tient l'art et ce qu'il suppose pour un obstacle et un signe de servitude. Ce qui caractérise Prométhée, au contraire, c'est qu'il ne peut séparer la machine et l'art. Il pense qu'on peut libérer en même temps le corps et les âmes. L'homme actuel croit qu'il faut d'abord libérer le corps, même si l'esprit doit mourir provisoirement.» (*Œ II*, p.841)

Avocat d'un esprit en voie d'extinction, et banni dans un lieu sans issue, Prométhée trouve lui-même un avocat dans la figure du narrateur explicite :

> «...le mythe de Prométhée est un de ceux qui nous rappelleront que toute mutilation de l'homme ne peut être que provisoire et qu'on ne sert rien de l'homme si on ne le sert pas tout en entier. S'il a faim de pain et de bruyère, et s'il est vrai que le pain est le plus nécessaire, apprenons à préserver le souvenir de la bruyère.» (*Œ II*, pp.843-844)

Par cette accentuation du plaidoyer pour l'esprit ainsi que par la métaphore de la bruyère qui se rapporte au mot de Chateaubriand cité quelques pages auparavant (20), le côté conscient et lucide du héros mythique est mis en valeur. Finalement, en faisant conclure l'essai sur des réflexions de réconcililation (21), Camus évoque la conception dionysiaque de la tragédie, à savoir le désir d'union et la réconciliation finale du dieu des Mystères, et situe la figure prométhéenne dans le cadre du tragique.

Relevons que lors de notre analyse des différentes transpositions du mythe de la caverne, nous avons déjà montré que dans le «Prométhée aux enfers» le soleil figure principalement comme symbole d'un paradis perdu.

Contrairement aux personnages de Sisyphe et de Prométhée dont on sait l'importance qu'ils occupent dans l'œuvre de Camus, le mythe d'Orphée et d'Eurydice passe généralement pour secondaire. Il n'empêche que dans ce mythe on retrouve des transpositions semblables à celles que nous venons de présenter, ce qui incite à conclure que ces transpositions ne relèvent pas de l'importance du mythe utilisé, mais d'une conception générale du tragique de la part de Camus. Comme pour les mythes de Sisyphe et de Prométhée, nous nous limitons aux éléments qui introduisent des caractéristiques tragiques dans le texte camusien.

Malgré sa fonction secondaire dans l'œuvre entière de Camus, le mythe d'Orphée joue un rôle considérable dans *La Peste*. Car malgré son caractère grotesque, la scène du «grand duo d'Orphée et d'Eurydice» suscite une prise de conscience de la part des Oranais.

Camus introduit le récit de la représentation par des moyens stylistiques qui accentuent l'importance de cette scène. D'une part, l'évocation de Rambert errant au hasard dans les rues de la ville dans la deuxième partie du roman suggère déjà l'image d'Orphée errant sur les rives du fleuve Strymon. Rambert est, comme le héros mythique, incapable de

Le soleil comme reste de verticalité

supporter l'absence de celle qu'il aime; le rendez-vous avec Gonzalez dans la cathédrale d'Oran, organisé dans le but de fuir la ville et de retrouver sa femme, ressemble à la descente d'Orphée aux Enfers pour réclamer Eurydice (22).

D'autre part, Camus use d'une technique narratologique pour mettre en valeur la représentation d'*Orphée et Eurydice*, puisqu'il fait dire au narrateur que celui-ci a trouvé l'épisode dans le journal de Tarrou : «*Enfin, les pages de Tarrou se terminent sur un récit qui illustre cette conscience singulière [...]. Ce récit restitue à peu près l'atmosphère difficile de cette époque et c'est pourquoi le narrateur y attache de l'importance*» (*Œ I*, p.1381). Ce moyen narratologique renforce le motif de la «*conscience singulière*» (ibid.), puisque le lecteur détient par là une double-fonction de voyeur : il assiste au spectacle en même temps qu'il lui est permis de jeter un coup d'œil dans les pages du journal de Tarrou.

Par l'accentuation du thème de la séparation - Orphée et les Oranais connaissent les mêmes douleurs - et par le renforcement du motif de prise de conscience, on est même tenté de parler ici d'une mise en abyme de la *katharsis*. Toutefois, le côté grotesque de la représentation suscite des doutes concernant l'authenticité de ce cadre tragique.

Pouvons-nous déceler les mêmes attributs du soleil pour le mythe d'Orphée que lors des deux autres mythes analysés plus haut? Juste avant la représentation, on trouve le passage suivant : «*Sous la lumière éblouissante de l'avant-rideau, [...] les silhouettes se détachaient avec précision, passaient d'un rang à l'autre, s'inclinaient avec grâce*» (*Œ I*, p.1381, nous soulignons). Il semble qu'ici la métaphorique de la lumière prépare la prise de conscience des Oranais et que le côté violent de la lumière est présent sous forme d'éblouissement. A la fin de la représentation, la prise de conscience se fait «de terrible façon» :

> «Il [i.e. : le chanteur] choisit ce moment pour avancer vers la rampe d'une façon grotesque, bras et jambes écartés dans son costume à l'antique, et pour s'écrouler au milieu des bergeries du décor qui

n'avaient jamais cessé d'être anachroniques mais qui, aux yeux des spectateurs, le devinrent pour la première fois, et de terrible façon.» (*Œ I*, p.1382, nous soulignons.)

On peut donc dire que le côté violent de la «lumière éblouissante» juste avant la représentation est associé à la «terrible» prise de conscience des Oranais. Quant à la connotation de paradis perdu, elle est maintenue dans la thématique du mythe d'Orphée elle-même.

Le mythe d'Œdipe occupe une assez grande place dans l'œuvre de Camus, bien qu'il ne soit souvent employé qu'à titre d'exemple pour évoquer une situation tragique. Ainsi, à propos de l'œuvre de Kafka (23) et lors de la conférence d'Athènes sur «l'Avenir de la tragédie» (24), Camus renvoie au mythe d'Œdipe pour illustrer ses thèses. Puisque nous n'étudions ici que les transpositions camusiennes des mythes dans un cadre tragique et que le mythe d'Œdipe subsiste sous forme de tragédie dès sa première apparition, contentons-nous de rappeler les remarques de Roger Quilliot (25) : Camus, traitant le texte de Sophocle de manière assez libre, modifiant les mots, donne à la pensée d'Œdipe un contenu plus lucide; en lui faisant prononcer le «Tout est bien» au moment du dénouement, Camus accentue la prise de conscience du héros tragique (26).

Dans la présentation camusienne du mythe d'Œdipe, la métaphorique de la lumière est particulièrement présente : *«"Tout est bien", dit alors Œdipe, et ses yeux sont crevés. Il sait désormais, sans jamais plus voir, sa nuit est une lumière, et sur cette face aux yeux morts resplendit la plus haute leçon de l'univers tragique»* (*Œ I*, p.1708) . Ici encore, la métaphorique de la lumière va de pair avec l'idée de violence. La connotation de paradis perdu est maintenue par le côté irréversible de l'aveuglement.

Le soleil comme reste de verticalité

Il nous reste à nous interroger sur nos doutes lors des différentes transpositions camusiennes des mythes grecs dans un cadre tragique, doutes que nous avons esquissés lors de chaque mythe analysé, mais qui nous irritent surtout à l'égard de l'adaptation du mythe d'Œdipe : pourquoi en effet renforcer le côté tragique dans un mythe qui serait déjà tragique par lui-même? Pourquoi vouloir se montrer plus grec encore que les sources auxquelles on a recours?

Nous pensons qu'il existe deux raisons principales, l'une complétant l'autre. D'une part, il est aisé de voir qu'en insistant sur le côté tragique des mythes grecs, Camus veut redonner du terrain à une pensée de midi qui a été exilée du champ de réflexion par la pensée de minuit. Reléguée au niveau esthétique par l'idéologie allemande, la pensée grecque ne peut recevoir du secours qu'en étant réconfortée à l'intérieur d'elle-même, par une accentuation des éléments tragiques que nous venons de montrer. Le procédé camusien serait alors d'une cohérence remarquable, entamant un jeu d'oppositions se renouvelant sans cesse. D'emblée pénétrée de l'idée du tragique, la lutte entre la pensée de midi et la pensée de minuit se révèle comme conflit ressemblant à celui entre Créon et Antigone; la position de la pensée grecque ne peut être défendue que par l'intérieur, en insistant sur sa propre perspective. Si Créon, représentant de la loi nouvelle, se voit du coup invoqué par la pensée de minuit, Antigone, gardienne de la tradition, représente la pensée de midi.

D'autre part, l'intention camusienne de renforcer le côté tragique des mythes grecs témoigne d'un souci de sauver la tragédie à une époque où les catégories tragiques classiques n'arrivent plus à appréhender les monstruosités du XXe siècle. A ce sujet, les propositions faites par Jeanyves Guérin dans son essai «Le tragique, la tragédie et l'histoire chez Camus» nous semblent être pertinentes :

> «La divinité morte, exilée ou déchue, tout devient une affaire d'hommes. Avec Hegel le cycle de la fatalité ouvert par Eschyle est censé se clore. Le mal s'historise. [...] La rationalisation dialectique de l'histoire prétend abolir le tragique dans un premier

temps, celui de Hegel, elle le relance et l'exacerbe dans un second temps, celui de Staline.» (27)

Ce tragique moderne ne peut plus être appréhendé de façon adéquate par les catégories du tragique classique :

> «On peut évidemment regretter que le *TNP* n'ait pas joué une *Antigone* de Camus dans les années 1950. Ce serait négliger un peu vite que la fable sophocléenne échoue à appréhender le tragique contemporain. L'on verra un signe dans le fait que, malgré son philhellénisme, Camus n'a emprunté aucun sujet de pièce au répertoire grec. En notre triste siècle, la fille d'Œdipe verrait [...] son sort réglé dans quelque bureau. Il y a une différence, qui n'est pas seulement d'échelle, entre *Les Troyennes* d'Euripide et la Shoah. [...] Le tragique contemporain n'est pas seulement terrible, il est aussi banal.» (28)

Cette difficulté, cette impossibilité de refléter d'une manière adéquate les monstruosités de l'époque moderne par des éléments tragiques classiques, se manifeste-t-elle encore à d'autres niveaux des adaptations camusiennes des mythes grecs? Il semble en effet qu'il existe plusieurs incohérences dans la conception camusienne du tragique et que ces incohérences sont liées aux principales thématiques gnostiques que le jeune Camus avait discutées avec tant de ferveur :

Tout d'abord, on peut constater que la conception camusienne du tragique est développée à partir du conflit entre le héros et un ordre divin, *«personnifié dans un dieu ou incarné dans la société»* (Œ I, p.1706). Or dans plusieurs mythes analysés plus haut, l'ordre divin risque d'être complètement bouleversé, sinon d'être dédoublé à la suite du développement camusien : pour le mythe de Prométhée, l'ordre divin est tantôt représenté par Zeus, puis par Prométhée lui-même (pour *L'Homme révolté*), tantôt il est incarné dans la société (pour «Prométhée aux enfers»). Dans *Le Mythe de Sisyphe*, on peut constater qu'un glissement s'opère d'un ordre personnifié dans un dieu vers un ordre réglé par les hommes, sans que la notion du sacré et l'idée d'un châtiment divin soient supprimées :

> «"Je juge que tout est bien", dit Œdipe, et cette parole est sacrée. Elle retentit dans l'univers farouche et limité de l'homme. [...] Elle chasse de ce monde un dieu qui y était entré avec l'insatisfaction et le goût des douleurs inutiles. Elle fait du destin une affaire d'homme, qui doit être réglée entre les hommes.» (*Œ II*, p.197)

Univers limité de l'homme, destin transformé en une affaire d'homme qui doit être réglée entre les hommes : *Le Mythe de Sisyphe* confirme le refus d'un «saut» dans la transcendance et renvoie plutôt à un ordre incarné dans la société qu'à un ordre personnifié dans un dieu. Mais comment concevoir un destin à la manière de l'Anankè antique sans pour autant vouloir garder les dieux de l'Olympe? Cette situation paradoxale de Sisyphe-Œdipe témoigne d'une conception du tragique qui de toute évidence est restée à mi-chemin dans le grand mouvement du tragique occidental que nous présente Jean-Marie Domenach :

> «La tragédie était fermée par le haut [...] Parce que le tragique s'était incarné, et incarné en masse, il ne pouvait plus regagner son ciel. Il fallait qu'il aille au fond de sa réalité terrestre, qu'il dépouille ses derniers prestiges : l'éloquence, la poésie, la musique, qu'il retourne vers le bas, devienne cette infra-tragédie du quotidien, du banal et du dérisoire.» (29)

Chez Camus, point de dépouillement des «derniers prestiges» du tragique : Sisyphe-Œdipe veut chasser de son univers un dieu cruel, certes, mais s'empresse de préserver le châtiment divin. Dieu est chassé, soit, mais le mot paradoxal du dieu chassé ou même du dieu mort ne fait que renforcer le pouvoir de ce dernier. Déjà Nietzsche savait que «la mort n'est jamais chez les dieux qu'un préjugé» (30).

L'allusion à *«nos nuits de Gethsémani»* (31) dans *Le Mythe de Sisyphe* relativise d'ailleurs l'absence de ce dieu d'une manière considérable et nous fait retomber en pleine discussion sur la relation entre le christianisme et la pensée grecque. Ce dieu qui *«était entré* [dans le monde] *avec l'insatisfaction et le goût des douleurs inutiles»* (*Œ II*, p.197), ne ressemble-t-il pas fortement au dieu belliqueux du gnostique Marcion mentionné plus haut? Et le mépris de Sisyphe envers son destin ne fait-il pas penser à la règle de vie que propose Marcion et dont Camus avait souligné *«l'ascétisme d'orgueil»* (*Œ II*, p.1256) dans son *Diplôme d'Etudes Supérieures*?

Nous voilà retombés en pleine théorie gnostique de la médiation entre l'homme et Dieu. S'il est vrai que Camus trouvait irrecevable la théorie gnostique qu'il allait remplacer dans *L'Homme révolté* par son concept de mesure, et si on admet que la parole d'Œdipe prêtée à Sisyphe veuille chasser un dieu pour transformer l'ordre divin en un destin qui serait *«une affaire d'homme, qui doit être réglée entre les hommes»* (*Œ II*, p.1256), il faut arriver à la conclusion suivante :

Le mouvement de rejet d'une transcendance, tel qu'il est représenté dans la figure de Sisyphe, peut être lu comme une première étape vers le concept de mesure, comme une première étape vers ce que plusieurs critiques ont appelé une «transcendance horizontale» (32). Cependant, cette récusation d'une «transcendance verticale» ne peut se passer d'un reste de verticalité dans le cadre du tragique camusien.

Nous pensons que ce reste de verticalité dans le tragique camusien trouve sa forme dans la figure du soleil. Le soleil ne joue-t-il pas un rôle considérable à tous les niveaux du renvoi hellénique, sauf justement pour le sentiment religieux? Le côté noir et violent du soleil traduit particulièrement bien à la fois le caractère cruel du dieu belliqueux et la prise de conscience de la part du sujet. Et le soleil comme symbole d'un paradis perdu, comme lumière vers laquelle il aurait fallu se tourner marque cette nostalgie de l'autre Dieu de Marcion, celui du monde intangible. Notons que cette dualité du soleil traduit assez bien la relation ambiguë que Camus entretient avec le religieux.

Si on admet que l'écriture camusienne reflète une vision moderne et paradoxale du monde dans lequel Dieu est mort, le soleil camusien doit être lu comme substitution incomplète de ce Dieu mort. La mesure camusienne comme symbole d'une transcendance horizontale trouve son contrepoids dans un soleil comme symbole de verticalité.

Nous voilà peut-être au sein même du paradoxe de l'écriture camusienne. La formule nietzschéenne du «Dieu est mort» s'exprime chez Camus par deux conséquences complémentaires; d'une part, on peut dire que le constat du Dieu mort aboutit au concept paradoxal d'une «transcendance horizontale», qui trouve son expression dans la notion de mesure. D'autre part, il faut souligner que le constat paradoxal du «Dieu mort» appelle une substitution de ce Dieu, et chez Camus la substitution du Dieu mort est réalisée par le soleil, fonctionnant comme reste de «verticalité sans transcendance», formule tout aussi paradoxale que celle de «transcendance horizontale».

Précisons que cette formule de «reste de verticalité sans transcendance» ne sert pas seulement à être complémentaire à celle de «transcendance horizontale», mais qu'elle a également pour motif de mettre en valeur la complémentarité entre l'ambiguïté de la figure du soleil et l'obscurité du statut ontologique de la mesure dans l'œuvre camusienne.

Notes :

1. Crochet 1973, pp.106-107.
2. *ibid.*, pp.25-49.
3. Il est question dans *L'Homme révolté* de la «tragédie de l'homme contemporain» (*Œ II*, p.510) et de la «tragédie contemporaine» (*Œ II*, p.683). La catégorie du tragique est également appliquée à Sade, Lautréamont, Tolstoï, Melville, Martin du Gard, Ponge, Dostoïevski, Kafka et Faulkner (cf. Jeanyves Guérin, «Le tragique, la tragédie et l'histoire chez Camus», in : *Camus et le théâtre, Actes du Colloque tenu à Amiens du 31 mai au 2 juin 1988*, Paris 1992, p.160).

4. Nous ne nous référons pas aux éléments dramaturgiques de la tragédie classique, puisqu'il ne s'agit ici pas de pièces de théâtre, mais d'éléments tragiques transférés dans des récits mythologiques.
5. Friedrich Nietzsche, *La Naissance de la tragédie*, Paris 1994; *Die Geburt der Tragödie*, *KSA* (t. I), pp.11-156. Pour l'influence nietzschéenne sur Camus concernant le mythe tragique, cf. Crochet 1972, pp. 31 sq. et Papamalamis 1965, pp. 71 sq. Paul J. Archambault précise cependant qu'au temps de «L'Avenir de la Tragédie», Camus est moins influencé par Nietzsche qu'il n'a assimilé des réflexions de Chestov. Cf. Archambault 1972, pp.88-90. Pour l'influence de Chestov sur Camus, nous nous permettons de renvoyer à Peter Dunwoodie, «Chestov et le *Mythe de Sisyphe*», in : *Cahiers Albert Camus 4* (1971), pp.43-50.
6. Cf. Aristote, *Perì poietikès*, Stuttgart 1982, chapitres 6 à 22.
7. Friedrich Nietzsche, *Götzen-Dämmerung*, Sprüche und Pfeile, *KSA* (t.VI), p.60.
8. *C I*, p.174 et *C II*, p.11.
9. Dans les *Carnets*, Camus relève de longs extraits du *Déclin de l'Occident* (*C I*, pp.91-101). Pour l'influence de Spengler sur Camus, cf. Crochet 1973, pp. 45 sq. et Papamalamis 1965, pp.75 sq.
10. *Le Déclin de l'Occident I*, p.25.
11. *C I*, p.100. Cf. aussi *Œ I*, p.1707.
12. Cf. Crochet 1973, p.46.
13. René Descartes, *Meditationes de prima philosophia*, Paris 1956, pp.58 sq.
14. Immanuel Kant, *Critique de la Raison pure,* B XVI et B XVII.
15. Cf. *Œ II*, commentaires Roger Quillot, p.1413.
16. Il s'agit de l'ouvrage de P. Commelin, *Nouvelle Mythologie grecque*, ainsi que du *Grand Dictionnaire Universel Larousse*. Cf. *Œ II*, commentaires Roger Quillot, p.1451 et 1452. Cf. aussi Archambault 1972, pp.17-19.
17. *Œ II*, p.197. Cf. aussi *Œ I*, p.1707.
18. Crochet 1973, pp.94-95.
19. «Il me semblait qu'il manquait quelque chose à la divinité tant qu'il n'existait rien à lui opposer.»
20. «Vous n'aurez retrouvé ni une feuille des oliviers ni un grain des raisins que j'ai vus dans l'Attique. Je regrette jusqu'à l'herbe de mon temps. Je n'ai pas eu la force de faire vivre une bruyère» (*Œ II*, p.842).

21. «...ne rien séparer ni exclure qui a toujours réconcilié et réconciliera encore le cœur douloureux des hommes et les printemps du monde» (*Œ II*, p.844).
32. Crochet 1973, p.178.
23. Cf. *Œ II, Le Mythe de Sisyphe*, p.203.
24. Cf. *Œ I*, «L'Avenir de la tragédie», p.1705.
25. Cf. *Œ II*, notes de Roger Quillot, p.1452.
26. Cf. *Œ I*, «L'Avenir de la tragédie», p.1706.
27. Jeanyves Guérin, «Le tragique, la tragédie et l'histoire chez Camus», in : *Camus et le théâtre, Actes du colloque tenu à Amiens du 31 mai au 2 juin 1988*, Paris 1992, pp.163 et 166.
28. *ibid.*, p.168.
29. Domenach 1967, p.275.
30. Friedrich Nietzsche, *Ainsi parlait Zarathoustra* (Quatrième partie, La fête de l'âne), p.447.
31. *Œ II*, p.197. Cf. Goldstain 1971, pp.109 et 113; cf. aussi *Œ I*, p.1706.
32. Cf. Raymond Gay-Crosier, «Circularité de l'affirmation négative : les méandres de la *via negationis*», in : *Cahiers Albert Camus 11, Revue des lettres modernes 1982*, p.64; Di Méglio 1982, p.35.

TROISIEME PARTIE :

VERS UNE POETIQUE DE L'ECRITURE CAMUSIENNE

Chapitre premier

La figure du soleil et le motif de la parole difficile

> «Le cimetière dominait la ville et on pouvait voir le beau soleil transparent tomber sur la baie tremblante de lumière, comme une lèvre humide.»
>
> Camus, «L'Ironie»

Après ce double-tour d'horizon plutôt philosophique, entrons à présent complètement dans le champ littéraire. Ce dernier devra livrer les preuves esthétiques et linguistiques corroborant les résultats trouvés dans nos deux premières parties. Comment la relation entre mesure et soleil se manifeste-t-elle au niveau figuratif du texte ainsi que sur les plans du style et de la création artistique? Pouvons-nous localiser, aux niveaux littéraire ou métapoétique, une situation paradoxale analogue à celle que nous venons de trouver? D'après l'analyse du champ sémantique de la mesure camusienne effectuée dans notre première partie, nous espérons trouver, aux alentours des notions de soleil ou de lumière, des images ou des figures rhétoriques qui sont censées représenter une tension, une force impliquant un mouvement d'ouverture spatio-temporelle, une relation d'interdépendance ou un équilibre à établir.

La figure du soleil est presque omniprésente dans l'œuvre de Camus et se rapporte à plusieurs images ou motifs, sans que l'on puisse en déduire une systématique cohérente (1). A part les idées de beauté, d'emprisonnement, de violence, de prise de conscience et de liberté - thèmes déjà traités plus haut - le soleil camusien établit en premier lieu un lien étroit avec les motifs de la mer, de la pierre et du silence. Dans son étude *L'univers symbolique de Camus*, Jean Gassin a mis en évidence l'ambivalence du symbolisme solaire par une lecture psychanalytique (2). Complétons cette lecture en nous consacrant plutôt à des questions stylistiques. Limitons-nous à l'analyse des passages les plus significatifs en essayant de garder l'unité de la phrase, mais sans encore tenir compte ni de la fonction du soleil dans les différents récits, ni de l'évolution de l'œuvre camusienne.

Eléments des forces naturelles, le soleil et la lumière se rapportent souvent à un jeu de froid et de chaleur, de brûlure et de rafraîchissement, provoquant ainsi une prise de conscience de la part du sujet. Cette prise de conscience peut se limiter au champ de la corporalité ou se référer aux thématiques de la mort et de l'angoisse, et placer le sujet dans une situation dite «existentielle».

Normalement, le soleil est associé à la lumière et est opposé à la nuit, à l'ombre, au froid, à la pluie ou à la lune. L'idée d'un soleil noir est également évoquée sur un plan littéraire : *«A certaines heures, la campagne est noire de soleil»* (*Œ II*, p.55). Le lien entre le soleil et la campagne noire ne peut être garanti que par l'idée d'une lumière noire et violente : *«La révélation de cette lumière, si éclatante qu'elle en devient noire et blanche, a d'abord quelque chose de suffocant»* (*Œ II*, p.847). Cette double-face de la lumière relève d'une caractéristique du style camusien, à savoir de l'emploi prédominant de notions contraires ou contradictoires.

Mais la lumière venant du soleil n'est pas automatiquement liée à l'idée de chaleur, car la lumière peut

La figure du soleil et le motif de la parole difficile 187

être froide : *«Une lumière froide, brillante, descendait des puits bleus qui se creusaient dans l'épaisseur des nuages»* (Œ I, p.1567). Cette lumière coupant l'épaisseur des nuages dévoile un côté métallique et renvoie à l'idée de pesanteur («descendait»), tout comme elle comporte un côté liquide («descendait des puits»). On peut constater une inversion du haut et du bas, car les puits bleus sont en haut, dans le ciel, produisant ainsi une métaphore basée sur l'inversion d'une opposition classique.

C'est ainsi que la lumière nous est même présentée sous forme liquide : *«Tombés de la cime du ciel, des flots de soleil rebondissent brutalement sur la campagne autour de nous»* (Œ II, p.861). Notons la double-opposition «lumière-liquide» («soleil»; «flots») et «liquide-dense» («flots»; «rebondissent») ainsi que l'allusion chrétienne au déluge. L'idée de pesanteur («tombés») et celle de violence («brutalement») sont manifestes.

Il faut noter que l'emploi de doubles-oppositions ou d'inversion d'oppositions n'implique pas forcément une image figée, puisque la lumière peut se transformer d'un état à l'autre : *«Dans l'après-midi qui avançait, la lumière se détendait doucement; de cristalline, elle devenait liquide»* (Œ I, p.1570). L'expression «se détendre doucement» implique l'idée d'une tension. Relevons une certaine opposition entre cette tension et l'adverbe «doucement», ce qui souligne le goût de la part de Camus pour les contraires.

L'idée d'une lumière sèche n'est pas absente dans l'univers camusien : *«Pendant des jours, encore, le ciel inaltérable déverserait sa lumière sèche sur l'étendue solitaire où rien ne rappelait l'homme»* (Œ I, p.1615). L'adjectif «inaltérable» possède un côté démesuré. L'expression «déverserait sa lumière sèche» peut être lue comme une métaphore basée sur une inversion de l'opposition «sec/liquide».

Le lien entre le soleil et la mer subsiste sous plusieurs formes. Souvent on peut constater une mise en parallèle des notions de soleil et de mer : *«L'Unité s'exprime ici en termes de soleil et de mer»* (Œ II, p.75). Notons une certaine opposition entre l'idée d'«Unité» dont il est question et la dualité de la paire «soleil-mer», ce qui provoque une impression de tension.

Il faut remarquer qu'il existe aussi l'idée d'un choc violent entre soleil et mer : *«A midi, sous un soleil assourdissant, la mer se soulève à peine, exténuée. Quand elle retombe sur elle-même, elle fait siffler le silence»* (Œ II, pp.880-881). Le soleil paraît être violent et actif («assourdissant»); la mer passive («exténuée»). Mais à vrai dire c'est la mer qui a droit à plus de verbes («se soulever», «retomber sur soi-même»; «faire siffler»), tandis que le soleil, n'ayant droit qu'à un participe présent («assourdissant»), est étrangement absent lors des actions accomplies par la mer.

Le passage suivant présente un silence typiquement camusien et nous amène à l'hypothèse que l'absence du terme «soleil» est tout aussi importante que sa présence dans le texte : *«Sur la mer, c'est le silence énorme de midi»* (Œ II, p.58). Ici, le soleil n'est évoqué que par la notion de midi. L'adjectif «énorme» comme le verbe «siffler» dans le passage cité plus haut ont tendance à rompre le silence.

On peut également trouver un véritable entrelacement du soleil et de la mer, cette fois sans silence : *«Je dormais à demi sous le soleil de deux heures quand un bruit terrible me réveilla. Je vis le soleil au fond de la mer, les vagues régnaient dans le ciel houleux»* (Œ II, p.883). De nouveau, le texte opère par un renversement du haut et du bas. La violence de l'image va de pair avec une prise de conscience du sujet sous forme de réveil.

Elément participant au jeu des autres forces naturelles, le soleil s'inscrit souvent dans un jeu entre horizontalité et verticalité : *«Voyez plutôt : Santa Cruz ciselée dans le roc, les montagnes, la mer plate, le vent violent et le soleil»* (Œ II, p.818). Le côté violent de l'image va de pair avec une remarque didactique («voyez plutôt»), évoquant ainsi l'idée de prise de conscience. Le jeu entre verticalité («les montagnes» et «le soleil») et horizontalité («la mer plate») est encore renforcé par l'idée de croix dans le nom de «Santa Cruz» et par l'idée de ciseaux dans le participe «ciselé».

La figure du soleil et le motif de la parole difficile 189

Lorsque les éléments naturels sont personnifiés, l'aspect violent de l'image est accentué : *«Il* [i.e. le vent] *soufflait depuis une trouée entre les montagnes, loin vers l'est, accourait du fond de l'horizon et venait bondir en cascades parmi les pierres et le soleil»* (Œ II, p.62). Porteur de la chaleur du soleil, le vent s'inscrit à la fois dans l'opposition verticale («pierres-soleil»; «cascades») et dans l'horizontalité («du fond de l'horizon»). Soulignons que l'opposition verticale ainsi que le caractère démesuré des mouvements («accourait»; «bondir en cascades») sont atténués par la mise en parallèle des «pierres» et du «soleil».

Le lien entre soleil et pierres est également décrit à partir de la perspective des pierres : *«Ces lourds galions de roc et de lumière tremblent sur leurs quilles, comme s'ils se préparaient à cingler vers des îles de soleil»* (Œ II, p.832). Insistons sur l'idée de pesanteur («lourds»), sur le mouvement démesuré («cingler»), sur la notion de tremblement ainsi que sur l'expression «îles de soleil» qui fait allusion aux essais de Jean Grenier (3).

Le passage suivant souligne le jeu entre un soleil liquide et les pierres : *«Tombés de la cime du ciel, des flots de soleil rebondissent brutalement sur la campagne autour de nous. Tout se tait devant ce fracas et le Lubéron, là-bas, n'est qu'un énorme bloc de silence que j'écoute sans répit»* (Œ II, p.861). La pesanteur («tombés») et la violence («brutalement») de la lumière liquide établissent une correspondance entre la pierre et le silence.

Dans d'autres passages, le jeu entre le soleil violent et les pierres provoque une vibration ou même un début de musique comparé à un silence qu'on peut écouter : *«Je sens le soleil sur la pierre au-dessus de moi, il frappe, frappe comme un marteau sur toutes les pierres et c'est la musique, la vaste musique de midi, vibration d'air et de pierres sur des centaines de kilomètres [...] comme autrefois j'entends le silence»* (Œ I, p.1584). Relevons de nouveau la pesanteur et la violence du soleil («il frappe»; «comme un marteau») ainsi que le côté démesuré de l'image («toutes les pierres»; «vaste»; «des centaines de kilomètres»).

Manifestement c'est le soleil qui domine le silence camusien, comme par exemple dans le passage suivant : *«Il y a le silence de midi sur la place du Gouvernement. [...] des Arabes vendent [...] des verres de citronnade glacée [...] Leur appel : «Fraîche, fraîche» traverse la place déserte. Après leur cri, le silence retombe sous le soleil»* (Œ II, p.70). La notion de silence est présente avant l'appel des vendeurs et suggère ainsi que le cri fait partie du silence de midi.

Souvent en effet, on peut constater que les bruits ne font que renforcer le silence camusien : *«Sous le soleil massif, dans la ville toujours vide, les deux hommes se dirigeaient vers la maison du juge. Seuls, leurs pas résonnaient dans le silence»* (Œ I, p.1680). Le rythme des pas évoque l'idée de mesure en tant qu'élément rythmique, tandis que les expressions «soleil massif» et «toujours vide» comportent un aspect démesuré. Les deux aspects sont réconciliés dans l'image d'un silence ambigu (4).

Précisons qu'il existe quelquefois une certaine opposition entre le silence et la lumière camusiens : *«Dehors, la lumière, les bruits; ici le silence dans la nuit»* (Œ II, p.26). La triple opposition «dehors-ici, lumière-nuit, bruits-silence» ne subit pas d'entrecroisement ou d'inversion comme dans les passages mentionnés plus haut, mais reste sauvegardée.

A partir de cette première approche, il est possible d'extraire plusieurs images contenant à la fois une forme de mesure et un aspect démesuré, et qui sont censées représenter la mesure camusienne sur le plan figuratif. Ce sont principalement l'idée de pesanteur et de lutte ainsi que les motifs d'équilibre, de vibration, de tension ou de rythme. Limitons-nous à la lecture des passages les plus significatifs.

Les images se référant au corps, au poids ou à la pesanteur sont souvent introduites par la figure du soleil : *«...pour se dorer dans le soleil et rabattus dans une torsion de tous les muscles»* (Œ II, p.57). L'idée de tension présente dans la notion de torsion rappelle l'idée de «démesure dans la mesure» (5). Les notions de corps et de poids ont tendance à

La figure du soleil et le motif de la parole difficile 191

se rapporter déjà à un sens figuré, à savoir à la prise de conscience du sujet : *«...dans le ciel de Djémila, c'est justement un certain poids de vie que je réclame et que j'obtiens»* (Œ II, p.63).

A plusieurs reprises, le soleil lui-même nous est présenté comme poids ou comme centre de gravité : *«[...] Chaque œuvre [...] gravite encore plus près de ce centre, soleil enfoui, où tout doit venir brûler un jour»* (Œ II, p.866); *«un certain poids de soleil»* (Œ II, p.67); *«le soleil lourd»* (Œ I, p.1661). Souvent la notion de poids implique une force démesurée : *«Le ciel était déjà plein de soleil. Il commençait à peser sur la terre et la chaleur augmentait rapidement»* (Œ I, p.1135). Les termes «plein», «augmentaient», «rapidement» témoignent de la puissance du soleil. Le pronom «il» peut de manière égale se référer au ciel (sur le plan grammatical) ou au soleil (sur le plan sémantique, dû à la présence du terme «chaleur»), et provoque ainsi une certaine hésitation dans l'enchaînement phrastique.

Souvent l'idée de mesure est exprimée par des images évoquant un concours, un débat, une lutte ou une confrontation : *«A l'heure où le soleil déborde de tous les coins du ciel, le canoë orange chargé de corps bruns nous ramène dans une course folle»* (Œ II, pp. 69-70). Les notions de «course» et de «corps» se réfèrent plutôt à l'idée de mesure, tandis que le verbe «déborder», l'expression «tous les coins du ciel» ainsi que l'adjectif «fou» se rapportent manifestement à une idée de démesure. La passage en entier peut être lu comme entrelacement des idées de mesure et de démesure.

Relevons la brisure fréquente des oppositions classiques comme le dehors et le dedans : *«Les débats se sont ouverts avec, au-dehors, tout le plein du soleil»* (Œ I, p.1184). La lumière vient briser l'opposition «dehors-dedans», le participe «ouvert» laissant entrer la violence du soleil qui vient se greffer sur le débat judiciaire à l'intérieur de la maison.

Une autre image fréquente pour exprimer la mesure camusienne est celle de balancement ou d'équilibre : *«Sous le soleil du matin, un grand bonheur se balance dans l'espace»* (Œ II, p.57). L'idée de mesure est évidente, tandis que celle de démesure est à la limite représentée dans l'adjectif «grand». Cet équilibre a souvent tendance à être rompu : *«Il est midi, le jour lui-même est en balance»* (*Œ II*, p.831). L'accentuation par le pronom «lui-même» évoque l'idée de tension et met en lumière la fragilité de l'équilibre.

Cette fragilité est encore renforcée dans un autre passage : *«Lorsque je suis allé à Djémila, il y avait du vent et du soleil, mais c'est une autre histoire. Ce qu'il faut dire d'abord, c'est qu'il y régnait un grand silence lourd et sans fêlure - quelque chose comme l'équilibre d'une balance»* (*Œ II*, p.61). L'idée de fragilité est exprimée doublement, à savoir par l'expression «quelque chose comme» et par la double évocation de l'idée d'équilibre dans les notions «équilibre» et «balance». Relevons de nouveau l'adjectif «grand» ainsi que l'idée de poids («lourd») qui évoquent une certaine force ou puissance, également présente dans le verbe «régner».

D'autres images fréquentes pour exprimer l'entrelacement des idées de mesure et de démesure ont recours au registre musical ou évoquent l'idée de vibration : *«Du ciel, frais comme un œil, lavé et relavé par les eaux, réduit par ces lessives successives à sa trame la plus fine et la plus claire, descendait une lumière vibrante»* (*Œ II*, p.872). Insistons sur le côté liquide de la lumière; l'emploi du superlatif et la répétition («lavé et relavé»; «successives») contiennent un aspect démesuré; l'opposition entre les deux états (liquide-aérien) est relevée dans le phénomène de vibration.

Le passage suivant met en scène tout un jeu entre les idées de mesure et de démesure et permet de mettre en valeur une série de caractéristiques stylistiques de l'écriture camusienne :

> «A mesure qu'ils montaient, l'espace s'élargissait et ils s'élevaient dans une lumière de plus en plus vaste, froide et sèche, où chaque bruit de l'oasis leur parvenait avec une pureté distincte. L'air illuminé semblait vibrer autour d'eux, d'une vibration de plus en plus longue à mesure qu'ils progressaient, comme si leur passage faisait naître sur le cristal de la lumière une onde sonore

qui allait s'élargissant. Et au moment où, parvenus sur la terasse, leur regard se perdit d'un coup au-delà de la palmeraie, dans l'horizon immense, il sembla à Janine que le ciel entier retentissait d'une seule note éclatante et brève dont les échos peu à peu remplirent l'espace au-dessus d'elle, puis se turent subitement pour la laisser silencieuse devant l'étendue sans limites.» (*Œ I*, p.1569)

Les idées de mesure et de démesure sont également présentes. Le passage joue sur le registre de la vue comme sur celui de l'ouïe, le phénomène de vibration étant employé pour décrire le paysage et pour rendre justice à «l'onde sonore». On peut observer un certain flottement sur le plan temporel et sur le plan spatial, ce qui est encore renforcé par la reprise de termes ou même de plusieurs expressions. Des expressions évoquant une évolution continue dans le temps sont confrontées à des expressions marquant une soudaine irruption. Sur le plan spatial, le passage suggère un élargissement de l'angle de vue ainsi qu'une continuelle élévation, soudain bloquée par l'expression «l'espace au-dessus d'elle», venant clore le mouvement d'agrandissement pour se recueillir et se renfermer sur le sujet spectateur. Notons finalement l'entrelacement de plusieurs «comparaisons non motivées» (6), dû à l'emploi du verbe «sembler» et de l'expression «comme si» au sein d'une seule phrase.

Le passage entier est régi par l'idée d'une vibration qui peut se détendre dans le silence et l'espace ouvert. Par son caractère musical, cette idéee de vibration rappelle la sentence héraclitienne de l'«harmonie incessante tels que l'arc et la lyre», ou encore l'image de l'arc tendu à la fin de *L'Homme révolté*.

L'idée de vibration va souvent de pair avec une superposition de différentes vitesses : «*La neige fondait de plus en plus vite, le soleil pompait aussitôt les flaques, nettoyait à toute allure le plateau qui, peu à peu, devenait sec et vibrait comme l'air lui-même*» (*Œ I*, p.1622). De nouveau, on peut constater un entrelacement d'idées de mesure et de démesure. Soulignons l'opposition entre les expressions de vitesse («de plus en plus vite»; «aussitôt»; «à toute allure») et une certaine lenteur de la réaction du plateau («peu à peu»). La fusion du soleil et de l'air s'effectue par une vibration qui réconcilie les différentes vitesses des mouvements.

A part l'idée de mesure rythmique ou de vibration, on peut trouver des images impliquant une idée de tension : *«Et là, dans cette maison blanche, entre ces murs que le soleil brûlait au-dehors avec application, le visage tendu, la mémoire exténuée, oui, j'ai essayé de prier le fétiche»* (Œ I, p.1586). Relevons l'opposition «dehors-dedans» ainsi que celle entre la tension du visage et l'exténuement de la mémoire, formant par là une tension au deuxième degré.

Quand l'image exprimant une tension ne trouve pas de moyen d'être relevée par une image de détente ou de vibration, il se peut que la tension se prolonge, au point de se recueillir dans l'immobilité et dans le silence : *«...à ce fugitif instant, peut-être, où elle rouvrit les yeux sur le ciel soudain immobile, et sur ses flots de lumière figée, pendant que les voix qui montaient de la ville arabe se taisaient brusquement»* (Œ I, p.1570). Notons le jeu d'oppositions et d'oxymores, puisque l'image des «flots de lumière figée» est construite à partir de la double-opposition «lumière-liquide» et «liquide-cristallisé».

Poursuivons notre lecture en partant des idées de tension, de vacillation ou de tremblement trouvées plus haut. Il faut noter que ces motifs sont presque omniprésents dans l'œuvre littéraire camusienne et qu'ils occupent déjà une grande place dans *L'Envers et l'Endroit* (7). On peut observer que ces phénomènes, présents à un niveau figuratif tout comme sur le plan stylistique du texte, ne vont pas seulement de pair avec le motif du silence, mais aussi avec celui de la parole difficile.

De manière générale, on peut affirmer que cette thématique de la parole difficile s'étend sur toute l'œuvre camusienne, mais il faut également relever que cette thématique est en rapport avec la figure du soleil, comme par

La figure du soleil et le motif de la parole difficile   195

exemple dans la phrase suivante : «*Comment alors ne pas s'identifier à ce dialogue de la pierre et de la chair à la mesure du soleil et des saisons?*» (*Œ II*, p.69). A première vue, cette question semble n'être qu'une question rhétorique, puisqu'il n'est apparemment rien de plus simple que de s'identifier à ce dialogue dont la mesure du soleil et des saisons garantit la participation. Seulement, il est permis de se demander s'il ne s'agit pas ici d'une mesure ambiguë, car elle est à la fois celle du soleil et celle des saisons (8). Puisque la dualité «pierre-chair» s'oppose à l'idée d'unité exprimée dans le verbe «s'identifier», le dialogue auquel le sujet voudrait ou devrait s'identifier devient problématique.

A vrai dire, on doit même constater que ledit «dialogue de la pierre et de la chair» est une forme de communication difficile sinon impossible à concevoir et qu'il pose le problème de l'insuffisance du langage. Il se trouve que le soleil au sens figuré - en apparence garant de la communication - est en étroite correspondance avec cette problématique de la parole : «*Mais, en même temps, entrait en moi <u>avec le soleil</u> quelque chose que je saurais <u>mal dire</u>. A cette extrême pointe de l'extrême conscience, tout se rejoignait et ma vie m'apparaissait comme un bloc à rejeter ou à recevoir*» (*Œ II*, p.39, nous soulignons). Les paires «extrême pointe - extrême conscience» et «à rejeter - à recevoir» qui sont opposées à une image d'unité («tout se rejoignait») soulignent le caractère problématique de la situation. Relevons également l'entrelacement des structures basées sur l'opposition «dedans-dehors» : tandis que «quelque chose» est situé dans le sujet («entrait en moi»), la vie est présentée comme étant hors du sujet («comme un bloc») (9).

On peut en effet affirmer que la thématique de la parole difficile est une constante dans l'œuvre camusienne et que la figure du soleil détient une fonction ambivalente dans cette thématique, indépendamment de l'évolution de l'œuvre. Examinons à présent de plus près cette thématique de la parole difficile, en essayant de tenir compte de l'évolution de l'œuvre camusienne ainsi que des fonctions du soleil dans les différents récits.

Il faut noter que le *topos* de la parole difficile est déjà présent dans *L'Envers et l'Endroit*. Dans «L'Ironie» par exemple, les trois histoires racontées abondent de motifs faisant allusion à l'absence de communication (10). Cette problématique de la parole se condense en quelque sorte dans la métaphore de la lèvre humide vers la fin de du récit : «*Dans le bleu du ciel, on pouvait voir le beau soleil transparent tomber sur la baie tremblante de lumière, comme une lèvre humide*» (*Œ II*, p.22). Alors que le soleil fait vibrer la lèvre humide, celle-ci reste muette. L'approche psychanalytique a interprété cette image comme «projection du bon objet incestueux» (11) et est également arrivée à la thématique de la parole difficile, mais sans se consacrer au motif de tremblement, motif déjà important dans *L'Envers et l'Endroit* (12).

A ce sujet, il est intéressant de constater que les trois histoires de «L'Ironie» se terminent sur des images qui jouent sur des oppositions classiques, et on peut observer une accentuation des oppositions d'une histoire à l'autre. Les images à la fin de chaque histoire insinuent que le *topos* de la parole difficile va de pair avec une difficulté du libre passage entre le haut et le bas ou le dedans et le dehors :

> «Les autres étaient déjà dans la rue. Un tenace remords travaillait le jeune homme. Il leva les yeux vers la fenêtre éclairée, gros œil mort dans la maison silencieuse. L'œil se ferma. La fille de la vieille femme malade dit au jeune homme : "Elle éteint toujours la lumière quand elle est seule. Elle aime rester dans le noir."» (*Œ II*, p.17)

Dedans, c'est le silence; dehors l'explication gratuite. La correspondance entre le dedans et le dehors est maintenue par la métaphorique de la lumière et par le registre du regard, car le geste du jeune homme qui se trouve dehors («il leva les yeux») est suivi par l'extinction de la lumière dans la maison

La figure du soleil et le motif de la parole difficile   197

(«l'œil se ferma»). La fin de la deuxième histoire de «L'Ironie» est également régie par un jeu des regards et par l'opposition «dedans-dehors» :

> «Le vieux ferma les yeux. Devant la vie qui emportait les grondements de la ville et le sourire niais indifférent du ciel, il était seul, désemparé, nu, mort déjà.
> Est-il nécessaire de décrire le revers de cette médaille? On se doute que dans une pièce sale et obscure la vieille servait la table - que le dîner prêt, elle s'assit, regarda l'heure, attendit encore, et se mit à manger avec appétit. Elle pensait : "Il a la lune." Tout était dit.» (*Œ II*, p.20)

Dehors, c'est le silence du mari; dedans, l'explication gauche de la femme. La problématique de la parole va de pair avec une accentuation du registre de la vue («le vieux ferma les yeux»; «[la vieille] regarda l'heure») ainsi qu'avec l'opposition «dehors-dedans», cette fois-ci inversée par rapport à la première histoire.

La troisième histoire se termine également sur le registre de la vue et sur la problématique de la parole, mais cette fois avec une opposition «haut-bas» : *«Dans le bleu du ciel, on devinait le froid tout pailleté de jaune. Le cimetière dominait la ville et on pouvait voir le beau soleil transparent tomber sur la baie tremblante de lumière, comme une lèvre humide»* (*Œ II*, p.22). En haut le cimetière; en bas la ville. Plus bas encore c'est le tremblement de la baie muette. Puisque l'axe «cimetière-ville» est régi par le phénomène de domination («le cimetière dominait la ville»), on peut émettre l'hypothèse que le tremblement de la baie respectivement celui de la lèvre humide vont de pair avec le caractère dominant du soleil.

Si on admet que la métaphore du tremblement de la lèvre humide est à considérer comme symbole d'une parole difficile, on peut affirmer que celle-ci se trouve en étroite correspondance avec la puissance de la figure du soleil. Notons cependant que le côté dominant du soleil, évoqué par l'accentuation de l'axe vertical, est atténué par le caractère paisible de l'image.

Dans les *Noces*, le *topos* de la parole difficile est peut-être moins important (13), mais il ne s'efface que pour faire place à la problématique de la juste mesure sur le plan de la prise de conscience et de la temporalité. En revanche, on peut trouver maints passages qui thématisent le problème de la juste désignation : *«Je décris et je dis : "Voilà qui est rouge, qui est bleu, qui est vert. Ceci est la mer, la montagne, les fleurs"»* (*Œ II*, p.57). Camus évoque ici un langage transparent, adamique, se suffisant à lui-même. Le manque de parallélisme dans l'énumération des adjectifs de couleur et des substantifs montre cependant que ce langage adamique reste bien un projet utopique sinon témoigne d'une nostalgie d'un paradis perdu, d'autant plus que Camus continue par une *praeteritio*, à savoir par la récusation de la tradition hellénique :

> «Et qu'ai-je besoin de <u>parler</u> de Dionysos pour dire que j'aime écraser les boules de lentisques sous mon nez? Est-il même à Déméter <u>ce vieil hymne</u> à quoi plus tard je songerai sans contrainte : "Heureux celui des vivants sur la terre qui a vu ces choses." Voir, et voir sur cette terre, comment oublier la leçon? Aux mystères d'Eleusis, il suffisait de contempler.» (*Œ II*, p.57, nous soulignons.)

La récusation de la tradition hellénique se trouve transformée en une invocation d'un temps dont le narrateur sait bien qu'il est passé (l'emploi de l'imparfait dans «il suffisait de contempler»). Et Camus de continuer : *«Ici même, je sais que jamais je ne m'approcherai assez du monde»* (*Œ II*, p.57). Dans le contexte d'une évocation du monde hellénique, nous traduisons : *Je sais que jamais je ne m'approcherai assez du monde grec*. Dans le contexte d'une thématique de la parole, la phrase citée renvoie au problème de la juste désignation : *Je sais que jamais je ne trouverai le mot juste*. Suit un rituel d'auto-purification de la part du narrateur, comme si celui-ci voulait se laver de son incapacité de «trouver le mot juste» :

La figure du soleil et le motif de la parole difficile 199

> «Il me faut être nu et puis plonger dans la mer, encore tout parfumé des essences de la terre, laver celles-ci dans celles-là, et nouer sur ma peau l'étreinte pour laquelle soupirent <u>lèvres à lèvres</u> depuis si longtemps la terre et la mer.» (*Œ II*, p.57, nous soulignons.)

Voilà de nouveau l'image de la lèvre humide, accompagnée des notions de nœud, d'étreinte et de soupir, motifs faisant partie du registre oral déjà présent dans *L'Envers et l'Endroit*.

Notons que l'évocation d'un langage adamique, transposé dans le passé et accompagné d'un registre oral, se trouve également dans «Le Vent à Djémila» :

> «Creusé par le milieu, les yeux brûlés, les lèvres craquantes, ma peau se desséchait jusqu'à ne plus être mienne. Par elle, <u>auparavant, je déchiffrais l'écriture du monde</u>. Il y <u>traçait les signes</u> de sa tendresse ou de sa colère, la réchauffant de son <u>souffle</u> d'été ou la <u>mordant de ses dents</u> de givre.» (*Œ II*, p.62, nous soulignons.)

Soumis aux forces naturelles, le sujet subit de nouveau un rituel d'auto-purification et se transforme en pierre :

> «Comme le galet verni par les marées, j'étais poli par le vent, usé jusqu'à l'âme. J'étais un peu de cette force selon laquelle je flottais, puis beaucoup, puis elle enfin, confondant les battements de mon sang et les grands coups sonores de ce cœur partout présent de la nature. Le vent me façonnait à l'image de l'ardente nudité qui m'entourait. Et sa fugitive étreinte me donnait, pierre parmi les pierres, la solitude d'une colonne ou d'un olivier dans le ciel d'été.
> Ce bain violent de soleil et de vent épuisait toutes mes forces de vie.» (*Œ II*, p.62)

Comme la dernière ligne de cette citation le suggère, le rituel d'auto-purification et le phénomène de pétrification de la part du sujet semblent être en étroite correspondance avec la violence du soleil.

L'ambiguïté et la richesse de *L'Etranger* ont été mises en lumière par beaucoup de critiques (14), et parmi les tentatives d'expliquer cette ambiguïté, il faut relever celles qui ont fait le parallèle avec la problématique de la parole. Ainsi Brian T. Fitch s'est consacré à l'analyse de l'«opacité» du discours de Camus-Meursault (15) :

> «La complexité de *L'Etranger* tient du fait que l'ambiguïté existe à plusieurs niveaux de l'œuvre. Par exemple, elle se situe à la fois au niveau des paroles du narrateur et à celui des paroles et du comportement du héros. Le langage du livre remplit la fonction d'un écran trouble qui ne laisse transpercer aucune image nette et précise. Un style qui paraît, à première vue, d'une transparence parfaite que les premiers critiques (cf. Sartre) devaient attribuer à l'esprit même de Meursault, finit paradoxalement par devenir opaque de par sa transparence même. Car il est transparent parce qu'il a été vidé de tout contenu psychique, de toute résonnance émotive et personnelle. Ainsi, pour celui qui cherche à en pénétrer le sens, il revêt une opacité déconcertante.»

Dans «Les paradoxes du discours dans *L'Etranger*», André Abbou a poussé plus loin l'analyse, sans pourtant s'interroger sur un éventuel lien entre ces paradoxes du discours et le rôle ambivalent du soleil camusien. Il parle d'«interférence des isotopies potentielles du message», d'«ambiguïté ou insignification des mots»; d'un «refus d'entrer dans les pièges d'un langage socialisé, aliéné»; il constate que «les perspectives temporelles sont obscurcies par l'emploi prédominant et déréglé du passé composé» et que «les relations logiques semblent [...] plongées dans l'obscurité» (16).

Cette «opacité du discours» n'est-elle pas en étroite corrélation avec le rôle ambigu du soleil dans ce roman? Car comme nous avons déjà eu l'occasion de le constater, le soleil peut à la fois être considéré comme ultime instance légitimant ou expliquant tout acte commis, et comme principe violent auquel le sujet est soumis. Or cette double-face du soleil oscillant entre les deux interprétations va de pair avec un changement de style de la première partie du roman à la deuxième, analysé de plus près par Brian T. Fitch :

> «La description surtout visuelle du personnage qui occupait les cinq premiers chapitres tenait le lecteur à distance. Même le ton de voix narratif qui lui aurait permis normalement de s'approcher de Meursault rejetait toute complicité de la part du lecteur par son impersonnalité passive qui réduisait toute observation soit sur ses actes soit sur ses pensées à de simples constatations. Du coup, toute distance est abolie : l'expérience de Meursault et celle fournie par la lecture de son récit devient une. [...] Le lecteur seul comprendra et approuvera l'explication qu[e] [...] donnera Meursault [du crime] : *"C'était à cause du soleil."*» (17)

Il se trouve que le seuil de ce changement de style de la première à la deuxième partie du roman, c'est bien le moment de la scène du meurtre sous un soleil omniprésent. En adoptant la perspective de Meursault, on peut donc conclure que le soleil n'est pas seulement responsable du meurtre, mais également de l'opacité du discours de Camus-Meursault : à l'explication du meurtre donné par Meursault (*«C'était à cause du soleil»*, Œ I, p.1198), les juges ne peuvent en effet rien ajouter.

Dans *La Peste*, la thématique du manque de communication est tout aussi présente que celles de la solidarité et de la révolte (18). Les thèmes du mal et de la solidarité étant accentués par le fait que les Oranais sont emprisonnés dans leur ville (19), l'impossibilité d'un libre passage entre le dedans et le dehors de la ville se rapporte également au problème de communication, dont la singularité des lettres écrites par les Oranais n'est qu'un des nombreux indices (20).

Mais il faut noter que le *topos* de la parole difficile vaut également à l'intérieur de la ville. Cottard, par exemple, nous est décrit comme un homme silencieux, et l'une des principales caractéristiques de l'écrivain Grand est qu'il *«ne trouvait pas ses mots»* (Œ I, p.1254). On peut constater que cette «perte de mots», décrite de façon parodique dans le cas de Grand, se prolonge aussi de manière ironique à un degré auto-référentiel :

> «"Comprenez bien, docteur. A la rigueur, c'est assez facile de choisir entre *mais* et *et* . C'est déjà plus difficile d'opter entre *et* et *puis*. La difficulté grandit avec *puis* et *ensuite*. Mais assurément, ce qu'il y a de plus difficile c'est de savoir s'il faut mettre *et* ou s'il ne faut pas.
> - Oui, dit Rieux, je comprends."
> Et il se remit en route.» (Œ I, p.1303, nous soulignons.)

La problématique du langage semble être en étroit rapport avec l'emploi de la métaphorique de la lumière (21), puisque l'isolement de la ville prisonnière du ciel va de pair avec un soleil violent (22). Remarquons que cet isolement peut être lu comme un état prédécesseur de la ville de sel dans «Le Renégat» (23). Notons également que la scène de la mort de la femme de Rieux oppose la beauté du soleil à l'atmosphère dysphorique de la situation et qu'elle fait penser à la scène d'enterrement dans «L'Ironie». Finalement, soulignons l'emploi de la métaphorique de lumière pour l'idée de lucidité dans le premier prêche de Paneloux ainsi que l'importance du registre du regard, motifs qui ne sont pas sans

La figure du soleil et le motif de la parole difficile 203

rappeler le mythe d'Œdipe : *«Je suis dans la nuit, et j'essaie d'y voir clair»* (Œ I, p.1320).

Dans «Structure actantielle et inversion dans *La Peste*», Roland Le Huenen et Paul Perron se consacrent à l'hypothèse «postulant une certaine parenté entre *La Peste* et le mythe de la Caverne» (24). Partant du cas de Rambert et de «son expérience de l'ombre» (25), ils viennent à la conclusion que «de Platon à Camus se produit une inversion. [...] les Vérités de l'un deviennent les Illusions de l'autre et inversement. En d'autres termes si le modèle reste identique dans sa forme globale, du mythe au roman son contenu sémantique se déplace au point de se retourner» (26).

En adoptant cette perspective, on peut affirmer que le soleil n'est plus censé représenter l'idée du juste comme c'est encore le cas chez Platon, mais qu'il se retourne en symbole de l'absence du juste. Nous nous permettons de poser la question de savoir si alors la figure du soleil est encore à considérer comme garant de l'*épistémè* et *a fortiori* du fonctionnement du langage, ou si inversement elle ne doit pas plutôt être lue comme symbole de l'insuffisance du langage. Notons que dans une certaine mesure, une telle lecture qui met l'accent sur la problématique de la parole rejoint également l'interprétation de Roland Barthes qui trouve la morale de *La Peste* insuffisante, en constatant que «la Peste est destin, mais sous ses coups, les hommes d'Oran retiennent leurs cris : ce sont tous des silencieux» (27).

Dans *L'Exil et le Royaume* comme dans *La Chute*, la problématique de la parole est omniprésente et se trouve en étroit rapport avec les thèmes de la solitude et de la solidarité, avec le dilemme entre la fidélité à soi-même et celle à autrui. On peut constater que la métaphorique de la lumière détient une fonction ambivalente face à cette thématique.

Dans «La Femme adultère» par exemple, le problème de communication est manifeste (28). Le manque de compréhension langagière trouve son expression dans une sorte de mise en abyme : «*...un troupeau de dromadaires* *immobiles [...] formaient sur le sol gris les signes sombres d'une étrange écriture dont il fallait déchiffrer le sens»* (*Œ I*, p.1569). La nouvelle se termine sur une situation où règnent l'incompréhension (*«Il parla et elle ne comprit pas ce qu'il disait»*, *Œ I*, p.1575) et la possibilité du non-dit dans l'acte de dire (*«Ce n'est rien, mon chéri, disait-elle, ce n'est rien»*, *Œ I*, p.1569).

La successive prise de conscience de la part de l'héroïne est garantie par le soleil. Car au début de l'histoire, c'est la lumière du soleil qui permet à Janine d'observer son mari, les autres voyageurs et le vol de la mouche; et plus loin dans le récit, Janine s'écarte même *«pour ne pas intercepter la lumière»* (*Œ I*, p.1566). Ce n'est que dans la nuit et sous le ciel étoilé que Janine parvient à entrer dans une sorte de communion et d'extase mystiques et érotiques, sans pourtant pouvoir accéder à une communication langagière. Lorsque Janine retourne dans la chambre de son mari et que celui-ci allume la lumière *«qui la gifla en plein visage»* (*Œ I*, p.1575), le problème de communication resurgit de nouveau.

Si on admet que dans ce récit le soleil représente le savoir de l'insuffisance du langage et que la lumière de la nuit peut être considérée comme symbole d'un langage adamique perdu à jamais, la lumière artificielle de la lampe électrique symbolise l'échec effectif dans la tentative de communication.

Entièrement régi par un jeu entre le dehors et le dedans, «Le Renégat» présente le paradoxe d'un esclave bavard à qui on a coupé la langue (29). L'assimilation du soleil violent à un registre métallique nous incite à voir dans ce récit non seulement une variation du thème de la castration, mais aussi la présentation paradoxale d'une castration langagière, racontée par celui qui subit le châtiment. Or cette situation paradoxale du héros est renforcée par l'emploi ambivalent du registre solaire, à savoir par un constant va-et-vient entre un sens métaphorique (30) et un sens littéral (31) du terme de soleil. Celui-ci se révèle ainsi comme complice sinon comme responsable du discours confus et fanatique du renégat.

«Les Muets» expose déjà par son titre la thématique d'une parole difficile. De nombreux passages (32) décrivent la difficulté de communication entre les employés et leur patron, mais aussi entre les employés eux-mêmes, et une grande partie du récit est conçue comme jeu entre le bruit des scies et le silence des travailleurs.

Le rapport de la problématique de la parole à la métaphorique de la lumière est d'une part garanti par un soleil figurant comme symbole d'un paradis perdu (*«Le soleil avait beau briller, la mer ne promettait plus rien»*, Œ I, p.1600), et d'autre part par le feu de copeaux et le luisement des lames métalliques des scies, associés à l'accident de l'enfant (33).

«L'Hôte» est régi par les thèmes de malentendu, d'incompréhension et d'actes qui ne sont assumés que partiellement par les différents personnages. Bien qu'une bonne partie du récit soit conçue sous forme de dialogue, il existe plusieurs passages qui mettent l'accent sur le manque de communication (34).

On peut observer deux emplois du motif du soleil bien distincts, un premier à l'indicatif, exprimant le pouvoir d'observation de la part de Daru et au cours duquel le côté tendre du soleil et la fraîcheur de la lumière ne sont pas absents (35), et un deuxième au conditionnel, exprimant la connaissance et le savoir de la part de Daru et soulignant le côté violent du soleil (36). Puisque la fin du récit met en évidence l'aspect solitaire de l'existence de Daru, le côté violent du soleil est bien réel et peut être lu comme source de la situation solitaire du personnage principal, tandis que le côté tendre du soleil et la fraîcheur de la lumière renvoient à un monde irréel et transforment ainsi le soleil en symbole d'un règne de la nostalgie.

Dans «Jonas», Camus expose le problème de la création artistique et de la juste désignation, ainsi que les contraintes sociales du métier d'artiste : «Il était difficile de peindre le monde et les hommes et, en même temps, de vivre avec eux» (Œ I, p.1642). A la fin du récit, la paradoxalité de cette thématique est encore poussée plus loin : «*Jonas avait seulement écrit [...] un mot qu'on pouvait déchiffrer, mais dont on ne savait qu'il fallait lire solitaire ou solidaire»* (Œ I, p.1654). On trouve plusieurs passages qui témoignent d'un manque de communication (37).

Le rapport à la métaphorique de la lumière est moins manifeste dans cette nouvelle; cependant le récit met en évidence le côté symbolique de «l'étoile brillante» invoquée par Jonas. Car la plateforme construite en haut de l'appartement et avec sa lumière artificielle fait une fois de plus penser au mythe de la caverne, qui cette fois est parodié de manière considérable, puisque «solaire» est le dénominateur commun inscrit dans les deux mots «solidaire» et «solitaire» que Jonas peint sur la toile. Il faut conclure que «l'étoile brillante» de Jonas figure comme symbole de *«ces pensées qu'il ne pouvait pas dire, à jamais silencieuses»* (Œ I, p.1654).

«La Pierre qui pousse» peut être lu comme récit qui thématise les problèmes de la promesse rompue et de la solidarité, la nouvelle faisant allusion au reniement de Saint-Pierre (le nom «coq», l'importance de la pierre, la description de la procession avec l'effigie du bon Jésus, la tête couverte d'épines). Le récit abonde en passages où le dialogue entre le monde de l'Europe et celui du Brésil est présenté comme difficile (38).

L'importance de la métaphorique de la lumière semble être évidente, puisque le soleil, le clignotement des phares, les bougies lors de la fête, et le feu au quartier du fleuve sont en étroit rapport avec le problème de communication entre les deux cultures. Si la lumière des phares des voitures fait partie du royaume de l'Europe, celle des bougies renvoie au monde du Brésil. Dans cette perspective, on peut affirmer que le soleil se réfère à l'acte de prise de conscience (49) et qu'il témoigne de la difficulté du passage d'une culture à l'autre.

Complètement construit sous forme de monologue, *La Chute* confronte le lecteur au problème de la sincérité, de la véracité du discours : *«Non, je ne plaisante qu'à moitié. Je sais ce que vous pensez : il est bien difficile de démêler le vrai du faux dans ce que je raconte. Je confesse que vous avez raison»* (Œ I, p.1537). Bien que le récit a pour cadre les ténèbres de la «pensée de minuit», la figure du soleil est

La figure du soleil et le motif de la parole difficile

présente dans le souvenir du narrateur et peut être lue comme symbole d'un paradis et d'un langage adamique perdus : *«Nous avons perdu la lumière»* (*Œ I*, p.1550).

Essayons à présent de résumer notre lecture. On peut affirmer que la thématique de la parole difficile est une constante dans l'œuvre camusienne et que la métaphorique de la lumière détient une fonction ambivalente dans cette thématique, indépendamment de l'évolution de l'œuvre. Les phénomènes de tremblement ou de tension présentés plus haut sont étroitement liés à la problématique de la juste parole, puisque l'oscillation et la vibration auxquelles le sujet est soumis sont en grande partie régies par l'absence de parole. On pourrait dire que ces images témoignent d'un état où le sujet aimerait ou devrait parler, mais où il n'arrive pas à s'exprimer comme il voudrait. Comme nous avons essayé de le montrer à titre d'exemple pour «L'Ironie», cette difficulté à s'exprimer semble être en rapport étroit avec le côté dominant de la figure du soleil. On peut se demander si ces résultats trouvent également leur reflet au niveau métapoétique. Ce sera le sujet du chapitre suivant.

Notes :

1. Cf. Bethany Ladimer, «Pour une sémiotique de l'œuvre de Camus», in : *Cahiers Albert Camus 10, Revue des Lettres modernes (1982)*, pp.7-27.
2. Jean Gassin, *L'univers symbolique de Camus. Essai d'interprétation psychanalytique*, Paris 1980, p.24 : «Qui pourtant plus que Meursault recherche le soleil? Nous voici enfermés dans une contradiction. Pour la résoudre, il nous faudra souligner l'ambiguïté du symbolisme solaire.»
3. «Les Iles fortunées», in : *La nouvelle Revue française 223*, avril 1932, pp.665-671; et *Les Iles*, Paris 1959, œuvre pour laquelle Camus a écrit la préface.
4. L'idée de résonnement des pas renvoie à toute une série d'images dans *L'Envers et l'Endroit* :«Il allait maintenant, dans le doux entêtement de

son pas.» (*Œ II*, p.19); «Des pas bruissaient et des portes grinçaient.» (*Œ II*, p.26); «...mon pas solitaire faisait résonner les rues.» (*Œ II*, p.33); «J'avance d'un pas lent.» (*Œ II*, p.39); «...je [...] n'étais plus que le son de mes pas...» (*Œ II*, p.43).

5. Cf. aussi «La Pierre qui pousse» (*Œ I*, p.1659) : «Côte à côte, ils pesaient de tous leurs muscles sur des perches qui s'enfonçaient lentement dans le fleuve, [...] pendant que les nègres, du même mouvement ralenti, s'inclinaient au-dessus des eaux jusqu'à la limite de l'équilibre.»

6. Cf. Gérard Genette, *Figures III*, Paris 1972, p.30.

7. «Dans un angle du café, une lampe à acétylène donne une lumière inconstante.» (*Œ II*, p.25); «Le monde soupire vers moi dans un rythme long» (*Œ II*, p.24); «De grands reflets font ondoyer les lions sur les murs.» (*Œ II*, p.25); «Gorgé d'étoiles, il [i.e. le ciel] frémit sous un souffle pur et les ailes feutrées de la nuit battent lentement autour de moi.» (*Œ II*, p.27); «Tout m'exaspère, je vacille, je n'ai pas faim.» (*Œ II*, p.32); «...chacun des coins de sa bouche renvoyait vers l'oreille une série de petites ondulations de chair.» (*Œ II*, p.42); «Elle [...] fit onduler son ventre en avant.» (*Œ II*, p.42).

8. Cf. aussi : «L'Unité s'exprime ici en termes de soleil et de mer» (*Œ II*, p.75).

9. Le passage fait également penser au rocher de Sisyphe ainsi qu'à l'«énorme bloc de silence» dans «L'Enigme» (*Œ II*, p.861) : «Tombés de la cime du ciel, des flots de soleil rebondissent brutalement sur la campagne autour de nous. Tout se tait devant ce fracas et le Lubéron, là-bas, n'est qu'un énorme bloc de silence que j'écoute sans répit.»

10. «On ne lui [i.e. à la vieille femme] parlait pas» (*Œ II*, p.15); «Et la vieille se taisait, en attachant sur sa fille un long regard chargé de reproches» (*Œ II*, p.16); «Elle disait ne pas aimer le cinéma. Au vrai, elle ne comprenait pas.» (*Œ II*, p.16); «Lui avait souffert. Il n'en disait rien.» (*Œ II*, p.18); «N'être plus écouté : c'est cela qui est terrible lorsqu'on est vieux. On le condamnait au silence et à la solitude.» (*Œ II*, p.18); «Le fils était presque muet» (*Œ II*, p.20); «...cette mère qui se taisait toujours.» (*Œ II*, p.21).

11. Cf. Alain Costes, *Albert Camus et la parole manquante*, Paris 1973, p.40.

12. «Le monde soupire vers moi dans un rythme long» (*Œ II*, p.24); «De grands reflets font ondoyer les lions sur les murs.» (*Œ II*, p.25); «Dans

La figure du soleil et le motif de la parole difficile 209

l'air lourd, flottait l'odeur du vinaigre...» (Œ II, p.27); «Gorgé d'étoiles, il [i.e. : le ciel] frémit sous un souffle pur et les ailes feutrées de la nuit battent lentement autour de moi.» (Œ II, p.27); «Tout m'exaspère, je vacille, je n'ai pas faim.» (Œ II, p.32); «...chacun des coins de sa bouche renvoyait vers l'oreille une série de petites ondulations de chair.» (Œ II, p.42); «Elle [...] fit onduler son ventre en avant.»(Œ II, p.42).

13. Notons cependant l'emploi fréquent du registre oral et l'image du cœur serré : «L'odeur volumineuse des plantes aromatiques racle la gorge» (Œ II, p.55); «Au bout de quelques pas, les absinthes nous prennent à la gorge.» (Œ II, p.56); «...je mordais dans le fruit déjà doré du monde, bouleversé de sentir son jus sucré et fort couler le long de mes lèvres.» (Œ II, p.60); «Le cœur se serre devant cette grandeur que nous quittons déjà.» (Œ II, p.66); «...quand elle rejetait en arrière sa gorge gonflée» (Œ II, p.71);«Mais il peut arriver qu'à un certain degré de lucidité, un homme se sente le cœur fermé» (Œ II, p.88). L'épigraphe de Stendhal choisi pour *Noces* répond à ce registre et établit le lien entre ces images et la thématique de la parole difficile (Œ II, p.53).

14. Par exemple Peter Cryle, *Bilan critique : L'Exile et le Royaume d'Albert Camus. Essai d'analyse*, Paris 1973 (Situation 28), p.23 : «*L'Etranger* autorise de multiples interprétations et [...] on ne peut pas attribuer cette ambiguïté à une simple négligence de l'auteur.»; Brian T. Fitch, *Narrateur et narration dans* L'Etranger *d'Albert Camus, Archives des lettres modernes 34 (1960)*, p.76 : «Œuvre plus ambiguë n'est guère concevable. Son existence même dépend de cette ambiguïté foncière qui explique et justifie, si l'on peut dire, la confusion de la critique. En effet, "tout est vrai et rien n'est vrai".»

15. Fitch 1960, pp.52-53.

16. André Abbou, «Les paradoxes du discours dans *L'Etranger* : de la parole directe à l'écriture inverse», in : *Cahiers Albert Camus 2, Revue des lettres modernes 1969*, pp.42 sq.

17. Fitch 1960, p.44.

18. Cf. à ce sujet Brian T. Fitch, «*La Peste* comme texte qui se désigne», in : *Cahiers Albert Camus 8, Revue des Lettres modernes 1977*, pp.54-72 : «*La Peste* tend à se réduire elle-même à une affaire de langage. Et cela non seulement parce que la thématique de l'insuffisance du langage finit par miner [...] son propre véhicule linguistique, mais aussi parce

que la neutralité et l'objectivité que cultive le narrateur donnent lieu à une espèce de verbosité très marquée» (p.55).
19. Cf. Roland Barthes : «*La Peste* : Annales d'une épidémie ou roman de la solitude?», in : Roland Barthes, *Œuvres complètes*, Paris 1993, t. 1, p.452 : «...toute la chronique de *La Peste* tient dans la clôture matérielle d'Oran, la mer d'un côté, par les portes fermées de l'autre (Les Portes de la Ville, thème tragique séculaire), un enfermement rigoureux qui *concentre* la cité à la façon d'une essence, d'un principe, d'un objet parfaitement fini, prêt à être saisi par le symbole, c'est-à-dire par l'art.»
20. «Pendant des semaines, nous fûmes alors à recommencer sans cesse la même lettre, à recopier les mêmes appels, si bien qu'au bout d'un certain temps, les mots qui d'abord étaient sortis tout saignants de notre cœur se vidaient de leur sens. Nous les recopiions alors machinalement, essayant de donner au moyen de ces phrases mortes des signes de notre vie difficile. Et pour finir, à ce monologue stérile et entêté,à cette conversation aride avec un mur, l'appel conventionnel du télégramme nous paraissait préférable» (*Œ I*, p.1275).
21. Plusieurs critiques ont souligné le modèle axiologique propre à l'univers camusien concernant la paire soleil-mer. Cf. Roland Le Huenen et Paul Perron, «Structure actantielle et inversion dans *La Peste*», in : *Cahiers Albert Camus 8, Revue des Lettres modernes 1977*, p.43 sq. : «On a déjà insisté sur les multiples occurences au long de la diégèse de l'analogie *mer-vie* vs *soleil-mort*. Il a été montré que les personnages sont atteints de peste durant le jour, que la maladie reflue au cours de la nuit et que la mort se produit à midi. M. Michel, le fils Othon et Tarrou meurent tous trois à midi. Et quelques jours avant l'ouverture des portes de la ville, Rieux reçoit à midi un télégramme lui annonçant la mort de sa femme.»
22. Cf. *C II* au sujet de *La Peste* : «Ilots de lumières dans la ville obscure vers lesquels un peuple d'ombres convergent comme une assemblée de paramécies en proie à un héliotropisme» (p.71).
23. Benamou 1960, p.48 : «The sun of the plague pursues the people in the street and strikes them. It becomes the overwhelming symbol of "The Renegade", forged into an arsenal for sacrificial torture by a demoniac imagination which, were it not for the humor of the tale, would recall Lautréamont.»
24. Le Huenen/ Perron 1977, pp.27-52.

La figure du soleil et le motif de la parole difficile   211

25. Le Huenen/ Perron 1977, p.48 : «Nous avons à plusieurs reprises remarqué la récurrence de motifs descriptifs, les uns liés à l'espace Vie-Vérités (couloirs, escaliers, paliers, chambres, salles), les autres liés à l'espace Mort-Illusions (rues, places, quais, stades). Le cas de Rambert s'avère à ce propos particulièrement exemplaire. A deux reprises il fait l'expérience de l'ombre. D'abord, alors qu'il est seul dans l'obscurité d'une salle de café noyée de crépuscule, il *«semble une ombre perdue»* à *«l'heure de son abandon»* (I, 1307). Ensuite, quand il se joint aux équipes sanitaires et qu'il est introduit par Tarrou, après avoir suivi un couloir, dans une salle fermée par *«une double porte vitrée, derrière laquelle on voyait un curieux mouvement d'ombres»* (1385). Cet espace clos et obscur où se meuvent des ombres représente le milieu priviligié des actants Vie et Vérités.».
26. Le Huenen/ Perron 1977, p.51.
27. Cf. Roland Barthes : «*La Peste* : Annales d'une épidémie ou roman de la solitude?», in : Roland Barthes, *Œuvres complètes*, Paris 1993, t.1, p.453. Cf. à ce sujet aussi «Lettre d'Albert Camus à Roland Barthes sur *La Peste*», in : Roland Barthes, *Œuvres complètes*, Paris 1993, t.1, p.457-458; et «Réponse de Roland Barthes à Albert Camus», in : Roland Barthes, *Œuvres complètes*, Paris 1993, t.1, p.479.
28. «Elle savait que les communications étaient difficiles» (*Œ I*, p.1562); «Le chauffeur dit à la cantonade quelques mots dans cette langue qu'elle avait entendue toute sa vie sans jamais la comprendre» (*Œ I*, p.1562); «A l'intérieur de la voiture, le silence était complet.» (*Œ I*, p.1563); «Janine suivait sans répondre.» (*Œ I*, p.1567); «...les échos [...] se turent subitement pour la laisser silencieuse devant l'étendue sans limites.» (*Œ I*, p.1569); «Au-dessus du désert, le silence était vaste comme l'espace.» (*Œ I*, p.1569); «...les voix qui montaient de la ville arabe se taisaient brusquement.» (*Œ I*, p.1570); «Elle se traîna, en effet, jusqu'au restaurant, devant un mari soudain taciturne, ou qui disait sa fatigue» (*Œ I*, p.1571); «Elle parlait, mais sa bouche n'émettait aucun son.» (*Œ I*, p.1572); «Elle parlait, mais c'est à peine si elle s'entendait elle-même» (*Œ I*, p.1572).
29. «Depuis qu'ils m'ont coupé la langue, une autre langue [...] marche sans arrêt dans mon crâne, quelque chose parle, ou quelqu'un qui se tait soudain et puis tout recommence, ô j'entends trop de choses que je ne dis pourtant pas, quelle bouillie, et si j'ouvre la bouche, c'est comme

un bruit de cailloux remués.» (*Œ I*, p.1579); «Une poignée de sel emplit la bouche de l'esclave bavard» (*Œ I*, p.1593).

30. «Il me parlait d'un avenir et du soleil, le catholicisme c'est le soleil» (*Œ I*, pp. 1579-1580); «Pâlichon le soleil, il est vrai, à cause de l'alcool» (*Œ I*, p.1580); «Je subjuguerais ces sauvages, comme un soleil puissant» (*Œ I*, p.1581); «Ils sont comme le soleil qui n'en finit pas, sauf la nuit, de frapper toujours, avec éclat et orgueil» (*Œ I*, p.1582); «Sous les coups du soleil de fer, le ciel résonnait longuement» (*Œ I*, p.1584); «Ce soleil féroce» (*Œ I*, p.1588); «Sous le soleil cruel de la vraie foi» (*Œ I*, p.1592).

31. «Sous le soleil de Grenoble» (*Œ I*, p.1580); «Le soleil est encore monté» (*Œ I*, p.1582); «Je sens le soleil sur la pierre au-dessus de moi» (*Œ I*, p.1584); «Entre ces murs que le soleil brûlait au-dehors avec application» (*Œ I*, p.1586); «Le soleil a un peu dépassé le milieu du ciel» (*Œ I*, p.1587).

32. «Eux se taisaient, humiliés de cette entrée de vaincus, furieux de leur propre silence, mais de moins en moins capables de le rompre à mesure qu'il se prolongeait.» (*Œ I*, p.1601); «Ballester [...] hocha la tête sans rien dire.» (*Œ I*, p.1601); «Un à un, ils gagnèrent leur place, sans rien dire.» (*Œ I*, p.1602); «Personne ne répondait.» (*Œ I*, p.1602); «Son bonjour fut moins sonore que d'habitude; personne en tout cas n'y répondit.» (*Œ I*, p.1603); «Marcou ne répondit pas» (*Œ I*, p.1603); «Il se tut, sembla réfléchir, puis leva les yeux sur eux. [...] Yvars, les dents serrés, voulait parler, mais ne pouvait pas.» (*Œ I*, p.1604); «Yvars dit qu'ils n'avaient rien répondu.» (*Œ I*, p.1605); «Avars savait ce qu'il allait dire, [...] qu'ils ne boudaient pas, qu'on leur avait fermé la bouche» (*Œ I*, p.1605); «Il aurait voulu parler. Mais il n'avait rien à dire et les autres non plus» (*Œ I*, p.1607).

33. «L'enfant était tombée d'un coup, comme si l'on l'avait fauchée» (*Œ I*, p.1607).

34. «Daru ne répondit pas.» (*Œ I*, p.1630); «Longtemps, il resta étendu sur son divan à regarder le ciel se fermer peu à peu, à écouter le silence.» (*Œ I*, p.1617); «L'autre se tut.» (*Œ I*, p.1618); «L'Arabe le regarda, bouche ouverte. Visiblement, il ne comprenait pas.» (*Œ I*, p.1619); «L'Arabe le regarait faire, sans paraître comprendre.» (*Œ I*, p.1622); «Il se tourna vers l'Arabe, qui le regardait sans comprendre.» (*Œ I*, p.1622); «"Ecoute", dit-il. Daru secoua la tête : "Non, tais-toi."» (*Œ I*, p.1623).

La figure du soleil et le motif de la parole difficile 213

35. «Le soleil montait déjà dans le ciel bleu; une lumière tendre et vive inondait le plateau désert» (Œ I, p.1621); «La neige fondait de plus en plus vite, le soleil pompait aussitôt les flaques» (Œ I, p.1622); «Daru buvait, à profondes aspirations, la lumière fraîche» (Œ I, p.1622); «Le soleil était maintenant assez haut dans le ciel et commençait de lui dévorer le front» (Œ I, p.1623); «L'instituteur regardait sans la voir la jeune lumière bondir des hauteurs du ciel sur toute la surface du plateau» (Œ I, p.1623).
36. «Quand toute la neige serait fondue, le soleil régnerait de nouveau et brûlerait une fois de plus les champs de pierre. Pendant des jours, encore, le ciel inaltérable déverserait sa lumière sèche sur l'étendue solitaire où rien ne rappelait l'homme» (Œ I, p.1615); «Un léger vent rôdait autour de l'école. Il chasserait peut-être les nuages et le soleil reviendrait» (Œ I, p.1620).
37. «Louise ne pouvait parler et se détourna pour cacher ses larmes» (Œ I, p.1615); «Mais lui vivait, il écoutait en lui-même ce silence.» (Œ I, p.1652); «Elle ouvrit la bouche, puis se tut.» (Œ I, p.1652); «Mais avant qu'il pût parler, elle lui sourit, avec une tendresse qui serra le cœur de Jonas.» (Œ I, p.1652); «Devant la soupente toujours éclairée, il attendit un moment, puis partit sans rien dire.» (Œ I, p.1653); «...ces pensées qu'il ne pouvait pas dire, à jamais silencieuses» (Œ I, p.1654).
38. «Il s'effaça, sans rien dire, fixant l'ingénieur du même regard impassible.» (Œ I, p.1666); «Il remercia le vieil homme, qui s'inclina sans un mot.» (Œ I, p.1667); «Il parlait à peine l'espagnol et se bornait la plupart du temps à hocher la tête.» (Œ I, p.1673); «Le chef de police était en effet dans la salle du club, [...] un infatigable sourire aux lèvres, lui prodiguant des discours incompréhensibles, mais évidemment affectueux.» (Œ I, p.1679); «Il voulait parler, il parlait, mais sa bouche formait à peine les syllabes.» (Œ I, p.1684); «D'Arrast le regardait, sans trouver ses mots.» (Œ I, p.1684); «Il ne comprenait pas ce qu'elles lui criaient, bien qu'il lui semblât reconnaître le mot portugais qu'on lui lançait sans arrêt» (Œ I, p.1685).
39. «...à force de regarder la réverbération du soleil sur le mur d'en face, [d'Arrast] sentit à nouveau revenir sa fatigue et son vertige. [...]. A nouveau, il voulait fuir ce pays, il pensait en même temps à cette pierre énorme, il aurait voulu que cette épreuve fût finie» (Œ I, p.1682).

Chapitre II

Soleil, mesure et création littéraire

> «Chaque image devient un symbole.»
>
> Camus, «Amour de vivre»
>
> «Un symbole dépasse toujours celui qui en use et lui fait dire en réalité plus qu'il n'a conscience d'exprimer.»
>
> Camus, *Le Mythe de Sisyphe*

Devant l'arrière-plan d'une problématique de la juste mesure et de celle de la parole, on peut déceler un programme métapoétique inscrit dans l'œuvre camusienne, notamment déjà dans les récits de *L'Envers et l'Endroit* :

- «Entre oui et non» : «A un certain degré de dénuement, plus rien ne conduit à plus rien, ni l'espoir ni le désespoir ne paraissent fondés, et la vie tout entière se résume dans une image.» (*Œ II*, p.28); «Oui, recueillir seulement la transparence et la simplicité des paradis perdus : dans une image.» (*Œ II*, p.28).
- «La Mort dans l'Ame» : «Dans ce grand dénuement enfin, le moindre arbre isolé devient la plus tendre et la plus fragile des images.» (*Œ II*, p.34).

- «Amour de vivre» : «Au milieu de la joie trépignante qui l'entourait, elle <u>était comme l'image</u> ignoble et exaltante de la vie...» (*Œ II*, p.42); «Une femme qui danse sans penser, une bouteille sur une table, aperçue derrière un rideau : <u>chaque image devient un symbole</u>. La vie nous semble s'y refléter tout entière, dans la mesure où notre vie à ce moment s'y résume.» (*Œ II*, p.43, nous soulignons.)

Au sujet de ce programme métapoétique, il faudrait cependant insister sur son caractère problématique à cause de l'ambivalence des symboles camusiens.

On peut en effet noter que ce flottement des symboles est déjà manifeste dans les *Noces* : «*Tipasa <u>m'apparaît comme</u> ces personnages qu' on décrit pour <u>signifier indirectement</u> un point de vue sur le monde*» (*Œ II*, p.59, nous soulignons). Dans ce passage, Camus met en lumière le caractère symbolique de la ville de Tipasa, et par là aussi le côté symbolique de son écriture.

Par la combinaison d'une comparaison non-motivée («m'apparaît comme») et de la thématique de la signification indirecte («signifier indirectement»), la citation évoque une sorte d'obligation à continuer d'écrire à cause de l'ambivalence des symboles, ce qui est confirmé par la suite de l'essai : «*Elle* [i.e. Tipasa] *est aujourd'hui mon personnage et il me semble qu'à le caresser et <u>le décrire</u>, mon ivresse <u>n'aura plus de fin</u>*» (*Œ II*, p.59, nous soulignons). L'ambivalence des symboles et l'idée d'une description incessante semblent témoigner d'un programme métapoétique paradoxal. Relevons la connotation érotique du passage cité («caresser», «ivresse»), ce qui accentue le caractère symbolique de la ville de Tipasa ainsi que la thématique de la signification indirecte.

Essayons à présent de faire apparaître le côté dilemmatique de ce programme métapoétique sur divers plans et de cerner son rapport avec la métaphorique de la lumière.

Dans une lecture au premier degré, il existe certes un lien entre le soleil camusien et le thème du langage et de la parole, lien problématique et déjà présenté plus haut. Cependant, une telle lecture au premier degré se voit confrontée à des passages exprimant que le soleil se révèle comme destructeur de la communication : *«Le soleil scelle les bouches»* (Œ II, p.866).

Du coup, la question rhétorique *«Comment alors ne pas s'identifier à ce dialogue de la pierre et de la chair à la mesure du soleil et des saisons?»* (Œ II, p.69) se retourne en problème, en devoir ou même en programme métapoétique. Dans cette perspective, on peut affirmer qu'elle exprime aussi le besoin de trouver un *autre* langage que celui du soleil, tâche difficile quand on tient compte de l'importance et de la violence du soleil : *comment* en effet peut-on *ne pas* s'identifier à ce dialogue de la pierre et de la chair à la mesure du soleil et des saisons?

Sur un plan qu'on pourrait appeler métapoétique implicite, l'ambivalence du soleil se manifeste d'une autre manière : *«Dans le bleu du ciel, on devinait le froid tout pailleté de jaune. Le cimetière dominait la ville et on pouvait voir le beau soleil transparent tomber sur la baie tremblante de lumière, comme une lèvre humide»* (Œ II, p.22). D'une part, il faut relever le côté paisible de l'image comme du soleil («le beau soleil transparent»), mais d'autre part nous avons déjà eu l'occasion de constater que le côté dominant du soleil est accentué par l'axe vertical («le cimetière dominait la ville»). La métaphore de la lèvre humide est construite grâce au soleil, car c'est la lumière du soleil *physique* qui rend possible la comparaison; au niveau du contenu cependant, l'image entière peut être interprétée comme une métaphore pour un manque de parole, accompagnée du côté dominant d'un soleil *métaphorique*. Dans cette perspective, on pourrait dire que le soleil se révèle à la fois comme une sorte de producteur de l'écriture - car c'est lui qui produit l'image - et comme destructeur de la parole - c'est encore lui qui fait trembler la lèvre muette.

Sur le plan métapoétique explicite enfin, le soleil peut être interprété comme une image pour l'origine cachée (1) de l'œuvre camusienne : «*Au centre de notre œuvre, fût-elle noire, rayonne un soleil inépuisable, le même qui crie aujourd'hui à travers la plaine et les collines*» («L'Enigme», *Œ II*, p.865). Ce passage invite à interpréter la mesure camusienne comme horizon embrassant l'œuvre entière. Notons le changement de ton au milieu de la phrase, car le verbe «crier» faisant partie du registre de la parole souligne le *pathos* camusien, puisqu'il est responsable de la personnification du soleil. Situé au milieu de la phrase, entre le registre de la création littéraire et celui de la *phúsis*, le soleil se place ainsi au croisement de l'univers poétique et du monde réel.

Cependant, nous avons vu que *«le soleil scelle les bouches»* (*Œ II*, p.866). D'une part, le soleil figure donc comme centre de l'œuvre camusienne et «crie» à travers l'espace littéraire, mais d'autre part il scelle les bouches et devient ainsi responsable de la problématique de la parole. Or cette situation correspond au dilemme esquissé plus haut et auquel nous allons consacrer à présent notre attention : comment pouvoir développer le programme de créer un autre dialogue qui ne soit pas celui du soleil, vu l'omniprésence et la violence de ce dernier?

On peut constater que ce programme paradoxal auquel l'écriture de Camus est apparemment soumise est particulièrement manifeste dans les essais de *L'Eté*. Dans «Le Minotaure» par exemple, l'image du labyrinthe évoque l'idée de tourner en rond, de ne jamais trouver d'issue, mais sans encore renvoyer à l'idée de création littéraire. Dans «Les Amandiers» en revanche, on trouve plusieurs passages faisant appel à la création littéraire, qui est d'emblée pénétrée de l'idée de contradiction :

> «<u>Nous savons que nous sommes dans la contradiction</u>, mais nous devons refuser la contradiction et faire ce qu'il faut pour la réduire. Notre tâche d'homme est de <u>trouver les quelques formules</u> qui apaiseront l'angoisse

infinie des âmes libres.» (*Œ II*, pp.835-836, nous soulignons.)

Le projet de *«réduire la contradiction»* est d'autant plus difficile qu'il s'agit là d'un projet interminable, puisque *«c'est une tâche qui n'a pas de fin»* (*Œ II*, p.835).

L'essai «L'Enigme», entre autres consacré à la thématique de la création littéraire, est entièrement tissé de paradoxes. Outre l'emploi d'oxymores se référant à la métaphorique de la lumière (*«éblouissement obscur»*, *Œ II*, p.861), relevons quelques passages qui ne récèlent pas seulement des expressions ou idées paradoxales, mais qui mettent en évidence la continuité de l'écriture camusienne puisqu'ils renvoient à l'une ou à l'autre ligne dans d'autres œuvres : *«De nouveau, une énigme heureuse m'aide à tout comprendre»* (*Œ II*, p.861). Notons que si cette énigme aide peut-être à tout *comprendre*, elle n'aide pourtant pas à le *dire*, à résoudre l'énigme, puisque le soleil *«scelle les bouches»* (*Œ II*, p.866). Situation paradoxale qui fait écho à un passage similaire dans «Entre oui et non» et dans lequel l'importance de la métaphorique de la lumière est manifeste : *«A se taire, la situation s'éclaircit»* (*Œ II*, p.29).

Plusieurs lignes métapoétiques de «L'Enigme» témoignent de l'impossibilité de trouver les mots ou les images définitifs, ce qui est dû au fait que l'écrivain fait lui-même partie de la vie et du monde : *«Nul homme ne peut dire ce qu'il est»* (*Œ II*, p.861); *«aucun homme n'a jamais osé se peindre tel qu'il est»* (*Œ II*, p.864). Cette impossibilité fait penser à un passage dans «Jonas» (*«Il était difficile de peindre le monde et les hommes et, en même temps, de vivre avec eux»*, *Œ I*, p.1642) et s'oppose à la contrainte de devoir trouver le mot juste, contrainte qui est, elle aussi, due à l'entourage de l'écrivain : *«On m'enjoint pourtant à donner les noms, ou le nom, une fois pour toutes. Je me cabre alors; ce qui est nommé, n'est-il pas déjà perdu? Voilà du moins ce que je puis essayer de dire»* (*Œ II*, p.861). Paradoxalement, l'acte de vouloir «essayer de dire» est à la fois dû à l'impossibilité et à la contrainte de devoir trouver le mot juste, «une fois pour toutes».

La fin de l'essai («*Le soleil scelle les bouches*», *Œ II*, p.866) répond à la fin de la nouvelle «Le Renégat» («*Une poignée de sel emplit la bouche de l'esclave bavard*», *Œ I*, p.1593) et s'oppose de toute évidence à l'idée exprimée dans l'essai que «*parler d'elle* [i.e. de l'absurdité] *nous mènera de nouveau au soleil*» (*Œ II*, p.861). Selon le narrateur, tous les essais de vouloir expliquer comment il ait pu «*parier sur le non-sens avec tant de soleil dans la mémoire*» (*ibid.*), mènent au soleil; mais du coup, celui-ci «*scelle les bouches*» (*Œ II*, p.866). Par conséquent, le soleil est à considérer comme à la fois nécessaire et inadéquat pour une explication de l'œuvre camusienne.

Dans cette perspective, on peut conclure que la figure du soleil ne peut pas être interprétée comme symbole de la *création littéraire* elle-même, comme c'est par exemple encore le cas chez Baudelaire (2), mais qu'elle symbolise plutôt le *caractère paradoxal* de la création littéraire camusienne.

Lorsqu'on prend en considération ce programme métapoétique paradoxal, on peut se demander si les récits camusiens ne tiennent pas compte de ce dilemme de la création littéraire, à savoir s'il ne subsiste pas de traces d'une écriture qui met en scène sa propre textualité. Bien qu'ici ne soit pas le lieu adéquat pour une analyse exhaustive de l'œuvre camusienne sous le signe du «spéculaire», il faut noter qu'il existe plusieurs tentatives parmi les critiques voulant faire resurgir l'auto-référence scripturale de l'un ou de l'autre récit camusien (3).

Si tous les récits n'ont pas encore eu droit à une telle lecture (4), il convient toutefois de remarquer que ce caractère «spéculaire» s'étend sur une grande partie de l'œuvre camusienne postérieure au *Mythe de Sisyphe* et qu'il s'inscrit dans le dilemme de la création littéraire présenté plus haut. A titre d'exemple, citons Linda Hutcheon au sujet de la nouvelle «Le Renégat» :

«D'habitude, une plume c'est simplement un stylo, mais figurativement c'est aussi le pouvoir de l'écriture. Dans l'allégorie, c'est le fétiche qui remplit cette fonction. Avec son «nez de fer tordu» (I, 1584), il contrôle les noirs (les lettres). De plus, toutes les images de fer dans le récit - le soleil, le masque du sorcier, et le fusil du renégat - symbolisent la force destructrice latente de la plume. La bouche sans langue du renégat, «ce trou noir et désséché que nul muscle de chair vivant et souple ne rafraîchit plus» (1586), représente l'esprit ou l'imagination manquée de l'artiste sans sa propre langue poétique.» (5)

Le registre métallique symbolisant la «force destructrice latente de la plume», et l'image de la bouche sans langue figurant comme «l'imagination manquée de l'artiste sans sa propre langue poétique», ne sont que l'envers et l'endroit du dilemme de la création littéraire et semblent trouver leur fondement commun dans la figure du soleil. En tenant compte du caractère paradoxal de ce programme métapoétique, inscrit pour ainsi dire «en creux» dans l'œuvre camusienne, on pourrait parler d'une métapoétique négative symbolisée dans la figure du soleil, puisque l'idée de négativié témoigne de la fonction ambivalente que la figure du soleil camusien joue dans la problématique de la parole.

Comparons à présent nos résultats aux différents critiques. Comment les critiques ont-ils interprété la mesure camusienne à un niveau métapoétique? Dans «L'esthétique d'Albert Camus», Edouard Morot-Sir nous la décrit de la façon suivante :

«...en sa nature profonde, la limite est esthétique et, par-dessous, linguistique. C'est dans cette perspective qu'il faut se placer, je crois, pour donner aux célèbres pages que *L'Homme révolté* consacre aux concepts de limite et de mesure leur ultime portée, au-delà même des plans de la morale et de l'esthétique, dans leur double pouvoir cosmogonique et scriptuaire.» (6)

Comment cette limite ou cette mesure esthétiques se manifestent-elles concrètement dans le texte? A croire les propositions de Morot-Sir, la mesure camusienne se revêtirait d'une envergure de puissance totale, car la limite est lue par Morot-Sir comme symbole de quasiment toutes les thématiques camusiennes imaginables :

«Ainsi, la limite est vécue comme double épreuve du oui et du non, et comme refus de l'exclusion [...], comme exercice de domination du langage et ainsi de soi-même [...], comme valeur médiatrice qui donne aux actions et aux pensées leurs frontières [...], comme liberté [...], comme perception d'un en deçà des êtres et des sens [...], comme mesure de la démesure et de l'anarchie sémantique [...], comme expérience des extrêmes et jusqu'auboutismes [...], comme découverte de l'impossible à la limite du possible [...], comme instrument de déjustification par élimination des situations intellectuelles confortables, comme mesure de l'homme par le silence et les «pierres mortes» dans une logique jusqu'à la mort [...], comme l'unique langage de l'art [...], comme pensée de midi et soleil dominant des mondes ivres et éparpillés, comme énigme [...] et finalement, comme composition : la résistance au langage, la volonté de le dominer, de le contrôler et de se contrôler, est ainsi à l'origine d'une esthétique de la cohérence où la logique des conséquences s'identifie à la conscience lucide des limites.» (7)

La limite et *a fortiori* la mesure camusienne se dévoilent ainsi comme instances linguistiques englobant l'univers camusien dans sa totalité. Voilà qui montre bien les contraintes d'une lecture voulant se consacrer à la mesure camusienne sans prendre en considération le lien entre mesure et soleil : alors que l'essai de Roland Barthes sur *L'Etranger* donnait encore un pouvoir quasiment absolu au soleil camusien, c'est maintenant la mesure qui a droit à cette toute-puissance. Par là, la mesure se révèle comme un véritable concept «passe-partout», car pratiquement tout dans l'univers camusien est lu par Morot-Sir sous le signe de la limite et de la mesure, et ni le soleil ni le lien entre ce dernier et la mesure ont droit à une réflexion critique dans cette perspective.

D'autres critiques ont interprété la mesure camusienne comme l'expression d'un idéal classique, comme par exemple André Meunier dans son essai «Approches de l'art camusien» :

> «Peu d'écrivains ont, autant que Camus, mêlé l'art et la morale, apporté au problème de la création, de façon aussi constante que lui, une aussi lucide attention. C'est à travers l'expérience de ses propres tentations et de ses propres difficultés à écrire que Camus a conçu son esthétique, dont la rigueur est toute classique...» (8)

A cette interprétation qui ne voit dans l'écriture camusienne que le côté classique, exprimée dans la mesure camusienne, il faudrait cependant objecter qu'elle néglige le côté pathétique du style camusien, et préciser que ce *pathos* répond plutôt à une tradition romantique (9). L'idée de «démesure dans la mesure» camusienne développée dans nos deux premières parties peut être lue comme expression de ce *pathos*. Nous avons également eu l'occasion de constater que la métaphorique de la lumière établit un lien avec la tradition romantique, vu le côté noir du soleil. Notons finalement que le *pathos* est souvent brisé par l'ironie camusienne, ce qui renforce la relation que l'œuvre entretient avec la tradition romantique (10).

Mais Meunier n'est pas le seul à voir dans la mesure camusienne l'expression d'un idéal classique. Relevons également Inès de Cassagne et son article «Tension et équilibre des extrêmes dans l'idéal classique de Camus». Inès

De Cassagne expose que «Camus conçoit et développe un idéal classique de l'art littéraire : idéal de mesure, d'ordre, d'unité, d'équilibre» (11). Il s'agit d'un équilibre «entre l'expérience personnelle et l'œuvre d'art», d'un équilibre «par complémentarité», ou encore d'un équilibre «par contradiction» (12).

Mais cela ne revient-il pas à dire que la mesure camusienne se manifeste quasiment à tous les niveaux du texte? Où se trouve-t-elle donc concrètement? Malheureusement, De Cassagne oublie de nous présenter ces différents niveaux du texte et se limite au niveau thématique d'une manière un peu trop générale :

> «Dans chaque œuvre il [Camus] présente donc une situation qu'il montre justement comme l'occasion pour l'homme de prendre conscience du feu des forces de son âme ainsi que celles qui sont en dehors de lui, et d'y reconnaître et ses possibilités et ses limites.» (13)

Dans «Roman, mesure et démesure», Jacqueline Lévi-Valensi nous présente une autre théorie : Camus aurait voulu «poser des limites, pour que l'œuvre dise plus qu'il ne semble», il aurait voulu «créer pour dire le silence, pour ne dire que le silence, équilibrer silence et expression», ou encore «maintenir la tension entre la violence de la passion d'écrire, et la stratégie réfléchie pour aboutir à l'œuvre qui "dit moins"» (14) :

> «...la contradiction entre mesure et démesure n'est pas seulement à chercher entre le contenu et l'expression; elle est à l'œuvre constamment, sous bien d'autres aspects. Chacun des textes romanesques apporte sa solution singulière, maintient, d'une manière originale, qui participe à la définition de l'œuvre même, cette contradiction dynamique et créatrice.» (15)

Seulement, ces «autres aspects» ne sont qu'effleurés au passage par Lévi-Valensi, sans que la «singularité» ou même «l'originalité» du style camusien soient mises en lumière.

Comme c'est le cas pour De Cassagne, il semble que Lévi-Valensi néglige la réflexion critique sur le rapport entre mesure et soleil et qu'elle ne donne pratiquement pas d'analyses stylistiques.

Les remarques d'André Meunier portant sur la phrase de Camus sont plus détaillées à ce sujet. Dans «Approches de l'art camusien» (16), Meunier affirme que le style camusien se caractérise par un mode de «juxtaposition impressionniste», par des «notations successives destinées à décrire ou à narrer» ou par un procédé de «non-liaison des phrases», devenant «procédé ironique» - du moins pour *L'Etranger* - ou exprimant une «indifférence, un désenchantement nés d'un néant moral» - pour *La Peste, La Chute* et pour *L'Exil et le Royaume*. Meunier parle également d'un «effet de lutter contre la coordination explicite», qui serait la raison de «cette impression de tension dans beaucoup de pages de Camus» (17).
Les analyses de Meunier sur les emplois de «et» à ce sujet (pp.23 cf.) sont très pertinentes, mais nécessitent d'être complétées. Meunier distingue deux significations stylistiques de l'emploi de «et» : le «et» à valeur logique, et le «et» à valeur rythmique (18). A l'intérieur de la phrase, Meunier relève le goût de Camus pour le groupement asymétrique, pour le déséquilibre de la phrase, et distingue également deux «et» : celui «après la pause, comme en tête de phrase», servant de «point d'appui sonore, d'outil rythmique», et le «et» exprimant le «souci de la chute qui justifie l'emploi d'un «et» à valeur conclusive ou oppositive» (19).
Mais à l'intérieur de la phrase camusienne il faut également relever l'emploi de «et» comme mise en parallèle ambiguë, due à une double-référence, comme par exemple dans le passage suivant : «*Dans cette grande confusion du vent et du soleil qui mêle aux ruines la lumière, quelque chose se forge qui donne à l'homme la mesure de son identité avec la solitude et le silence de la ville morte*» (Œ II, p.61, nous soulignons).

Sur le plan de l'enchaînement phrastique, il faut noter les passages qui témoignent d'un enchaînement paradoxal, dû à l'alternance de «et» et de «mais» : *«Ce pays me ramenait au cœur de moi-même et me mettait en face de mon angoisse secrète. Mais c'était l'angoisse de Prague et ce n'était pas elle»* (*Œ II*, pp.38-39, nous soulignons). Ce passage montre que la coordination explicite est bien présente chez Camus, mais qu'elle n'arrive pas à effacer cette «impression de tension» mentionnée plus haut par Meunier, car celle-ci semble d'emblée être inscrite dans un enchaînement phrastique qui ne peut éviter la contradiction logique, puisqu'il est régi par le paradoxe (20).

Parmi les critiques se consacrant à des questions stylistiques et prenant en considération l'importance du paradoxe dans l'œuvre camusienne, il faut noter les travaux de Bethany Ladimer et d'André Abbou (21). Ces travaux sont d'autant plus intéressants qu'ils se rapprochent des résultats des critiques psychanalytiques, sans pour autant se consacrer de plus près à la métaphorique solaire.

Dans son étude «Pour une sémiotique de l'œuvre de Camus», Ladimer relève une structure quasiment schizoïde du Moi des textes camusiens, et parle d'une «désintégration du Moi» ou d'un «sujet dédoublé», non pas interprétés sur un plan biographique, mais plutôt au niveau historique, car selon Ladimer l'écriture de Camus reflète «la crise du langage» (22).

Dans «Les paradoxes du discours dans *L'Etranger*» (23), Abbou nous convainc en montrant que «le discours de *L'Etranger* témoigne d'un refus des normes du récit» :

> «Tous les symptômes d'une crise de langage sont rassemblés. Face à une application erronée, inappropriée ou malhonnête du langage, il est précieux au destinateur-destinataire de manifester silencieusement ou plus ou moins discrètement sa réserve, ou même de dénoncer l'ambiguïté du mot et la duplicité de son utilisateur.» (24)

Selon Abbou, ce diagnostic vaut également pour les autres œuvres : «Toutes ses œuvres [i.e. de Camus] nous parlent de cette tension, de cet impossible repos et s'achèvent sur la vision ultime d'un homme prisonnier de lui-même et du monde» (25).

Ces interprétations données par Abbou et Ladimer sont certes très convaincantes. Seulement, il faut noter que leur approche commune se voit contrainte d'oublier d'intégrer la figure du soleil dans cette lecture, omission d'autant plus regrettable dans le cas d'Abbou que celui-ci arrive à ces résultats par une analyse consacrée à *L'Etranger*. Nous proposons d'intégrer l'importance du thème solaire dans cette lecture, en disant que le soleil camusien détruit l'équilibre, qu'il est responsable de la prise de conscience du sujet, tout en devenant lui-même symbole d'un paradis perdu.

Consacrons-nous à présent à l'approche psychanalytique. Celle-ci a relevé une structure quasiment pré-œdipienne (26) du texte camusien, ce qui a été également mis en valeur par notre lecture, notamment en ce qui concerne l'emploi prédominant du registre oral et les images typiques des lèvres tremblantes ou mouillées.

Pour ce qui est du thème solaire, la critique psychanalytique n'a pas manqué de souligner le rapport ambigu de la figure du soleil au complexe d'Œdipe, puisque le soleil peut de manière égale renvoyer aux imagos paternelle et maternelle, ainsi que l'étrange présence-absence du soleil dans les différentes œuvres. Ces résultats ont également été confirmés au cours de notre analyse.

En revanche, il faut noter que le concept de mesure semble susciter quelques problèmes pour les critiques psychanalytiques. Car on peut constater que dans une lecture psychanalytique au sens classique du terme - qui se limiterait au plan symbolique - la notion de mesure, qui de par son caractère conceptuel fait partie du «conscient», n'a pas de place sinon sous sa forme pour ainsi dire «pervertie» (27).

On peut en effet observer qu'il existe plusieurs images dans l'univers camusien qui établissent un rapport quelque peu étrange avec l'idée de mesure : le motif de la lame, le thème de la guillotine et l'emploi prédominant du registre métallique sont l'envers d'une véritable hantise de la part de Camus de la peine de mort et peuvent en quelque sorte être lus comme formes «perverties» de la juste mesure, à savoir comme images du royaume de la pensée de minuit.

Il se trouve que ces images sont en étroit rapport avec le symbolisme solaire. La nouvelle «Le Renégat» est à cet égard exemplaire, car l'image du fétiche avec sa forme de double-hache peut parfaitement être lue comme une image illustrant la peur de castration. Or cette image va de pair avec le renversement du soleil camusien, à savoir avec l'inversion du dedans et du dehors faisant ressortir le noyau noir et violent du soleil, comme nous avons eu l'occasion de le constater au sujet du «Renégat».

Il faut également noter que le motif de la lame et l'emploi du registre métallique sont prédominants dans l'œuvre camusienne et que des récits tels que «La Femme adultère», «Les Muets», «L'Hôte», «La Pierre qui pousse» et *La Chute* ne peuvent pas se passer de ce symbolisme (28). De toute apparence, ce motif trouve son origine dans une ligne dans «Entre oui et non» : *«Elle [i.e. la mère] avait l'habitude de se mettre au balcon à la fin de la journée. Elle prenait une chaise et <u>plaçait sa bouche sur le fer froid et salé du balcon</u>»* (Œ II, p.26, nous soulignons). Ce registre métallique combiné avec la présence de la mère confirme le goût de la part de Camus pour le registre oral et s'inscrit parfaitement dans une structure pré-œdipienne du texte camusien. N'oublions cependant pas de préciser que le soleil peut également détruire le métal, ce qui nous met en garde contre cette lecture un peu trop simpliste : *«Maintenant, le soleil a un peu dépassé le milieu du ciel. Entre les fentes du rocher, je vois le trou qu'il fait dans le métal surchauffé du ciel»* («Le Renégat», Œ I, p.1587). Le soleil n'est donc pas toujours associé au métal, il peut également y être opposé ou même le détruire.

S'il est donc vrai que l'approche psychanalytique met en évidence l'importance et l'ambiguïté du symbolisme solaire et qu'elle nous dévoile le rapport de ce dernier avec le registre métallique, il convient toutefois de remarquer qu'elle nous révèle peu de réflexions portant sur la notion camusienne de mesure.

Il nous importe d'insister sur le fait que ce manque est dû entre autres à la manière dont cette approche voit le rapport de l'écriture à la biographie de Camus. Car selon Costes, la double-absence du père (sur le plan physique) et de la mère (sur le plan affectif ou langagier) de Camus aurait abouti à une situation de «parole manquante», ce qui aurait amené l'écriture camusienne à devoir remplir la fonction d'un *ersatz*, à se substituer à cette parole manquante (29).

Or puisqu'il se peut que la substitution d'une chose manquante est à la fois plus et moins que la chose substituée, il est clair qu'une telle approche revient tôt ou tard à trouver une structure «schizoïde» dans l'écriture camusienne (30), et c'est là que la lecture psychanalytique rejoint la lignée des critiques présentés plus haut. Seulement, ce stratagème de vouloir faire le parallèle entre la vie de Camus et son œuvre, et de lire l'œuvre camusienne uniquement sous le signe de la substitution à une «parole manquante», récèle un problème primordial. Car comment une telle approche doit-elle se comporter face à des lignes comme *«Déjà il savait que sa mère n'était qu'un symbole»* («L'Envers et L'Endroit», «Textes complémentaires», *Œ II*, p.1214)? Que faire si le «bon objet incestueux», pour reprendre le registre psychanalytique, est déjà vu comme «substitution» par l'instance narrative elle-même? Faut-il simplement sauter un tel passage, et légitimer un tel procédé en disant que le passage a été coupé par l'auteur (et confondre ainsi ce dernier avec l'instance narrative)? Ou faut-il user de cette stratégie psychanalytique bien connue, en disant que la dénégation de l'importance de l'imago maternelle (*«Déjà il savait que sa mère n'était qu'un symbole»*, donc : *ce ne peut pas être à cause de la mère*) ne fait pas partie du non-conscient de l'instance narrative, puisque le non-conscient ne connaît pas la dénégation (31)? Et faut-il alors absolument se mettre à la recherche de la «vraie» mère, à savoir aux «projections du bon objet incestueux», et trouver celles-ci quasiment partout, dans la notion de mer, de nature etc.?

Nous pensons que le passage cité plus haut (*«Déjà il savait que sa mère n'était qu'un symbole»*) est moins une dénégation de l'importance de l'«imago maternelle» de la part de l'instance narrative, mais qu'il exprime plutôt une certaine retenue de la part de Camus face à une lecture «réaliste» de ses œuvres, et qu'il témoigne donc déjà de la conception camusienne de l'art que nous avons déjà eu l'occasion de traiter dans notre première partie. Permettons-nous d'ajouter qu'une telle lecture psychanalytique n'a apparemment pas les moyens d'intégrer ce niveau «conscient» du texte dans son interprétation.

Au lieu de vouloir réduire l'univers de notre auteur à la «triangulation œdipienne» (32) et de devoir négliger le côté «conscient» du texte, nous pensons que l'approche psychanalytique aurait plus d'impact si elle arrivait à intégrer cette «logique de substitution» dans sa réflexion critique, puisque le texte camusien s'en sert lui-même (33).

Plusieurs critiques ont essayé d'intégrer l'espace scriptural dans leur approche psychanalytique. C'est ce qu'Uri Eisenzweig a tenté de faire pour *L'Etranger* dans son essai «*Les jeux de l'écriture dans* L'Etranger *de Camus*». Mais là aussi, les résultats ne semblent que vouloir confirmer la fonction de substitution de la part de l'écriture camusienne, sans pourtant pouvoir la localiser dans le texte camusien lui-même. Dans le chapitre «Ecriture et disparition maternelle» par exemple, Eisenzweig dit à propos de *L'Etranger* :

> «C'est au niveau structurel, ou plutôt fonctionnel du récit que le soleil joue - au-delà d'une identité formelle - le rôle du Père. [...] Effectivement, le sujet ne se débarrassera pas du soleil, qui reste présent par le biais du couteau. Le soleil devient une lame [...] puis un glaive, [...], enfin une épée [...] Cette métamorphose phallique du soleil, inscription du Nom du Père dans l'espace maternel de la mer, est l'aboutissement du processus de cette mutation qu'est le sujet.» (34)

Soleil, mesure et création littéraire

Eisenzweig essaie de déceler la naissance et le processus du sujet de *L'Etranger* en plaçant ce dernier sous le signe du scriptural : «Annoncée par un télégramme, provoquée par la rédaction d'une lettre, la naissance du sujet de *L'Etranger* se situe dans le contexte de la Loi (le crime), du Père (le soleil). Du scriptural» (35). A l'aide du greffier dans la deuxième partie du roman, Eisenzweig veut faire le parallèle avec le *Mythe de Sisyphe* et poursuit : «Meursault le personnage veut crier le tout; Meursault le narrateur tente de le raconter. Tous deux échouent, mais leur échec est inhérent à leur projet, dans la mesure où narration et subjectivité ne sont ici que fonctions d'une production scripturale» (36).

Nous nous permettons d'objecter ici que dans cette perspective, la «production scripturale» ne pourra jamais être plus qu'un *ersatz* d'une «parole manquante», et que le soleil ne sera jamais plus qu'un *ersatz* du Dieu mort. Parler d'un «échec» au sujet de Meursault, qui serait dû au clivage entre la narration et la production scripturale, qu'est-il d'autre qu'une façon quelque peu sophistiquée pour exprimer que *L'Etranger* n'est finalement qu'un livre? Nous nous mettons en garde contre ce stratagème psychanalytique que nous connaissons à présent et qui semble pouvoir se poursuivre à tous les niveaux, et on ne s'étonnera donc plus guère que l'ambiguïté du soleil camusien nous est garantie par le fait que la substitution (du sujet au soleil, du soleil au Père) est à la fois plus et moins que la chose substituée (puisque le Père-Dieu-Soleil est mort), alors que la mesure n'est jamais donnée telle quelle (puisque la parole pleine de la Mère n'est jamais présente).

D'autres critiques ont pris soin d'analyser l'évolution du sujet, ou plutôt sa destruction depuis les premiers récits de Camus jusqu'à *La Chute* et *L'Exil et le Royaume*. Alors qu'Eisenzweig parle, à propos de *L'Etranger*, de naissance et d'échec du sujet sous le signe du scriptural, Yves Reuter, quant à lui, se lance dans une analyse de *La Chute* et parvient au résultat suivant : «[Le sujet] est le produit même du discours. [...] ...le véritable sujet de ce discours est bien sa démarche même, son évolution y compris dans ses "*digressions et [...] efforts d'une invention*" à laquelle Clamence espère que son auditeur va rendre justice» (37).

C'est ainsi que Reuter voit dans *La Chute* l'annonce de «la fin du discours humaniste et de son sujet», une «critique de l'hypocrisie de la société et finalement [...] une critique de la société elle-même», une «remise en cause globale du "littéraire", du culturel, du bon goût» (38). En termes de lumière, il faudrait alors dire qu'avec *La Chute* «*nous avons perdu la lumière*» (*Œ I*, p.1550), et avec elle un soleil qui n'était que l'*ersatz* d'une parole originairement pleine, mais toujours absente. Mais dans cette perspective nous aurions également perdu l'écriture, et tout cela nous étant suggéré par l'écriture elle-même, voire même par une écriture qui veut se faire passer pour un monologue (voulant à son tour se faire passer pour un dialogue) : proposition paradoxale qui met en question la lecture psychanalytique de l'écriture camusienne, du moment que celle-ci omet de s'interroger davantage sur cette «logique de substitution» dont elle se sert constamment. C'est ce que nous essaierons de faire au chapitre suivant.

Notes :

1. «Chaque artiste, sans doute, est à la recherche de sa vérité. S'il est grand, chaque œuvre l'en rapproche ou, du moins, gravite encore plus près de ce centre, soleil enfoui, où tout doit venir brûler un jour» (*Œ II*, p.866).
2. Cf. Walter Benjamin, *Charles Baudelaire*, Frankfurt a. M. 1974, pp.67 et 112 : «Baudelaire s'est lui-même portraité dans la première strophe du poème "Le soleil"; et c'est bien le seul endroit des *Fleurs du mal* qui le montre durant le travail de la création poétique».
3. Par exemple : Brian T. Fitch, «"Jonas" ou la production d'une étoile», in : *Cahiers Albert Camus 6, Revue des Lettres modernes 1973*, pp.51-65; Linda Hutcheon, «"Le Renégat ou un esprit confus" comme nouveau récit», in : *Cahiers Albert Camus 6, Revue des Lettres modernes 1973*,

pp.67-87; Brian T. Fitch, «Narcisse interprète : *La Chute* comme modèle herméneutique», in : *Cahiers Albert Camus 10, Revue des Lettres modernes 1982*, pp.89-108; Vicki Mistacco, «Nomadic Meanings : the Woman Effect in "La Femme adultère"», in : Anthony Rizzuto (éd.), *Albert Camus' L'Exil et le Royaume. The third Decade*, Toronto 1988, pp.71-84; A. James Arnold, «"La Pierre qui pousse". Symbolic Displacement in L'Exil et le Royaume», in : Anthony Rizzuto (éd.), *Albert Camus' L'Exil et le Royaume. The third Decade*, Toronto 1988, pp.85-94; Marie-Sophie Inzé Armstrong, «Une lecture onomastique de "L'Hôte", in : *Cahiers Albert Camus 14, Revue des Lettres modernes 1991*, pp.115-137.
4. Parmi les nouvelles du recueil *L'Exil et le Royaume*, «Les Muets» est à notre connaissance la seule qui n'a pas encore eu droit à une lecture convaincante sous le signe du «spéculaire».
5. Hutcheon 1973, pp.81-82 (nous soulignons).
6. Morot-Sir 1982, pp.98-99.
7. *ibid.*, p.99.
8. Meunier 1969, p.10.
9. Benamou 1960, pp.44-51.
10. Cf. Geneviève Quillard, «Mécanismes ironiques et code socioculturel dans *La Chute*», in : *Cahiers Albert Camus 14, Revue des Lettres modernes 1991*, pp.75-95; Nina Sjursen, «La Chute du langage : l'ironie d'après Camus, Baudelaire et Paul de Man», in : *Cahiers Albert Camus 14, Revue des Lettres modernes 1991*, pp.97-113.
11. de Cassagne 1994, p.171.
12. *ibid.*, pp.172-175.
13. *ibid.*, p.186. Malheureusement, de Cassagne nous donne peu d'exemples : «Il [i. e. Camus] a fait sentir le besoin d'esquisser la complémentarité "solitaire-solidaire", "liberté-responsabilité" à travers l'artiste manqué de sa nouvelle "Jonas"; il a sû balancer la misère et la grandeur humaines dans *La Peste*» (p.185); pour *La Chute*, cf. de Cassagne 1994, p.187.
14. Lévi-Valensi 1994, pp.247-249.
15. *ibid.*, p.252.
16. Meunier 1969, pp.9-33.
17. *ibid.*, p.22.
18. *ibid.*, p.23.
19. *ibid.*, pp.27-28.

20. Cf. le troisième chapitre de la présente partie.
21. Ladimer 1982, pp.7-27; Abbou 1969, pp.35-75.
22. Ladimer 1982, pp.15-18.
23. Abbou 1969, p.72.
24. *ibid.*, p.68.
25. *ibid.*, p.75.
26. Cf. Alain Costes, *Albert Camus ou la parole manquante*, Paris 1973, p.46; Gassin 1976, p.83.
27. Cf. Gassin 1976, p.100 : «Le "soleil invincible" qui règne sur l'œuvre, c'est aussi, étincelant, le couperet de la guillotine. Cette guillotine qui menace, mais aussi fascine, comme la mort, est peut-être le symbole le plus représentatif de l'œuvre tout entière.»
28. Cf. Gassin 1980 : «Ce n'est pas seulement dans «Le Renégat», mais dans de nombreux autres textes, que nous rencontrons des instruments d'acier appliqués aux tortures et aux exécutions. Le soleil lui-même finit par être absorbé au sein d'une délirante panoplie d'instruments de supplice métalliques. [...] ce versant du symbolisme solaire nous mène directement à une imago paternelle qui est celle d'un père mauvais et sadique.» (pp.28-29). Cf. aussi J. Gassin 1976, pp.74-102.
Cf. aussi les passages suivants : «Du ciel couvert, une lumière cuivrée descendait sur les flèches et les dômes de la vieille Prague.» («La Mort dans l'Ame», *Œ II*, p.35); «Des trous de lumière s'ouvraient dans le paysage noyé de poussière. Deux ou trois palmiers grêlés et blanchis, qui semblaient découpés dans du métal, surgirent dans la vitre pour disparaître l'instant d'après» («La Femme adultère», *Œ I*, pp.1559-1560); «Heureusement, il y a le genièvre, la seule lueur dans ces ténèbres. Sentez-vous la lumière dorée, cuivrée, qu'il met en vous?» (*La Chute, Œ I*, pp.1481-1482); «...ses réflexions, et aussi le soleil, l'avaient un peu sorti de son état normal. Un jour où, sous une tente ruisselante de plomb fondu,...» (*La Chute, Œ I*, p.1540, nous soulignons).
29. Alain Costes, *Albert Camus ou la parole manquante*, Paris 1973.
30. Cf. Costes 1973, p.46; Gassin 1976, p.83.
31. Cf. Sigmund Freud, «Die Verneinung», in : *Studienausgabe*, Fischer, Frankfurt a.M. 1969-75 (t.3, pp.373-377).
32. Cf. Gilles Deleuze/ Félix Guattari, *L'Anti-Œdipe*, Paris 1972.
33. Cf. le troisième chapitre de la présente partie.

34. Uri Eisenzweig, «Les jeux de l'écriture dans *L'Etranger* de Camus», in : *Archives Albert Camus 6, Archives des lettres modernes 211* (1983), pp.54 et 55.
35. *ibid.*, p.65.
36. *ibid.*, p.135.
37. Yves Reuter, *Texte/idéologie dans* La Chute *de Camus* (Archives Albert Camus 4), Paris 1980, pp.48-52.
38. Reuter 1980, pp.58 et 61.

Chapitre III

L'écriture enchaînée

> «...que puis-je désirer d'autre que de ne rien exclure et d'apprendre à tresser de fil blanc et de fil noir une même corde tendue à se rompre?»
>
> Camus, «Retour à Tipasa»

Après avoir vu que les critiques linguistiques et psychanalytiques ont trouvé une structure «schizoïde» du texte camusien, il semble indispensable de s'interroger davantage sur cette «logique de substitution» mentionnée plus haut et d'analyser le texte camusien sous l'aspect du *double-bind*. Bien qu'elle risque de s'inscrire dans des voies trop spéculatives, cette tentative est légitimée par le goût de la part de Camus pour le paradoxe, comme par exemple au sujet de Kierkegaard, mais aussi par les notes faites au sujet du thème de dédoublement (1).

Nous allons d'abord présenter la forme logique du *double-bind*, pour essayer de répondre à la question de savoir si on peut effectivement parler d'enchaînement du type *double-bind* chez Camus, et de discuter les possibilités et limites d'une telle entreprise. Par la suite nous exposerons les principales caractéristiques de l'écriture camusienne, que nous proposons ici d'appeler une «écriture enchaînée», aux deux sens du mot : prisonnière de la caverne ou enchaînée comme Prométhée, cette écriture semble être constamment soumise à la force solaire, elle est comme retenue par le côté dominant du soleil et se limite à un nombre restreint de thématiques et de motifs; mais en revanche, la même puissance solaire semble aussi forcer cette écriture à enchaîner, à poursuivre par une incessante reprise des motifs et thématiques en question. Ces considérations sur les caractéristiques de l'écriture camusienne seront suivies d'une réflexion sur le style de Camus. Pour conclure, nous nous consacrerons à une lecture du *Premier Homme*.

Dans *Le différend*, Jean-François Lyotard présente la forme logique du *double-bind* de la façon suivante :

> «[Le dilemme] contient la cheville du *double-bind* de l'école de Palo Alto et est un ressort de la logique dialectique hégélienne [...]. Cette cheville consiste dans l'application de deux opérateurs logiques, l'exclusion : *ou.., ou*, et l'implication : *si..., alors*, à deux propositions contradictoires *p* et *non-p*. Soit à la fois : [(*ou p ou non-p*) et (*si p, alors non-p*)].» (2)

Retenons cette première formalisation du *double-bind* :

I)   Ou *p* ou *non-p*;
  et : Si *p*, alors *non-p*.

Il va sans dire que d'autres termes peuvent entrer dans cet enchaînement. Ainsi Lyotard ajoute que l'on peut prolonger le dilemme de différentes manières :

II)   Si *p*, alors *non-p*;
  et : Si *non-p*, alors *p*.

III)   Si *p*, alors *q*;
  et : Si *non-p*, alors *p*, alors *q*.

IV)   Si *p*, alors *non-p*, alors *q*;
  et : Si *non-p*, alors *p*, alors *q*. (3)

Du point du vue logique, on peut donc délibérément prolonger l'enchaînement dans lequel la cheville du *double-bind* se trouve, sans changer de façon substantielle le dilemme qu'il contient. En d'autres termes, chaque enchaînement du type *double-bind* conduit à la contradiction : *p* et *non-p* (au sens de Wittgenstein) (4). Pour ce qui est du corpus textuel de notre auteur, cela reviendrait à dire qu'un *double-bind* pourrait - du moins en théorie - commander un texte dans sa totalité.

Mais peut-on localiser un enchaînement du type *double-bind* dans le texte camusien? Comme la langue et *a fortiori* l'écriture ne se laissent pas réduire à une forme logique, il paraît difficile d'en trouver à coup sûr. A la limite, on pourrait essayer d'analyser les enchaînements qui usent abondamment de conjonctions et qui sont commandés par la coordination explicite, comme par exemple dans «La Mort dans l'Ame» : «*Ce pays me ramenait au cœur de moi-même et me mettait en face de mon angoisse secrète. Mais c'était l'angoisse de Prague et ce n'était pas elle*» (Œ II, pp.38-39, nous soulignons). Ce passage recèle-t-il un *double-bind*? Sans doute peut-on affirmer que le texte met en scène deux souvenirs contraires, à savoir le séjour à Prague («*mon angoisse de Prague*», soit «Prague»), connoté négativement, et celui de Vicence («*ce pays*», soit «Vicence»), connoté positivement. D'un point de vue logique se référant à une sémantique univoque, et à condition que le séjour à Prague et celui de Vicence soient dans une relation d'exclusion, on obtiendrait la proposition suivante :

V)   Ou bien «Prague», ou bien «Vicence».

Seulement, il faut remarquer ici que la première phrase du passage cité plus haut («*Ce pays me ramenait au cœur de moi-même et me mettait en face de mon angoisse secrète*») ne recèle pas de contradiction logique, mais qu'elle met plutôt en scène une sorte d'extériorisation de l'angoisse de la part de l'instance narrative : *moi, je suis à Vicence (et je vais bien),* alors que mon angoisse secrète, bannie à jamais dans la capitale tchèque, n'a rien à voir avec Vicence.

Aussi faut-il avouer que la tentative de vouloir formaliser la deuxième phrase de l'enchaînement (*«Mais c'était l'angoisse de Prague et ce n'était pas elle»*) se heurte à plusieurs difficultés. Car d'une part, la conjonction «mais» ne se laisse pas si facilement traduire par des opérateurs logiques; d'autre part la phrase néglige de toute évidence le principe de contradiction. Mais en résulte-t-il nécessairement que nous avons ici un *double-bind*? Il va sans dire que le *double-bind* lui-aussi conduit en dernière instance à la contradiction : p et *non-p* (5). Cependant une telle lecture voulant simplement déceler les contradictions d'un texte empêche toute possibilité de pouvoir expliquer la manière dont le texte s'enchaîne; or c'est précisément l'enchaînement qui est essentiel pour le phénomène de *double-bind*. Une telle approche se contentant uniquement de vouloir localiser des phrases contradictoires ne peut donc en dernière instance prouver qu'il s'agit vraiment d'un enchaînement du type *double-bind*, puisqu'elle n'a tout simplement pas les moyens pour pouvoir analyser l'enchaînement du texte (6).

Pour mieux tenir compte de la tension intérieure du passage cité plus haut, on pourrait à la limite se rapporter au contexte. Car sur le plan associatif primaire de l'instance narrative, l'expérience de détresse lors du séjour à Prague (soit «Prague») renvoie sans doute à l'odeur aigre de concombre et de vinaigre (soit «odeur aigre») (7), tandis que l'expérience de Vicence (soit «Vicence») renvoie à l'association de la lumière et du soleil (soit «soleil»). Donc :

VI)   Si «Prague», alors «odeur aigre»;
     et :   Si «Vicence», alors «soleil».

C'est alors que l'instance narrative met en scène un entrelacement des deux souvenirs : *«Parfois, seulement, une odeur aigre de concombre et de vinaigre vient réveiller mon inquiétude. <u>Il faut alors que je pense à Vicence</u>»* (*Œ II*, p.39, nous soulignons). En interprétant le «il faut» comme une nécessité logique, on pourrait être tenté de vouloir formaliser cet entrelacement de la manière suivante :

VII) Si «odeur aigre», alors «Vicence».

Examinons à présent la conjonction logique des propositions (VI) et (VII) :

VIII) Si «Vicence», alors «soleil» ;
 et : Si «Prague», alors «odeur aigre» ;
 et : Si «odeur aigre», alors «Vicence».

On peut laisser tomber le premier terme de cette conjonction, car si la conjonction logique des trois termes est vraie, l'est aussi la conjonction de deux d'entre eux :

IX) Si «Prague», alors «odeur aigre» ;
 et : Si «odeur aigre», alors «Vicence».

En appliquant la loi d'association à cette proposition (IX), on obtient la conclusion suivante :

X) Si «Prague», alors «Vicence».

Examinons à présent la conjonction logique des propositions (V) et (X) :

XI) Ou bien «Prague», ou bien «Vicence»,
 et : Si «Prague» alors «Vicence».

Si on remplace «Prague» par p et «Vicence» par *non-p*, on obtient la première variante de *double-bind* présentée par Lyotard (I). A condition que les propositions appelées «Prague» et «Vicence» soient en relation d'exclusion, on pourrait donc à la limite parler d'enchaînement du type *double-bind* pour un passage de «La Mort dans l'Ame».

Vu l'importance de la métaphorique de la lumière dans ce texte («*Mais, en même temps, entrait en moi avec le soleil quelque chose que je saurais mal dire*», *Œ II*, p.39), une telle lecture aurait sans doute l'avantage de pouvoir interpréter la figure du soleil comme la représentation symbolique de la structure de *double-bind*, interprétation qui à notre connaissance n'a pas encore été fournie par la littérature critique.

Mais il faut souligner ici qu'une analyse logique du texte camusien, telle que nous venons de la suggérer, se heurte à l'impossibilité de formaliser le texte dans son intégralité. Aussi faut-il noter que l'entrelacement des deux souvenirs dans la phrase «*Il faut alors que je pense à Vicence*» (*Œ II*, p.39), que nous avons proposé de formaliser par «Si "odeur aigre", alors "Vicence"», exprime moins une nécessité logique qu'une contrainte psychologique de la part de l'instance narrative. C'est pourquoi nous exprimons ici nos doutes concernant une telle tentative d'analyse logique du texte camusien.

En revanche, on ne saurait trop souligner qu'une telle interprétation pourrait parfaitement s'inscrire dans les résultats concernant le dilemme camusien de la création littéraire, puisqu'elle semble confirmer les interprétations de notre deuxième chapitre : le soleil camusien ne peut pas être considéré comme symbole de la *création littéraire* elle-même, mais doit plutôt être lu comme symbole du *caractère paradoxal* de la création camusienne.

Seulement, dans quelle mesure la structure du *double-bind* peut-elle, somme toute, commander le corpus textuel de notre auteur? Vu l'impossibilité de formaliser le langage en sa totalité, quittons l'espace logique du texte et continuons par les niveaux linguistique et psychologique.

On peut sans doute affirmer que la structure de *double-bind* met en scène une sorte de dédoublement de l'instance narrative sur le plan psychologique. Il va sans dire qu'un sujet commandé par la structure du *double-bind* se voit condamné à devoir assumer la contradiction à laquelle le *double-bind* conduit, par un refus de tout choix entre les entités contradictoires en question. Soit : «ou bien *p*, ou bien *non-p*; et : si *non-p*, alors *p*.» Donc : *Je ne veux pas (et ne peux pas) choisir entre* p *et* non-p. Il se trouve que ce refus de choix est exprimé à plusieurs reprises dans *L'Envers et l'Endroit* :

> «Les deux [i.e. l'odeur de vinaigre et Vicence] me sont chères et je sépare mal mon amour de la lumière et de la vie d'avec mon secret attachement pour l'expérience désespérée que j'ai voulu décrire. On l'a compris déjà, et moi, je ne veux pas me résoudre à choisir» (*Œ II*, p.39); «Entre cet endroit et cet envers du monde, je ne veux pas choisir, je n'aime pas qu'on choisisse.» (*Œ II*, p.49, nous soulignons.)

Autres contraintes du sujet soumis à la logique du *double-bind* : l'incapacité de pouvoir séparer les entités contraires ou contradictoires en question, ainsi que la difficulté de s'exprimer sur ce lien. Ici encore, l'instance narrative met en lumière ces contraintes à plusieurs reprises dans *L'Envers et l'Endroit* :

> «...comment séparer ce café désert de cette chambre du passé. Je ne sais plus si je vis ou si je me souviens» (*Œ II*, p.30); «...comment dire les ivresses contradictoires que nous pouvons goûter» (*Œ II*, p.43); «Comment dire le lien qui mène de cet amour dévorant de la vie à ce désespoir secret» (*Œ II*, p.49, nous soulignons.)

Qu'en est-il des œuvres postérieures à *L'Envers et l'Endroit*? Pour les *Noces*, donnons quelques exemples au sujet du phénomène de dédoublement et de l'incapacité de séparer les entités contraires régis par le *double-bind* :

«Il y a un sentiment que connaissent les acteurs lorsqu'ils ont conscience d'avoir bien rempli leur rôle, [...] d'<u>avoir fait coïncider leurs gestes et ceux du personnage idéal qu'ils incarnent</u>, d'être entrés en quelque sorte dans un dessin fait à l'avance. [...] C'était précisément cela que je ressentais : <u>j'avais bien joué mon rôle</u>» («Noces à Tipasa», *Œ II*, p.60);

«Bientôt, répandu aux quatre coins du monde, oublieux, oublié de moi-même, <u>je suis ce vent</u> et dans le vent, ces colonnes et cet arc, ces dalles qui sentent chaud et ces montagnes pâles autour de la ville déserte. Et jamais je n'ai senti, si avant, <u>à la fois mon détachement à moi-même et ma présence au monde</u>.» («Le Vent à Djémila», *Œ II*, p.62);

«L'idée que je me fais de l'innocence, c'est à des soirs semblables que je la dois. Et ces êtres chargés de violence, j'apprends <u>à ne plus les séparer</u> du ciel où leurs désirs tournoient.» («L'Eté à Alger», *Œ II*, p.71);

«Des millions d'yeux, je le savais, ont contemplé ce paysage et, pour moi, il était comme le premier sourire du ciel. <u>Il me mettait hors de moi au sens profond du terme</u>.» («Le Désert», *Œ II*, p.87, nous soulignons.)

Comme il a déjà été montré ailleurs à plusieurs reprises, l'importance et l'ambivalence de la figure du soleil dans les *Noces* et de *L'Envers et l'Endroit* sont manifestes. A condition qu'on admette que ces œuvres soient régies par la structure du *double-bind*, le soleil pourrait donc à la limite être considéré comme représentation symbolique de cette structure.

Qu'en est-il pour *Le Mythe de Sisyphe*? Nous avons déjà eu l'occasion de relever l'importance du soleil dans cette œuvre en l'interprétant comme reste de verticalité (8). Peut-on y déceler une structure du type *double-bind*? On peut certes affirmer que *Le Mythe de Sisyphe* est basé sur une «logique absurde». Car d'une part, Camus affirme que *«l'absurde n'a de sens que dans la mesure où l'on n'y consent pas»* (*Œ II*, p.121), et dans ce sens on peut dire que l'homme absurde se révolte contre l'absurde, qu'il le récuse. Mais d'autre part, Camus fait dire à l'homme absurde : *«Si je me mêle d'apporter à un problème sa solution, il ne faut pas du moins que j'escamote par cette solution même un des termes du problème. L'unique donnée est pour moi l'absurde»* (*ibid.*). Il y a donc en même temps affirmation et négation partielles de l'absurde, sans que ce dilemme soit «relevé» par la raison, comme par exemple dans l'*Aufhebung* hégélienne. En résulte-t-il que nous avons affaire ici à une structure de *double-bind*?

Proposons d'analyser la logique interne du *Mythe de Sisyphe* à partir d'une phrase-clé des dernières lignes de l'essai : *«L'homme absurde dit oui et son effort n'aura plus de cesse»* (*Œ II*, pp.197-198, nous soulignons). Et si l'homme absurde disait «non»? Chaque lecteur sceptique et «révolté» du *Mythe de Sisyphe* est incité à poser cette question : si l'homme absurde disait «non», cela ne reviendrait-il pas au même? Alors à quoi bon encore dire «oui», comme Camus voudrait le faire dire à l'homme absurde? Il semble que la seule réponse possible à cette question est commandée par la structure du *double-bind*. C'est que si c'est «oui», alors il y a «effort permanent»; mais si c'est «non», alors c'est comme si c'était «oui», alors il y a encore «effort permanent» :

XIII)   Ou bien «oui», ou bien «non»;
    et : Si «oui», alors «effort permanent»;
    et : Si «non», alors «oui», alors «effort permanent».

Voici la troisième variante du *double-bind* donnée par Lyotard (III). Malgré nos doutes exprimés plus haut au sujet d'une tentative de formalisation logique, nous pensons cependant que ces considérations ne semblent que confirmer la présence d'une structure paradoxale dans l'œuvre camusienne.

Il nous importe d'insister ici sur une différence entre l'œuvre du jeune Camus et celle de l'après-guerre, différence s'inscrivant dans la distinction entre le «cycle de l'absurde» et celui «de la révolte». Car s'il est vrai que dans les œuvres antérieures au *Mythe de Sisyphe* le côté dilemmatique de la création se manifeste à la limite dans la structure de *double-bind*, il faut noter d'autre part que les œuvres postérieures au *Mythe de Sisyphe* témoignent de ce caractère paradoxal plutôt sur le plan métapoétique, vu les traces d'autoreprésentation et de programme métapoétique trouvées plus haut.

A présent, quittons définitivement l'espace logique el le niveau psychologique du corpus textuel de Camus et demandons-nous quelles peuvent être les conséquences linguistiques et stylistiques d'une structure de *double-bind*. On peut affirmer qu'une œuvre commandée par cette structure est d'une part caractérisée par les phénomènes d'ambiguïté ou de dualité, et d'autre part par une continuelle reprise sérielle de divers motifs (9). Il va sans dire que l'ambiguïté, la dualité et la reprise sérielle peuvent se manifester sur plusieurs plans, à savoir sur celui des œuvres, des titres ou des thèmes, mais aussi à l'échelle phrastique. Le thème d'une œuvre peut être enchâssé dans d'autres œuvres, des motifs secondaires peuvent être repris, mais la reprise sérielle peut aussi se manifester au simple niveau phrastique.

Pour l'ambiguïté ou la dualité des titres, œuvres et thèmes, nous nous permettons de renvoyer à l'abondante littérature critique (10). Pour les autres phénomènes cependant, il nous semble indispensable de proposer une présentation des divers niveaux concernés, car une telle exposition n'a à notre connaissance pas encore été réalisée par les critiques contemporains.

A part l'emploi de l'*oxymoron*, il faut mentionner quatre principales sources d'ambiguïté au niveau phrastique :

1. La double-référence du «et» :

> «Dans cette grande confusion du vent et du soleil qui mêle aux ruines la lumière, quelque chose se forge qui donne à l'homme la mesure de son identité avec la solitude et le silence de la ville morte.» («Le Vent à Djémila», Œ II, p.61, nous soulignons.)

L'écriture enchaînée

2. Le «et» comme addition d'éléments contraires ou contradictoires, souvent associée à l'*oxymoron* :

«[la] lumière [du soleil], à force d'épaisseur, coagule l'univers et ses forces dans un éblouissement obscur»; «devant cette clarté blanche et noire» («L'Enigme», *Œ II*, p.861); «La révélation de cette lumière, si éclatante qu'elle en devient noire et blanche, a d'abord quelque chose de suffocant.» («Petit guide pour des villes sans passé», *Œ II*, p.847); «...que puis-je désirer d'autre que de ne rien exclure et d'apprendre à tresser de fil blanc et de fil noir une même corde tendue à se rompre?» («Retour à Tipasa», *Œ II*, p.874, nous soulignons.)

3. Une hésitation entre la mise en opposition et la mise en parallèle de deux entités contraires ou contradictoires, par exemple la mort et la vie, ou la mort et le soleil :

«Devant la vie qui emportait les grondements de la ville et le sourire niais indifférent du ciel, il était seul, désemparé, nu, mort déjà.» («L'Ironie», *Œ II*, p.20); «Il n'y a pas d'amour de vivre sans désespoir de vivre.» («Amour de vivre», *Œ II*, p. 44); «Le grand courage, c'est encore de tenir les yeux ouverts sur la lumière comme sur la mort.» («L'Envers et l'Endroit», *Œ II*, p.49); «Elle allait mourir et sa fille l'habilla pour la tombe pendant qu'elle était vivante.» («L'Envers et l'Endroit», *Œ II*, p.50); «...j'aurai conscience [...] d'accomplir une vérité qui est celle du soleil et qui sera aussi celle de ma mort. Dans un sens, c'est bien ma vie que je joue ici» («Noces à Tipasa», *Œ II*, p.58); «Ce doit être cela la jeunesse, ce dur tête-à-tête avec la mort, cette peur physique de l'animal qui aime le soleil.» («Le Vent à Djémila», *Œ II*, p.64); «...et je comprends que toute mon horreur de mourir tient dans ma jalousie de vivre.» («Le Vent à Djémila», Œ II, p.64); «Comment faire comprendre pourtant que ces images de la mort ne se séparent jamais de la vie?» («L'Eté à Alger», Œ II, p.73); «Et quel accord plus légitime peut unir l'homme à la vie sinon la double conscience de son désir de durée et son destin de mort?» («Le Désert», Œ II, p.85, nous soulignons.)

4. L'inversion d'oppositions classiques à l'intérieur de la phrase, mais en même temps un renforcement des oppositions entre le haut et le bas ou entre le dedans et le dehors au niveau du récit, technique déjà montrée ailleurs à plusieurs reprises.

Parmi les techniques les plus usuelles de Camus pour provoquer une tension au niveau de l'enchaînement phrastique, il faut souligner la combinaison de deux paires opposées d'une phrase à l'autre, comme par exemple la répartition de la paire «mort-vie» sur deux sujets différents :

«Rien que la maladie et la mort où il se sentait plongé... Et pourtant, à l'heure même où le monde croulait, lui vivait.» («Entre oui et non», Œ II, p.27); «...une lumière qui fait qu'on s'aperçoit qu'on vit. Lui était mort.» («La Mort dans l'Ame», Œ II, p.35); «Il y avait longtemps qu'il était mort sans doute. Et la vie avait continué dans l'hôtel...» («La Mort dans l'Ame», Œ II, p.35, nous soulignons.)

Dans le passage suivant, l'évocation explicite du silence s'effectue entre la présence et l'absence de douleur, tout en répartissant le silence et la douleur sur des sujets différents : *«On l'élève et on lui demandera de la reconnaissance, comme si on lui évitait la douleur. Sa mère toujours aura ces silences. Lui croîtra en douleur»* («Entre oui et non», Œ II, p.23, nous soulignons). On peut donc affirmer que l'effet de tension provoqué par le passage d'une phrase à l'autre se fait chez

L'écriture enchaînée

Camus par la superposition de deux ou même plusieurs entités contraires ou contradictoires.

Mais outre l'effet de tension produit au niveau de l'enchaînement phrastique et les diverses techniques pour provoquer une ambiguïté à l'intérieur de la phrase, il faut également mentionner la reprise d'expressions ou de motifs secondaires à l'intérieur d'une même œuvre, particulièrement caractéristique pour l'écriture camusienne. Donnons quelques exemples :

1. «L'Ironie» : les expressions «avoir la lune» et «tout était dit», reprises textuellement et situées deux fois dans un rapport de texte à métatexte :

> «Elle disait : "il a la lune" et tout était dit.» (Œ II, p.19); «Elle pensait : "Il a la lune." Tout était dit.» (Œ II, p.20)

2. «Entre oui et non» : le terme «indifférence» et l'adjectif «étrange» pour caractériser la mère; le soupir du monde; la lumière tricolore des phares :

> «L'indifférence de cette mère étrange!» (Œ II, p.26); «Ma mère, ce soir, et son étrange indifférence.» (Œ II, p.28); «Le monde soupire vers moi dans un rythme long...» (Œ II, p.24); «Et toujours ce grand soupir du monde.» (Œ II, p.24); «Et toujours le même soupir de la terre.» (Œ II, p.27); «les phares commencent à tourner : une lumière verte, une rouge, une blanche.» (Œ II, p.24); «Simple tout est simple, dans les lumières des phares, une verte, une rouge, une blanche...» (Œ II, p.28, nous soulignons.)

3. «La Mort dans l'Ame» : les expressions «frapper longuement», «je ne pouvais aller plus loin» et le tournoiement des journées :

«Après un moment de silence, on frappa de nouveau. Longuement, cette fois,...» (*Œ II*, p.35); «Il frappa de nouveau, longuement.» (*Œ II*, p.35); «Je ne pouvais aller plus loin.» (*Œ II*, p.36), «A ce moment, je ne pouvais aller plus loin.» (*Œ II*, p.36); «Ici, les journées tournent sur elles-mêmes...» (*Œ II*, p.37); «...et ce tournoiement des journées, il me semble que je pourrais le suivre sans cesse, immobile, tournoyant avec elles.» (*Œ II*, p.37, nous soulignons.)

Notons que l'expression «ne pas pouvoir aller plus loin» sera reprise dans les *Noces* («*Et ce qui me frappe à ce moment, c'est que je ne peux aller plus loin*», *Œ II*, p.62) et que le phénomène de tournoiement renvoie également à d'autres passages de *L'Envers et l'Endroit* :

«Les phares commencent à tourner : une lumière verte, une rouge, une blanche.» («Entre oui et non», *Œ II*, p.24); «...la fille, tournant sur elle-même, ...» («Amour de vivre», *Œ II*, p.42); «Sur la plus grande des collines, la dernière brise faisait tourner les ailes d'un moulin.» («Amour de vivre», *Œ II*, p.45, nous soulignons.)

4. «Amour de vivre» : l'image du «filet jaune» et l'expression «elle souriait» :

«Les mains sur les hanches, vêtue d'un filet jaune dont les mailles faisaient gonfler un damier de chair blanche, elle souriait.» (*Œ II*, p.41); «Elle, campée au centre, gluante de sueur, dépeignée, dressait sa taille massive, gonflée dans son filet jaune.» (*Œ II*, p.42); «Elle souriait toujours.» (*Œ II*, p.42, nous soulignons.)

Les mailles de la femme dansante dans «Amour de vivre» font penser à la scène d'enterrement dans «L'Ironie» («*Dans le bleu du ciel, on devinait le froid tout pailleté de jaune*», *Œ II*, p.22) ou encore à une scène dans «Entre oui et non» («*Elle ne travaille pas vite, reprenant trois fois la même maille...*», *Œ II*, p.29, nous soulignons). Quant au sourire de la femme dansante, celui-ci sera repris dans «La Mort dans l'Ame», écrit postérieurement à «Amour de vivre» («...*fixant la bouche grasse et <u>rieuse</u> de la femme qui me fait face*», Œ II, p.32). Les adjectifs «creux» et «vides» pour désigner les yeux de la femme dansante dans «Amour de vivre» seront également repris dans «La Mort dans l'Ame» («*Je suis mal à l'aise. Je me sens <u>creux et vide</u>*», Œ II, p.31, nous soulignons).

Le phénomène de sueur observé chez la femme dansante dans «Amour de vivre» est déjà présent dans «Entre oui et non», tout comme le verbe «danser», le chiffre «trois» et la notion de flamme : «*Elle le tirait alors de courtes somnolences d'où il surgissait trempé de <u>sueur</u>, déjà alerté - et où il retombait, pesamment, après un regard à la montre où <u>dansait</u>, <u>trois fois répétée</u>, la <u>flamme</u> de la veilleuse*» (Œ II, p.27, nous soulignons).

La notion de flamme va être reprise dans «Amour de vivre» : «*Là était tout mon amour de vivre : une passion silencieuse pour ce qui allait peut-être m'échapper, une amertume sous une <u>flamme</u>*» (Œ II, p.44); «*Mais les mots ne couvriront pas la <u>flamme</u> de mon secret*» (Œ II, p.45, nous soulignons).

En résumant, on peut affirmer qu'il y a abondante reprise de divers motifs ou images à l'intérieur d'une même œuvre, et que ces motifs ou images ont tendance à se répéter dans les œuvres du même recueil. A part les reprises de mots et d'expressions citées plus haut, il faut également noter les tournures ou images suivantes :
   1. les verbes «arracher» et «faire face», qui s'inscrivent parfaitement dans la structure «schizoïde» du texte camusien puisqu'ils renvoient au phénomène de morcellement du moi.
   2. le verbe «boire», renvoyant à l'image de la lèvre humide dans «L'Ironie» ainsi qu'à la lumière liquide du soleil, particulièrement présente dans *L'Envers et l'Endroit*.
   3. les verbes «tourner», «danser» et «tournoyer», qui à nos yeux tiennent assez bien compte de l'étrange entrelacement formé par la structure du *double-bind*.

4. le motif des oiseaux, presque omniprésent dans *L'Envers et l'Endroit*, accentuant l'opposition «haut-bas».

Parmi les plus importants motifs secondaires repris dans des récits du même recueil, il faut mentionner ceux de la croix, de la lampe à pétrole, du chiffre trois, du résonnement des pas, de l'odeur ainsi que du silence ou de l'indifférence de la mère (11). Mais la reprise de motifs ou thèmes secondaires peut se prolonger chez Camus à un tel point qu'un thème secondaire peut fournir la trame pour une œuvre suivante. Vu la quantité des motifs repris, limitons-nous aux correspondances les plus exemplaires. On sait que le thème du *Malentendu* est déjà présent dans *L'Etranger* (Œ I, p.1182), et que l'histoire du père qui assiste à une exécution dans *L'Etranger* (Œ I, p.1203) sera reprise dans *La Peste*, tout comme le thème de *L'Etranger* y figurera comme motif secondaire : *«Grand avait même assisté à une scène curieuse chez la marchande de tabacs. Au milieu d'une conversation animée, celle-ci parlait d'une arrestation récente qui avait fait bruit à Alger. Il s'agissait d'un jeune employé de commerce qui avait tué un Arabe sur une plage»* (Œ I, p.1262).

A part ces reprises, on peut constater que des motifs secondaires moins importants dans une première œuvre peuvent être lus comme étapes préparatoires pour des œuvres postérieures. Ainsi deux phrases dans «L'Ironie» font penser à des motifs plus importants dans *L'Etranger* : *«On passait justement un film gai»* (Œ II, p.16); *«Le jour de l'enterrement seulement, à cause de l'explosion générale des larmes, il pleura, mais avec la crainte de ne pas être sincère»* (Œ II, p.22).

Un motif du récit «Entre oui et non» sera repris dans *Le Mythe de Sisyphe* :

«Un homme souffre et subit malheurs sur malheurs. Il les supporte, s'installe dans son destin. On l'estime. Et puis, un soir, rien : il rencontre un ami qu'il a beaucoup aimé. Celui-ci lui parle distraitement. En

L'écriture enchaînée 253

rentrant, l'homme se tue. On parle ensuite de chagrins intimes et de drame secret. Non. Et s'il faut absolument une cause, il s'est tué parce qu'un ami lui a parlé distraitement.» (*Œ II*, p.28)

«On se suicide rarement [...] par réflexion. Ce qui déclenche la crise est presque toujours incontrôlable. Les journaux parlent souvent de «chagrins intimes» ou de «maladies incurables». Ces explications sont valables. Mais il faudrait savoir si le jour même un ami du désespéré ne lui a pas parlé sur un ton indifférent.» (*Œ II*, p.100)

Un passage de «La Mort dans l'Ame» semble même résumer l'esprit du *Mythe de Sisyphe* : «*L'homme est face à face avec lui-même : je le défie d'être heureux... Et c'est pourtant par là que le voyage l'illumine. Un grand désaccord se fait entre lui et les choses*» (*Œ II*, p.34, nous soulignons).

La scène de danse dans «Amour de vivre» va être reprise dans «L'Eté à Alger» («*Je me souviens du moins d'une grande fille magnifique qui avait dansé tout l'après-midi*», *Œ II*, p.71), tout comme une autre scène de danse d'une importance similaire nous est présentée dans «La Pierre qui pousse». Relevons également que la scène du puits dans «Amour de vivre» renvoie à la scène de la source dans *L'Etranger* («*Pendant tout ce temps, il n'y avait plus eu que le soleil et ce silence, avec le petit bruit de la source et les trois notes*», *Œ I*, p.1166).

Notons finalement que *La Peste* abonde en scènes qui font penser à l'un ou l'autre récit de l'œuvre camusienne (12). Ainsi la scène de la mort de Mme Rieux (*Œ I*, pp.1459-1460) répond à celle de l'enterrement de «L'Ironie», vu l'évocation de la beauté du soleil («*il contemplait obstinément [...] un matin magnifique qui se levait sur le port*», *Œ I*, p.1459), et la scène de baignade entre Tarrou et Rieux (*Œ I*, pp.1418-1429) fait sans aucun doute écho à la scène de baignade entre Marie et Meursault dans *L'Etranger*, mais par l'importance du motif de la terrasse, elle entre également en correspondance avec la scène finale dans «La Femme adultère» (13).

Remarquons que la reprise abondante d'éléments textuels d'une œuvre à l'autre ne se restreint pas au niveau thématique. Sur le plan purement phrastique, il y a également correspondance entre plusieurs œuvres :

- «La Mort dans l'Ame» et «Le Vent à Djémila» :

> «A ce moment, je ne pouvais aller plus loin.» (*Œ II*, p.36); «Et ce qui me frappe à ce moment, c'est que je ne peux aller plus loin.» (*Œ II*, p.62)

- «L'Envers et L'Endroit» et «Le Désert» :

> «C'est là qu'il faudrait s'arrêter.» (*Œ II*, p.38); «Mais pourtant, ce n'est pas là qu'il faudrait s'arrêter.» (*Œ II*, p.86); «C'est sur ce balancement qu'il faudrait s'arrêter.» (*Œ II*, p.87)

- «Entre oui et non», *Le Mythe de Sisyphe* et «La Femme adultère» :

> «"A quoi tu penses?" "A rien", répondait-elle.» (*Œ II*, p.25); «Dans certaines situations répondre "rien" à une question sur la nature de ses pensées peut être une feinte chez un homme. Les êtres aimés le savent bien.» (*Œ II*, p.106); «"A quoi penses-tu?" Janine ne pensait à rien.» (*Œ I*, p.1565)

Comment interpréter cette redondance des motifs et cette reprise textuelle d'une œuvre à l'autre? Il va sans dire que chaque écrivain ne dispose que d'une quantité limitée de motifs ainsi que d'un matériau linguistique limité pour la fabrication de son œuvre, motifs et matériau linguistique qu'il puise à partir de son «vécu» et qu'il ne peut à la limite que refaçonner d'une œuvre à l'autre. Cependant, la redondance des motifs, leur enchâssement d'une œuvre à l'autre ainsi que le prolongement des reprises au simple niveau phrastique sont si excessifs et systématiques chez Camus, que nous voyons là une particularité de son écriture. Cette «écriture enchaînée» semble se limiter elle-même, tout en évoquant un mouvement de renvoi infini, puisqu'elle arrive à reproduire elle-même les chaînes textuelles qui la limitent.

Notons que dans une certaine mesure, cette redondance des motifs et ces reprises textuelles correspondent parfaitement à ce que Camus dit au sujet de l'œuvre d'art, puisqu'il affirme dans Le Mythe de Sisyphe que celle-ci «est comme une <u>répétition monotone et passionnée</u> des thèmes orchestrés par le monde» (Œ II, p.174, nous soulignons). Ainsi, nos remarques sur la conception camusienne de l'art, développées dans notre première partie à partir du chapitre «Art et révolte» de L'Homme révolté, se trouvent confirmées.

Pouvons-nous faire concilier nos remarques portant sur cette «écriture enchaînée» et une réflexion sur le style camusien? Comme nous avons déjà eu l'occasion de le constater, le style de Camus peut être considéré comme un style quasiment classique, ce qui est souligné par l'importance que Camus accorde à la mesure, mais aussi par les différents procédés stylistiques analysés dans la présente partie. D'autre part, il faut noter le côté romantique de ce style, incarné par exemple dans le *pathos*, l'ironie, le côté violent ou noir du soleil camusien ainsi que dans l'idée d'une démesure dans la mesure. Cet aspect romantique montre les limites de ce prétendu classicisme du style camusien. Aussi faut-il ajouter que les critiques ne se sont pas toujours contentés de retrouver simplement les côtés classique et romantique de ce style. A titre d'exemple, citons Roland Barthes qui, à deux reprises, a même cru voir se lever un «nouveau style» avec L'Etranger : «Peut-être bien qu'avec *L'Etranger* - sans trop exagérer l'importance de cette œuvre - se lève un nouveau style, style du silence et silence du style...» (14); et : «Cette parole transparente, inaugurée par *L'Etranger* de Camus, accomplit un style de l'absence qui est presque une absence idéale du style...» (15).

 Bien que les noms attribués par Barthes à ce «nouveau style» manquent peut-être quelque peu de clarté et de précision, c'est au même critique que le mérite revient d'avoir fait apparaître les implications et conséquences d'une telle écriture, et de l'avoir interprétée dans un contexte historique et plus général : «L'écriture neutre est un fait tardif, elle ne sera inventée que bien après le réalisme, par des auteurs comme Camus, moins sous l'effet d'une esthétique du refuge que par la recherche d'une écriture enfin innocente» (16). Cette citation confirme, dans une perspective historique, ce que nous disions ailleurs à propos de la conception camusienne de l'art, de la retenue face au «réalisme en art» de la part de Camus ainsi que de son rejet d'une lecture «réaliste» de ses œuvres. Mais après notre présentation des caractéristiques de ce que nous avons nommé l'écriture «enchaînée», nous sommes aussi en mesure de reconnaître que chez Camus, le prix de cette «recherche d'une écriture enfin innocente», c'est la contrainte de devoir se limiter à un nombre restreint de thématiques et de motifs, et d'être forcé à continuer par une incessante reprise des motifs et chaînes textuelles en question.

 Dans ce sens, les conséquences analysées par Barthes dans un contexte plus général peuvent parfaitement être attribuées au cas de Camus : «L'écrivain, accédant au classique, devient l'épigone de sa création primitive, la société fait de son écriture une manière et le renvoie prisonnier de ses propres mythes formels» (17). Mais on peut également affirmer que la tendance de cette écriture à vouloir descendre à un «degré zéro de l'écriture» se heurte aussi à l'importance de la métaphorique de la lumière. En d'autres termes : témoignant d'une sorte d'héliotropisme, cette «écriture enchaînée» n'est pas seulement forcée de répéter sans cesse les chaînes textuelles qui la limitent par une sorte de mouvement d'auto-restriction, mais elle est aussi contrainte de devoir tourner inlassablement autour du motif du soleil.

 Nous avons vu que le mouvement de renvoi infini et le phénomène d'auto-restriction accordés à cette «écriture enchaînée» font également partie de la connotation de la mesure camusienne. C'est pourquoi nous osons conclure que cette écriture n'est que le prolongement de la situation paradoxale dans laquelle Camus se trouve au niveau de la pensée «philosophique».

En fonction de contre-épreuve, il nous semble fertile de comparer nos résultats à une lecture du dernier roman de Camus, non achevé. Resté à l'état de projet, *Le Premier Homme* possède sans doute un caractère autobiographique et confirme ainsi les lectures psychanalytiques de Jean Gassin et d'Alain Costes discutées plus haut. Puisque l'œuvre que Camus travaillait pendant la dernière année de sa vie nous fournit un matériau textuel à l'état quasiment brut, d'une écriture «jamais retravaillée» (*PH*, p.7), prêtons notre attention plutôt au niveau figuratif du texte qu'au niveau stylistique.

Sur le plan figuratif, on peut retrouver le phénomène de vacillation de la part du sujet, dû à la puissance d'un soleil se présentant comme «seigneur» :

> «Jacques ouvrait bien large le carnier pour recevoir le nouveau trophée avant de partir, <u>vacillant sous le soleil, son seigneur</u>, et ainsi pendant des heures sans frontière sur un territoire sans limites, sa tête perdue dans la lumière incessante et les immenses espaces du ciel, Jacques se sentait le plus riche des enfants.» (*PH*, p.106, nous soulignons.)

Sur le plan stylistique, il faut noter les expressions «sans frontière» et «sans limites», les adjectifs «incessante» et «immenses» ainsi que le superlatif «le plus riche» qui possèdent un côté démesuré; lorsque le côté violent du soleil est absent, le texte se rapproche même de l'univers des *Noces*, et du coup ce sont les enfants qui se transforment en «seigneurs» :

«La mer était douce, tiède, le <u>soleil léger</u> maintenant sur les têtes mouillées, et la <u>gloire de la lumière</u> emplissait <u>ces jeunes corps</u> d'une joie qui les faisait crier <u>sans arrêt</u>. Ils <u>régnaient</u> sur la vie et sur la mer, et ce que le monde peut donner <u>de plus fastueux,</u> ils le recevaient et en usaient <u>sans mesure,</u> comme des <u>seigneurs</u> assurés de leurs <u>richesses irremplaçables.</u>» (*PH,* p.54, nous soulignons.)

Il convient toutefois de remarquer que sur une grande partie du texte, c'est le soleil qui reste seigneur : il est violent et pesant, responsable du phénomène de vacillation, et jouant sur un registre métallique (18). Le texte abonde en scènes où la parole est difficile (19). On peut observer une complémentarité des registres métallique et oral (20) et un emploi du «registre de castration» (21), ce qui confirme les résultats de notre troisième partie.

Notons une variante intéressante du mythe de la caverne, le soleil faisant place au lycée, et la caverne étant représentée par la maison de la famille de Jacques :

«Pour la famille de Jacques, le latin [...] était un mot qui n'avait rigoureusement aucun sens. Qu'il y ait eu [...] des temps où personne ne parlait français, que des civilisations [...] se fussent succédé dont les usages et la langue fussent à ce point différents, <u>ces vérités n'étaient pas parvenues jusqu'à eux.</u> Ni l'image, ni la chose écrite, ni l'information parlée, ni la culture superficielle [...] ne les avaient atteints. <u>Dans cette maison</u> où il n'y avait pas de journaux, ni [...] de livres, pas de radio non plus, où il n'y avait que des objets d'utilité immédiate, où l'on ne recevait que la famille, et que l'on ne quittait que rarement et toujours pour rencontrer des membres de la même famille ignorante, <u>ce que Jacques ramenait du lycée était inassimilable,</u> et le silence grandissait entre sa famille et lui.» (*PH,* p.186, nous soulignons.)

Analogue au mythe de la caverne, il existe une difficulté du libre passage entre le dehors (le soleil/ le lycée) et le dedans (la caverne/ la maison). Cette difficulté vaut pour les deux sens et se révèle surtout comme un dilemme de la parole : «A personne en tout cas, au lycée, il ne pouvait parler de sa mère et de sa famille. A personne dans sa famille il ne pouvait parler du lycée» (*PH,* p.230).

Peut-on à la limite déceler une structure de *double-bind* dans *Le Premier Homme*? Portant sur le plan de l'enchaînement phrastique, ce projet est impossible à réaliser puisqu'on est face à des «pages tracées au fil de la plume, parfois sans points et virgules» (*PH,* p.7). En revanche, *Le Premier Homme* nous fournit des passages dans lesquels le problème de l'enchaînement phrastique est thématisé comme tel :

> «Et Jacques se souvenait encore de cet après-midi de dimanche où, sur le point de sortir avec ses partitions, entendant l'une des tantes complimenter sa mère sur lui, elle avait répondu "Oui, c'était bien. Il est intelligent", comme si les deux remarques avaient un rapport.» (*PH,* p.90, nous soulignons.)

Le problème du rapport des deux remarques est résolu par Jacques dans l'amour maternel inexprimé :

> «Mais, en se retournant, il comprit le rapport. Le regard de sa mère, tremblant, doux, fiévreux, était posé sur lui avec une telle expression que l'enfant recula, hésita et s'enfuit. "Elle m'aime, elle m'aime donc", se disait-il dans l'escalier, et il comprenait en même temps que lui l'aimait éperdument, qu'il avait souhaité de toutes ses forces d'être aimé d'elle et qu'il en avait toujours douté jusque-là.» (*PH,* pp.89-90, nous soulignons.)

Jacques résoud le problème de l'enchaînement phrastique posé par la proposition de sa mère, mais par la combinaison de la thématique de l'amour maternel et d'un opérateur logique («donc»), il ne fait que prolonger l'enchaînement paradoxal.

Qu'en est-il de la reprise de motifs d'œuvres précédentes? A titre d'exemple, notons la présence de la lampe à pétrole (22) ainsi que la reprise manifeste de divers motifs d'autres œuvres (23). Ces reprises dévoilent sans doute la part autobiographique des œuvres précédentes, mais elles confirment également notre hypothèse que la reprise sérielle des motifs en question est une des principales caractéristiques de l'écriture camusienne. Comme nous avons déjà eu l'occasion de le constater, ces reprises ne se limitent pas seulement à des motifs secondaires, mais elles se prolongent également au niveau des thèmes plus importants, comme si l'œuvre entière de Camus finissait par se retourner sur elle-même.

Comment une «écriture enchaînée», telle que nous avons essayé de l'esquisser plus haut, peut-elle gérer sa fin sinon son accomplissement? D'une part, il faut remarquer que selon Camus *Le Premier Homme* n'aurait peut-être pas dû être achevé : *«Le livre doit être inachevé»* (*PH*, p.288); proposition programmatique amèrement accomplie par la mort prématurée de notre auteur. D'autre part, la fin effective du roman inachevé semble à la fois confirmer notre troisième partie et y ajouter d'autres perspectives :

> «[...] lui comme une lame solitaire et toujours vibrante destinée à être brisée d'un coup et à jamais, une pure passion de vivre affrontée à une mort totale, sentait aujourd'hui la vie, la jeunesse, les êtres lui échapper, sans pouvoir les sauver en rien, et abandonné seulement à l'espoir aveugle que cette force obscure qui pendant tant d'années l'avait soulevé au-dessus

des jours, <u>nourri sans mesure</u>, égale aux plus dures des circonstances, lui fournirait aussi, et de la même générosité inlassable qu'elle [i.e. la mère] lui avait donné ses raisons de vivre, des raisons de vieillir et de mourir <u>sans révolte</u>.» (*PH*, p.261, nous soulignons.)

Bien que l'expression «sans mesure» évoque le contraire, le registre de ce passage est tout différent du *ductus* du temps des *Noces*. L'expression «sans révolte» à la fin du roman indique que le texte semble même avoir dépassé le stade de *L'Homme révolté*. Mais alors que la présence du registre métallique et du phénomène de vibration confirme les résultats de notre troisième partie, leur rapport avec le sujet ainsi qu'avec la métaphorique de la lumière («force obscure») a changé de manière considérable. Car dès lors, le sujet n'est plus menacé par le registre métallique mais s'est lui-même transformé en une lame qui risque à son tour d'être brisée; quant au soleil aveuglant et responsable du phénomène de vibration, il ne représente plus qu'une «force obscure», expression que Camus a également employée dans la *Préface* pour la réimpression de *L'Envers et L'Endroit* (24), et suggérant ainsi que le côté rayonnant du soleil s'est éteint à jamais.

Notes :

1. Cf. par exemple *C I*, mai 1936, p.41 : «Intellectuel? Oui. Et ne jamais renier. Intellectuel = celui qui se dédouble. Ça me plaît. Je suis content d'être les deux.»
2. Jean-François Lyotard, *Le différend*, Paris 1983, p.19.
3. *ibid.*, p.141.
4. *ibid.*, p.141.
5. *ibid.*, p.141 : «La règle de dérivation immanente ou règle paradoxale, qui porte sur l'enchaînement, prescrit que : Si *p*, alors *non-p*, et : Si *non-p*, alors *p*. [...] Elle est le développement de l'équivocité en forme

d'application réciproque. Elle conduit à la contradiction : *p* et *non-p* (au sens de Wittgenstein).»
6. A cet égard, le texte camusien est d'ailleurs d'une cohérence remarquable, puisqu'après la phrase contradictoire «Mais c'était l'angoisse et ce n'était pas elle», il continue justement par la question «comment l'expliquer?» (*Œ II*, p.39).
7. «Et je puis bien le dire maintenant, ce qui me reste de Prague, c'est cette odeur de concombres trempés dans le vinaigre, qu'on vend à tous les coins de rues pour manger sur le pouce, et dont le parfum aigre et piquant réveillait mon angoisse et l'étoffait dès que j'avais dépassé le seuil de mon hôtel» (*Œ II*, p.34). Donc : «Prague» non sans «odeur aigre», soit : si «Prague», alors «odeur aigre».
8. Cf. le troisième chapitre de la deuxième partie.
9. Cf. Gilles Deleuze, *Logique du sens*, Paris 1969.
10. Par exemple Cryle 1973, pp.28-29 : «Les nouvelles mettent en valeur des aspects de l'ambiguïté qu'on ne trouve pas ailleurs dans l'œuvre de Camus. Premièrement, elles évoquent un monde mystique. [...] Deuxième innovation, *L'Exil* nous rappelle qu'il faut toujours savoir accepter l'ambiguïté. [...] Troisièmement, les nouvelles se terminent presque toutes de façon ambiguë, de sorte qu'on peut très bien parler d'ambiguïté définitive.»
11. 1. la croix et l'angle droit : «...elle avait un chapelet, un christ de plomb et, en stuc, un saint Joseph portant l'Enfant.» (*Œ II*, p.15); «En bonne place, on peut voir dans un cadre doré la croix de guerre et la médaille militaire.» (*Œ II*, p.25); «...la lumière sourde [...] projetait [...] l'ombre d'un mort étendu sur le lit et celle d'un policier montant la garde devant le corps. Les deux ombres se coupaient à l'angle droit.» (*Œ II*, p.85); «C'était une petite salle très basse, rectangulaire, ...» (, *Œ II*, p.41).
2. la lampe à pétrole : «D'habitude, il aimait assez retrouver la table et la lampe à pétrole,...» (*Œ II*, p.22); «...une lampe à acétylène donne une lumière inconstante.» (*Œ II*, p.24); «Tout à l'heure, la vieille rentrera, la vie renaîtra : la lumière ronde de la lampe à pétrole.» (*Œ II*, pp.25-26).
3. le chiffre trois : «Les trois objets qu'elle conservaient marquaient pour elle le point matériel où commençait le divin» (*Œ II*, p.16); «Ils étaient autour d'une table ronde, trois jeunes, lui vieux.» (*Œ II*, p.18); «Il s'agit de trois destins semblables et pourtant différents.» (*Œ II*, p.22); «les phares commencent à tourner : une lumière verte, une rouge,

L'écriture enchaînée 263

une blanche.» (*Œ II*, p.24); «...après un regard à la montre où dansaient, trois fois répétée, la flamme de la veilleuse.» (*Œ II*, p.27); «Simple, tout est simple, dans les lumières des phares, une verte, une rouge, une blanche...» (*Œ II*, p.28); «Elle ne travaille pas vite, reprenant trois fois la même maille...» (*Œ II*, p.29); «La première étoile déjà, puis trois lumières sur la colline d'en face...» (*Œ II*, p.38); «C'était un chant andalou, nasillard et rythmé sourdement par la batterie, toutes les trois mesures.» (*Œ II*, p.42).
4. le résonnement des pas : «Il allait maintenant, dans le doux entêtement de son pas.» (*Œ II*, p.19); «Des pas bruissaient et des portes grinçaient.» (*Œ II*, p.26); «...mon pas solitaire faisait résonner les rues.» (*Œ II*, p.33); «J'avance d'un pas lent, oppressé par tant d'ardente beauté.» (*Œ II*, p.39); «...je me fondais dans cette odeur de silence, je perdais mes limites, n'étais plus que le son de mes pas,...» (*Œ II*, p.43).
5. le silence et l'indifférence de la mère : «...cette mère qui se taisait toujours.» (*Œ II*, p.21); «La mère de l'enfant restait aussi silencieuse.» (*Œ II*, p.25); «Sa mère toujours aura ces silences.» (*Œ II*, p.26); «*L'indifférence de cette mère étrange!*» (*Œ II*, p.26); «Ma mère, ce soir, et son étrange indifférence.» (*Œ II*, p.28).
6. l'odeur, souvent associé à l'odeur de mort : «Dans l'air lourd, flottait l'odeur du vinaigre.» (*Œ II*, p.27); «L'odeur de mort se mélangeait à l'odeur d'urine.» (*Œ II*, p.28); «...ce qui me reste de Prague, c'est cette odeur de concombres trempés dans le vinaigre...» (*Œ II*, p.34); «...j'ai mieux saisi qu'ailleurs l'odeur de mort...» (, *Œ II*, p.39); «Parfois, seulement, une odeur aigre de concombre et de vinaigre vient réveiller mon inquiétude.» (*Œ II*, p.39).
12. Correspondance avec «Les Muets» : «Le docteur ouvrit la fenêtre et le bruit de la ville s'enfla d'un coup. D'un atelier voisin montait <u>le sifflement bref et répété d'une scie mécanique</u>» (*Œ I*, p.1250).
Correspondance avec «L'Hôte» : «A cette époque le temps parut se fixer. <u>Le soleil pompait les flaques</u> des dernières averses» (*Œ I*, p.1268).
Correspondance avec «Jonas» : «Ainsi la maladie qui, apparemment, avait forcé les habitants à <u>une solidarité</u> d'assiégés, brisait en même temps les associations traditionnelles et renvoyait les individus <u>à leur solitude</u>» (*Œ I*, p.1358); «Ils suivirent un petit couloir dont les murs étaient peints en vert clair et <u>où flottait une lumière d'aquarium</u>» (*Œ I*, p.1387, nous soulignons).
13. Cf. à ce sujet Gassin 1976, pp.75 -102.

14. Roland Barthes, «Réflexion sur le style de *L'Etranger*», in : Roland Barthes, *Œuvres complètes*, Paris 1993, t.1, p.63.
15. Barthes 1953, p.56.
16. *ibid.*, p.49.
17. *ibid.*, p.57.
18. «Le vent avait dû se calmer, écrasé sous le soleil.» (*PH*, p.44); «Le reflet brisé, maintenant presque immobile, sur le cuivre du hublot venait du même soleil qui, dans la chambre obscure où dormait la grand-mère, pesant de tout son poids sur la surface entière des persiennes, plongeait dans l'ombre une seule épée très fine par l'unique échancrure qu'un nœud de bois sauté avait laissé dans le couvre-joint des persiennes.» (*PH*, pp.44-45); «...c'était la course vers l'extrêmité ouest de la plage, sous le dur soleil.» (*PH*, p.54); «Soudain distraite, elle regardait la rue où le soleil frappait maintenant de toute sa force.» (*PH*, p.63); «...sous un soleil féroce.» (*PH*, p.82); «...Jacques pliant cette fois sous le soleil malgré son petit chapeau de paille, pendant que le plateau alentour se mettait à vibrer sourdement comme une enclume sous le marteau du soleil.» (*PH*, p.106); «Devant eux, jusqu'aux montages, l'espace tremblait et le soleil bourdonnait.» (*PH*, p.169); «...sous le soleil féroce.» (*PH*, p.177, nous soulignons).
19. «...lui aussi était devant elle muet et infirme à sa manière, il ne voulait même pas savoir au fond ce qu'il y avait eu entre eux,...» (*PH*, p.79); «Jacques se précipita et vit les deux hommes se battre sans dire un mot dans le noir.» (*PH*, p.117); «Quand il rentra, Jacques trouva sa mère assise dans la salle à manger, immobile, les traits figés. Il s'était assis aussi sans rien dire.» (*PH*, p.117); «...poursuivant une conversation muette éclairée de loin en loin par des bribes de phrases» (*PH*, p.123); «Et voilà en effet, il se retrouvait entre eux deux comme autrefois, ne pouvant rien leur dire» (*PH*, p.123); «Il y avait aussi ceux, dont faisait partie Jacques, qui subissaient les coups sans mot dire, frémissant, et qui regagnaient leur place en ravalant de grosses larmes» (*PH*, p.143, nous soulignons).
20. «Pendant ce temps, Pierre, méthodique, versait de l'anisette dans les gobelets de métal qu'il avait pris à chacun et allait les remplir d'eau fraîche à la source qui coulait faiblement au pieds des pins» (*PH*, p.106, nous soulignons).
21. «...le long couteau de cuisine que l'oncle Ernest affilait régulièrement sur une pierre longue et noire, de telle sorte que la lame, rendue très étroite et effilée par l'usure, n'était plus qu'un fil brillant.» (*PH*,

p.214); «Le coiffeur, devenu fou en le rasant, avait tranché d'un seul coup de son long rasoir la gorge offerte [...]» (*PH,* p.239, nous soulignons).

22. «La grand-mère poussait [...] l'assiette juste sous la lumière de la petite lampe à pétrole.» (*PH,* p.214) «Jacques, sans allumer la petite lampe à pétrole, se déshabillait dans la chambre à la lueur qui venait de la salle à manger» (*PH,* p.216, nous soulignons).
23. Correspondance avec la scène de nage de Rieux et Tarrou dans *La Peste* : l'épisode de nage de Jacques et de l'oncle Ernest (*PH,* pp.96 sq.); correspondance avec l'épisode de Salamano et son chien dans *L'Etranger* : l'épisode avec Ernest et son chien (*PH,* pp.100 sq.); correspondance avec «Les Muets» : l'épisode dans l'atelier avec l'oncle Ernest (*PH,* pp.119 sq.); correspondance avec «Le Renégat» : l'épisode de Jacques frappé par le curé : «La partie gauche de son visage brûlait, il avait un goût de sang dans la bouche. Du bout de la langue, il découvrit que l'intérieur de la joue s'était ouvert sous le coup et saignait. Il avala son sang.» (*PH,* p.158).
24. «Pour être édifiée, l'œuvre d'art doit se servir d'abord de ces forces obscures de l'âme» (*Œ I,* p.12).

CONCLUSION

Au lieu de se trouver résolu, le nœud camusien ne s'est que reserré plus fort sur lui-même pour nous entraîner dans la lecture et l'analyse des principales œuvres de notre auteur. L'écriture de Camus, reflétant l'évolution intellectuelle du temps du *Diplôme d'Etudes Supérieures* jusqu'à l'époque de *L'Homme révolté* et même de *La Chute* et du *Premier Homme*, semble osciller sans fin entre la nécessité et l'impossibilité d'un discours sur une éthique, mais aussi entre la nécessité et l'impossibilité d'une véritable métapoétique solaire.

L'Homme révolté est à cet égard exemplaire : d'un côté l'évocation d'une mesure inscrite dans une conception de «transcendance horizontale», de l'autre un soleil comme reste de verticalité, dont le concept de transcendance ne peut se passer. D'un côté, une mesure ne pouvant plus remplir sa fonction dans un discours éthique sans être soutenue par une métaphorique solaire; de l'autre, un soleil qui par son côté noir et violent risque à chaque instant de détruire l'équilibre évoqué par la notion de mesure. Les deux projets de *L'Homme révolté*, celui d'un discours sur une pensée de midi s'opposant à l'idéologie allemande, celui d'un plaidoyer pour une mesure soutenue par une métaphorique solaire, risquent d'aboutir l'un et l'autre à un échec.

Mais si l'on analyse les causes de ce risque, on s'aperçoit que le cas de la notion de mesure et celui du thème solaire ne sont, en réalité, ni identiques ni même parallèles. S'il est vrai que le caractère problématique d'une éthique fondée sur le concept de mesure est à considérer comme un *proprium* de la pensée de notre auteur, il convient aussi de noter que cette problématique reflète également les besoins de l'époque de l'après-guerre, dont une grande partie de l'*intelligentsia* n'étaient pas en mesure de reconnaître la nécessité et la difficulté d'appréhender les implications et conséquences néfastes des régimes totalitaires du XXe siècle. Nous pensons que le mérite qui revient à Camus, c'est d'avoir été sensible à cette problématique. Mais, dans *L'Homme révolté*, la problématique d'un fondement éthique n'est pas seulement rencontrée et constatée, elle est progressivement analysée à travers les logiques de l'affirmation et de la négation absolues et cette analyse du caractère problématique devient paradoxalement le substitut d'une éthique. La difficulté de concevoir une éthique adéquate face aux monstruosités du XXe siècle aboutit à l'évocation d'une mesure paradoxale, faite de tension et à l'intérieur de laquelle il subsiste l'idée de démesure. La négation d'un fondement éthique devient éthique négative.

On peut se demander si cette conséquence a été pleinement assumée par Camus. En revanche, on peut affirmer avec certitude que cette conséquence n'a pas été découverte par l'*intelligentsia* parisienne du temps de la «querelle».

S'il est vrai que cette transformation de la problématique d'un fondement éthique en éthique négative n'est peut-être pas entièrement acceptée par Camus comme la réalisation de son projet, la tension à l'intérieur de la mesure camusienne, cette démesure *dans* la mesure traduit aussi - et peut-être à contre-cœur - les limites de l'éthique. Contrairement au projet d'un renversement des valeurs d'un Nietzsche, le discours négatif sur l'éthique traduirait alors chez Camus, en dernière instance, les limites du discours humain. C'est là peut-être aussi la différence essentielle entre l'œuvre de Camus et celle du philosophe du retour éternel qui, évidemment, ne s'était pas encore trouvé confronté aux phénomènes totalitaires du XXe siècle.

Conclusion

Il n'en est pas de même du soleil. La fragilité du support de la part de la métaphorique solaire pour la mesure camusienne ne se manifeste pas sur un plan, mais sur trois :

Premièrement, le soleil dans *L'Homme révolté* doit être lu comme le symbole d'une démesure située au sein même de la mesure camusienne, comme symbole d'une force motrice pour un mouvement d'ouverture et de renvoi infini. Par le dédoublement en une «bonne» démesure qui est responsable du commencement du mouvement de révolte, et une «mauvaise» démesure régie par l'idéologie allemande, le texte de Camus n'est pas seulement contraint d'osciller sans cesse entre le privilège de la nature et un équilibre entre la nature et l'histoire, entre une métaphorique de la lumière pure et un équilibre entre lumière et ombre, mais dévoile aussi le côté noir et violent du soleil, à un tel point que celui-ci risque paradoxalement d'être assimilé par la pensée de minuit et de se retourner en *«soleil féroce»* (*Œ I*, p. 1588), tel qu'il est présent dans «Le Renégat». Ce côté noir ou violent du soleil camusien qui va de pair avec l'ironie et le *pathos* camusiens vient de la tradition romantique et risque de détruire tout support donné à la notion de mesure.

D'autre part, le soleil peut également être interprété comme un reste de verticalité dans ce que plusieurs critiques de Camus ont appelé le concept de «transcendance horizontale». La formule nietzschéenne du «Dieu mort» est transformée chez Camus en un concept paradoxal d'une «transcendance horizontale», qui trouve son expression dans la notion de mesure, ainsi qu'en une substitution de ce Dieu mort, incarnée dans la figure du soleil. Ce reste de verticalité se manifeste surtout dans les transpositions des mythes grecs dans un cadre tragique, où l'hypostase du tragique trouve son expression dans le côté violent du soleil. Avec son «Tout est bien», Sisyphe-Œdipe *«chasse de ce monde un dieu qui était entré avec l'insatisfaction et le goût des douleurs inutiles»* (*Œ II*, p.197), certes, mais s'empresse de préserver le châtiment divin et ne fait par là que renforcer le pouvoir du Dieu mort. La soumission du sujet camusien sous le soleil peut s'effectuer passivement comme dans *L'Etranger*, mais quand elle se fait consciemment par le sujet, le soleil camusien s'approprie les connotations de l'*Ananké* antique, bien que les dieux soient chassés de l'Olympe.

Enfin, et voilà le troisième plan qui montre la fragilité du support de la part de la métaphorique solaire pour la mesure camusienne, nous avons pu assister à toute une série de transformations du Mythe de la caverne, et cette série, inscrite dans l'évolution intellectuelle de notre auteur et qui obéit tantôt à la récusation d'un «saut» dans la transcendance, tantôt à la distinction entre pensée de midi et pensée de minuit, aboutit à une véritable destruction du Mythe platonicien. Le soleil camusien devient ainsi le symbole d'un paradis perdu, témoignant de la nostalgie d'un langage adamique, même là où l'on se trouve dans les brumes de la «philosophie des ténèbres» et où la véracité du discours est elle-même mise en question par le récit, comme dans *La Chute* : «*Nous avons perdu la lumière*» (Œ I, p.1550).

Si nous pouvons répéter à propos du support de la métaphorique solaire ce que nous disions plus haut du projet d'une éthique fondée sur le concept de mesure, à savoir qu'il se réalise dans la démonstration de sa propre impossibilité, nous devons ajouter ici que ce support de la métaphorique solaire est doublement négatif, au point de se retourner contre ce qu'il aurait dû supporter. On pourrait dire que la fragilité du support de la part de la métaphorique solaire ne traduit pas seulement les limites du discours humain, mais la négativité même de son objet. A la réponse donnée par Meursault au sujet du meurtre - «*C'était à cause du soleil*» (Œ I, p.1198) - les juges ne peuvent rien ajouter. La négativité de la métaphorique solaire devient métapoétique négative, à savoir métapoétique du silence : «*Le soleil scelle les bouches*» (Œ II, p.866).

Mais on pourrait objecter que notre commentaire est ici aussi peu philosophique que le serait à la limite *L'Homme révolté*, et que par la confusion des arguments «philosophiques» et des exemples littéraires de Camus, nous n'avons ni expliqué son œuvre littéraire, ni assuré la portée philosophique de notre auteur. Pouvons-nous passer d'un niveau philosophique à un

Conclusion

niveau littéraire ou métapoétique du texte camusien, en prétendant sauvegarder des catégories «philosophiques»? A-t-on le droit de recourir à des exemples littéraires pour soutenir son argumentation? Et Camus lui-même a-t-il, dans le cas du support de la part de la métaphorique solaire dans *L'Homme révolté*, assumé cette prétendue transmutation de la métaphorique solaire en métapoétique négative?

A cette objection, il faut répliquer que si dans *L'Homme révolté* un tel schéma n'est jamais expressément thématisé par Camus, il apparaît en trop de passages dans son œuvre littéraire pour que leur convergence soit l'effet du hasard. Dans notre travail qui, il est vrai, a mis l'accent plutôt sur la continuité de l'œuvre camusienne, nous avons vu que cette métapoétique négative du soleil n'est pas seulement à l'œuvre dans les «essais solaires» tels que par exemple «L'Enigme», mais qu'elle est déjà présente dès les premiers récits de *L'Envers et l'Endroit*. Comme nous avons essayé de le montrer à titre d'exemple pour «L'Ironie» au sujet de l'image de la lèvre tremblante, les images de vibration ou d'oscillation et le registre oral témoignent d'une difficulté à s'exprimer ainsi que de la soumission du sujet sous le soleil.

Or ces phénomènes de vibration et d'oscillation ne se prolongent pas seulement sur le plan stylistique, mais aussi sur le plan métapoétique. Le phénomène d'oscillation, l'inversion des oppositions classiques, l'impression de tension dans l'enchaînement phrastique, l'emploi prédominant de l'*oxymoron*, ou l'hésitation dans les mises en parallèle chez Camus peuvent être interprétés comme fruits du dilemme de la création littéraire. Comment en effet concevoir un discours et une écriture qui ne soient pas régis par le soleil, vu l'omniprésence et la puissance de ce dernier? Tel est, pensons-nous, le dilemme auquel l'œuvre littéraire de Camus est soumise en sa totalité. En d'autres termes, le soleil camusien ne peut pas être lu comme simple symbole de la création elle-même, comme c'est encore le cas chez Baudelaire, mais doit être lu comme symbole du *caractère paradoxal* de la création camusienne, et ceci au niveau métapoétique tout comme sur le plan auto-référentiel du texte.

On demandera, il est vrai, pourquoi la critique a méconnu l'aspect paradoxal du lien entre la métaphorique solaire et l'idée de mesure sur le plan de la pensée «philosophique» ainsi que ses implications au niveau de l'écriture camusienne. Il resterait alors à montrer, par une étude qui ne serait pas moins philosophique ou littéraire qu'historique, comment et pourquoi la critique du temps de Camus devait être nécessairement tentée de méconnaître ce qu'il y a d'essentiellement paradoxal dans l'écriture camusienne, et pourquoi ce que nous nommions dans notre introduction l'«oubli» du lien entre soleil et mesure s'est prolongé jusqu'à notre temps.

D'autre part, il nous semble fertile de poursuivre les analyses des textes de Camus sous le signe du spéculaire, et celles de ce que nous avons nommé «l'écriture enchaînée» de Camus, notamment en ce qui concerne l'analyse plus détaillée des reprises des différentes chaînes textuelles et leur rapport avec le style camusien.

Finalement, remarquons qu'il nous a peut-être été possible de mettre en lumière un nombre considérable de rapports textuels que l'œuvre camusienne entretient avec celle de Nietzsche, mais qu'une présentation systématique de l'influence nietzschéenne sur Camus n'a pas encore été réalisée par la critique contemporaine.

On voit ici la perspective dans laquelle nous pensons devoir nous placer après le présent travail. Loin de nous interroger sur les conditions mêmes de la littérature ou de jongler avec les grands noms pour nous demander si Camus vaut ce que valent les grands romanciers métaphysiques, et au lieu d'avoir pu décider si Camus peut être considéré comme un philosophe, nous avons simplement mis en valeur la continuité entre le côté «philosophique» et le côté «littéraire» de notre auteur. Que Camus ne soit pas un «grand» romancier ou qu'il ne soit pas considéré comme un «véritable» philosophe par une partie des critiques, cela n'enlève rien à ce qu'il y a de fascinant dans son œuvre.

Conclusion

Qu'il ne nous ait pas été permis de défaire le nœud camusien, mais qu'il nous ait en revanche été possible de faire apparaître le caractère paradoxal de cette «écriture enchaînée», voilà peut-être le dernier paradoxe du présent travail. Mais c'est parce qu'elle ne trouve pas ce qu'elle cherche qu'une étude trouve, dans cette recherche même, ce qu'elle ne cherchait pas. Par là, nous ne décrivons pas seulement le mouvement même de notre travail, mais exprimons l'espoir d'avoir pu faire apparaître l'œuvre de Camus dans toute sa force énigmatique.

BIBLIOGRAPHIE

Une bibliographie complète de Camus occuperait un volume. Il ne pouvait être question de proposer ici une bibliographie exhaustive, même limitée aux sujets abordés dans notre étude. Nous avons cru cependant faire œuvre utile en présentant cette bibliographie dont l'établissement a obéi aux règles suivantes :
    1) Notre bibliographie est divisée en trois parties : *1. Œuvres d'Albert Camus*; *2. Bibliographie critique de l'œuvre d'Albert Camus*; et *3. Bibliographie critique générale.*
    2) Nous mentionnons en principe toutes les œuvres citées, y compris les œuvres qui n'ont eu droit qu'à une place éphémère dans notre travail.
    3) Pour ce qui est des œuvres de langue étrangère moderne, tout spécialement les œuvres de Nietzsche, nous nous sommes proposé de mentionner la version originale et sa traduction française.

1. *Œuvres d'Albert Camus*

- *Théâtre, récits, nouvelles (Œ I)*, Gallimard, Paris 1962.
- *Essais (Œ II)*, Gallimard, Paris 1965.
- *Carnets I (C I)*, Gallimard, Paris 1962.
- *Carnets II (C II)*, Gallimard, Paris 1964.
- *Carnets III (C III)*, Gallimard, Paris 1989.
- *Le Premier Homme (PH)*, Gallimard, Paris 1994.

2. Bibliographie critique de l'œuvre d'Albert Camus

ABBOU, André, «Les paradoxes du discours dans *L'Etranger* : de la parole directe à l'écriture inverse», in : *Cahiers Albert Camus 2, Revue des lettres modernes 1969*, pp.35-75.

ANDRIANNE, René, «Soleil, ciel et lumière dans *L'Etranger* de Camus», in : *Revue Romane 1972*, pp.161-176.

ARCHAMBAULT, Paul J., *Camus' Hellenic Sources*, North Carolina University Press, Chapel Hill 1972 (Thèse).

- «Camus : Le problème du mal et ses "solutions" gnostiques», in : *Cahiers Albert Camus 9, Revue des lettres modernes 1979*, pp.27-42.

ARNOLD, A. James, «"La Pierre qui pousse" : Symbolic displacement in *L'Exil et le Royaume*», in : Anthony Rizzuto (éd.), *Albert Camus'* L'Exil et le Royaume : *The Third Decade*, Toronto 1988, pp.85-94.

BARILIER, Etienne, *Albert Camus. Philosophie et littérature*, L'âge d'homme, Lausanne 1977 (Thèse).

BARTHES, Roland, «Réflexion sur le style de *L'Etranger*», in : Roland Barthes, *Œuvres complètes*, Seuil, Paris 1993, t.1, pp.60-63.

- «*L'Etranger*, roman solaire», in : Roland Barthes, *Œuvres complètes*, Seuil, Paris 1993, t.1, pp.398-400.

- «*La Peste* : Annales d'une épidémie ou roman de la solitude?», in : Roland Barthes, *Œuvres complètes*, Seuil, Paris 1993, t.1, pp.452-456.

- «Réponse de Roland Barthes à Albert Camus», in : Roland Barthes, *Œuvres complètes*, Seuil, Paris 1993, t.1, p.479.

BENAMOU, Michel, «Romantic Counterpoint : Nature and Style», in : *Yale French Studies 1960*, pp.44-51.

DE CASSAGNE, Inés, «Tension et équilibre des extrêmes dans l'idéal classique», in : *Albert Camus. Les extrêmes de l'équilibre. Actes du colloque de Keele*, Amsterdam-Atlanta 1994, pp.171-188.

COSTES, Alain, *Albert Camus ou la parole manquante*, Payot, Paris 1973.

Bibliographie 277

CROCHET, Monique, *Les mythes dans l'œuvre de Camus*, Etudes Universitaires, Paris 1973 (Thèse).

CRYLE, Peter, *Bilan critique : L'Exile et le Royaume d'Albert Camus. Essai d'analyse*, Minard, Paris 1973 (Situations 28).

DOUBROVSKY, Serge, «Sartre and Camus : A Study in Incarceration», in : *Yale French Studies 1960*, pp.85-92.

DUNWOODIE, Peter, «Chestov et Le Mythe de Sisyphe», in : *Cahiers Albert Camus 4, Revue des lettres modernes 1971*, pp.43-50.

EISENZWEIG, Uri, *Les jeux de l'écriture dans* L'Etranger *de Camus*, Archives Albert Camus 6, Minard, Paris 1983 (*Archives des lettres modernes 211*).

FITCH, Brian T., *Narrateur et narration dans* L'Etranger *d'Albert Camus*, Minard, Paris 1960 (*Archives des lettres modernes 34*).

- «"Jonas" ou la production d'une étoile», in : *Cahiers Albert Camus 6, Revue des Lettres modernes 1973*, pp.51-65.
- «*La Peste* comme texte qui se désigne», in : *Cahiers Albert Camus 8, Revue des Lettres modernes 1977*, pp.53-71.
- «Narcisse interprète : *La Chute* comme modèle herméneutique», in : *Cahiers Albert Camus 10, Revue des Lettres modernes 1982*, pp.89-108.

GASSIN, Jean, «De Tarrou à Camus : Le symbolisme de la guillotine», in : *Cahiers Albert Camus 8, Revue des lettres modernes 1976*, pp.73-102.

- *L'univers symbolique de Camus. Essai d'interprétation psychanalytique*, Minard, Paris 1980.

GAY-CROSIER, Raymond, *Camus*, Wissenschaftliche Buchgesellschaft, Darmstadt 1976 (*Erträge der Forschung Bd. 60*).

- «La révolte génératrice et régénératrice», in : *Albert Camus : œuvre fermée, œuvre ouverte? Actes du colloque du Centre Culturel International de Cerisy-la Salle*, Paris 1982, pp.113-134.

- «Circularité de l'affirmation négative : les méandres de la *via negationis*», in : *Cahiers Albert Camus 11, Revue des lettres modernes 1982*, pp.49-73.
GOLDSTAIN, Jacques, «Camus et la Bible», in : *Cahiers Albert Camus 4, Revue des lettres modernes 1971*, pp.7-140.
GRENIER, Jean, «Préface» in : Albert Camus, *Théatre, Récits, Nouvelles*, Gallimard, Paris 1962 (Edition de la Pléiade, *Œ I*), pp.IX-XXII.
GRENIER, Roger, *Albert Camus, soleil et ombre*, Gallimard, Paris 1987.
GUERIN, Jeanyves, «Le tragique, la tragédie et l'histoire chez Camus», in : *Camus et le théâtre, Actes du Colloque d'Amiens , 31. 5. au 3.6. 1988* (éd. Jacqueline Levi-Valensi), Imec, Paris 1992, pp.159-170.
LE HUENEN, Roland /PERRON, Paul, «Structure actantielle et inversion dans *La Peste*», in : *Cahiers Albert Camus 8, Revue des Lettres modernes 1977*, pp.27-52.
HUTCHEON, Linda, «"Le Renégat ou un esprit confus" comme nouveau récit», in : *Cahiers Albert Camus 6, Revue des Lettres modernes 1973*, pp.67-87.
INZE ARMSTRONG, Marie-Sophie, «Une lecture onomastique de "L'Hôte", in : *Cahiers Albert Camus 14, Revue des Lettres modernes 1991*, pp.115-137.
JEANSON, Francis, «Albert Camus ou l'âme révoltée», in : *Temps modernes 7 (1952)*, pp.2070-2090.
LADIMER, Bethany, «Pour une sémiotique de l'œuvre de Camus», in : *Cahiers Albert Camus 10, Revue des Lettres modernes 1982*, pp.7-27.
LEVI-VALENSI, Jacqueline, «Roman, mesure et démesure», in : *Albert Camus. Les extrêmes de l'équilibre. Actes du colloque de Keele*, Amsterdam-Atlanta 1994, pp.245-259.
MAILHOT, Laurent, *Albert Camus ou l'imagination du désert*, Presses de L'Université, Montréal 1973.
DI MEGLIO, Ingrid, «Camus et la religion : antireligiosité et crypto-théologie», in : *Cahiers Albert Camus 11, Revue des lettres modernes 1982*, pp.7-48.
MEUNIER, André, «Approches de l'art camusien», in : *Cahiers Albert Camus 2, Revue des lettres modernes 1969*, pp.9-33.

MISTACCO, Vicki, «Nomadic Meanings : the Woman Effect in "La Femme adultère"», in : Anthony Rizzuto (éd.), *Albert Camus' L'Exil et le Royaume : The Third Decade*, Toronto 1988, pp.71-84.
MOHRT, Michel, «Ethic and poetry in the work of Camus», in : *Yale French Studies 1948*, pp. 113-118.
MOIX, Gabrielle, «"L'Enigme" d'Albert Camus», in : *Cahiers Albert Camus 13, Revue des lettres modernes 1989*, pp.141-162.
MOROT-SIR, Edouard, «L'Esthétique d'Albert Camus : logique de la limite, mesure de la mystique» in : *Albert Camus : œuvre fermée, œuvre ouverte? Actes du colloque du Centre Culturel International de Cerisy-la Salle*, Paris 1982, pp.93-112.
PAPAMALAMIS, Dimitris, *Albert Camus et la pensée grecque*, Publications du centre européen universitaire, Nancy 1965 (Thèse).
QUILLARD, Geneviève, «Mécanismes ironiques et code socioculturel dans *La Chute*», in : *Cahiers Albert Camus 14, Revue des Lettres modernes 1991*, pp.75-95.
QUILLOT, Roger, *La mer et les prisons. Essai sur Albert Camus*, Gallimard, Paris 1956.
REUTER, Yves, *Texte/idéologie dans* La Chute *de Camus*, Archives Albert Camus 4, Minard, Paris 1980 (*Archives des lettres modernes 187*).
RICHTER, Liselotte, «Camus und die Philosophen in ihrer Aussage über das Absurde», in : *Albert Camus, Der Mythos von Sisyphos*, Hamburg 1959, pp.113-141.
RIEFSTAHL, Hermann, «Albert Camus. *Le Mythe de Sisyphe*», in : *Zeitschrift für Philosophische Forschung 2 (1947)*, pp.619-622.
SARTRE, Jean-Paul, «Réponse à Albert Camus», in : Jean-Paul Sartre, *Situations IV*, Gallimard, Paris 1994, pp.90-125.
SCHLETTE, Heinz Robert, «Albert Camus' philosophische Examensschrift "Christliche Metaphysik und Neuplatonismus"», in : Heinz Robert Schlette (Hg.), *Wege der deuschen Camus-Rezeption*, Darmstadt 1975, pp.329-340.

SJURSEN, Nina, «La Chute du langage : l'ironie d'après Camus, Baudelaire et Paul de Man», in : *Cahiers Albert Camus 14, Revue des Lettres modernes 1991*, pp.97-113.

TRUFFAUT, Louis, «La thématique du soleil chez Valéry, Claudel et Camus», in : *Die neueren Sprachen 68*, pp.239-258.

3. Bibliographie critique générale

ARISTOTE, *Métaphysique* (traduction J. Tricot), Vrin, Paris 1964.
- *La Poétique* (traduction R. Dupont-Roc et J. Lallot), Seuil, Paris 1980.
- *Ethique à Nicomaque* (traduction J. Tricot), Vrin, Paris 1987.

AUGUSTIN, St. Aurelius, *Confessions* (traduction P. de Labriolle), Les Belles Lettres, Paris 1994.
- *De civitate Dei*, Brepols (editio Pontificii), Paris 1955 (Corpus Christianorum).

BARTHES, Roland, *Le Degré zéro de l'Ecriture*, Seuil, Paris 1953.

BAUDELAIRE, Charles, *Les Fleurs du Mal*, Garnier-Flammarion, Paris 1964.

BENJAMIN, Walter, *Charles Baudelaire*, Suhrkamp Wissenschaft, Frankfurt a.M. 1974.
- *Charles Baudelaire* (traduction J. Lacoste), Payot, Paris 1990.

BERGSON, Henri, *Essai sur les données immédiates de la conscience*, Quadrige/ Presses Universitaires de France, Paris 1993.

CAILLOIS, Roger, «Les démons de midi», in : *Revue de l'Histoire des Religions, (janvier- février 1937)*, pp.142-173; et in : *Revue de l'Histoire des Religions, (juillet-août 1937)*, pp.54-120 et pp.143-186.

CHAR, René, *Œuvres complètes*, Gallimard, Paris 1995 (Edition de la Pléiade).

CHESTOV, Léon, *Pouvoir des Clefs* (traduction B. de Schlœzer), J. Schiffrin, Paris 1928.

DELEUZE, Gilles, *Logique du sens*, Minuit, Paris 1969.
DELEUZE, Gilles/ GUATTARI, Félix, *L'Anti-Œdipe*, Minuit, Paris 1972.
DESCARTES, René, *Meditationes de prima philosophia*, Quadrige/ Presses Universitaires de France, Paris 1956.
DIELS, H./ KRANZ, W. (éd.), *Die Fragmente der Vorsokratiker*, Weidmann, Berlin 1906-1910.
- *Les Présocratiques* (traduction J.-P. Dumont, D. Delattre et J.-L. Poirier), Gallimard, Paris 1988.
DOMENACH, Jean-Marie, *Le Retour du tragique*, Seuil, Paris 1967.
FREUD, Sigmund, *Studienausgabe*, Fischer, Frankfurt a.M. 1969-75.
- *Œuvres complètes*, Presses Universitaires de France, Paris 1988.
GENETTE, Gérard, *Figures III*, Seuil, Paris 1972.
GRENIER, Jean, «Les Iles fortunées», in : *La nouvelle Revue française 223 (avril 1932)*, pp.665-671.
- *Les Iles*, Gallimard, Paris 1959.
HEGEL, Georg Wilhelm Friedrich, *Wissenschaft der Logik*, Meiner (Philosophische Bibliothek), Hamburg 1986.
- *Science de la logique* (traduction P.-J. Labarrière et G. Jarczyk), Aubier-Montaigne, Paris 1972-1981.
- *Phänomenologie des Geistes*, Suhrkamp Wissenschaft, Frankfurt a. M. 1986.
- *Phénoménologie de l'Esprit* (traduction J. Hyppolite), Aubier- Montaigne, Paris 1947.
HOMERE, *Odyssée*, (traduction V. Bérard), Gallimard, Paris 1955.
HORATIUS FLACCUS, Quintus, *Œuvres complètes*, (traduction F. Richard), Garnier, Paris 1931.
JUNG, Carl Gustav, *Grundwerk in neun Bänden*, Ex libris, Zürich 1987.
- *L'âme et le soi : renaissance et individuation* (traduction C. Maillard, C. Pflieger-Maillard, R. Bourneuf), Albin Michel, Paris 1990.
KANT, Immanuel, *Kritik der reinen Vernunft*, Suhrkamp Wissenschaft, Frankfurt a. M. 1974.

- *Critique de la Raison pure* (traduction A. Tremesayges et B. Pacaud), Presses Universitaires de France, Paris 1963.

LYOTARD, Jean-François, *Le différend*, Minuit, Paris 1983.

NICOLAUS DE CUSA, *De la docte ignorance* (traduction L. Moulinier), F. Alcan, Paris 1930.

NIETZSCHE, Friedrich, *Sämtliche Werke. Kritische Studienausgabe (KSA). Herausgegeben von Giorgio Colli und Mazzino Montinari.* Deutscher Taschenbuchverlag/ de Gruyter, Berlin/ New York 1988.
- *Ainsi parlait Zarathoustra* (traduction G.-A. Goldschmidt), Librairie Générale Française, Paris 1983.
- *Aurore* (traduction J. Hervier), Gallimard, Paris 1980.
- *Crépuscule des Idoles* (traduction J.-C. Hémery), Gallimard, Paris 1974.
- *Le Gai Savoir* (traduction P. Klossowski), Gallimard, Paris 1967.
- *La Naissance de la tragédie* (traduction J. Marnold et J. Morland), Librairie Générale Française, Paris 1994.
- *Par delà bien et mal* (traduction C. Heim), Gallimard, Paris 1971.
- *La Volonté de Puissance* (traduction G. Bianquis, texte établi par F. Würzbach), Gallimard, Paris 1995.

PIELTAIN, Paul, «Sur l'image d'un soleil noir», in : *Cahiers d'Analyse Textuelle 5 (1963)*, pp.88-94.
- «Encore l'image du soleil noir», in : *Cahiers d'Analyse Textuelle 6 (1963)*, pp.102-105.

PLATON, *Œuvres complètes* (traduction L. Robin et M.-J. Moreau), Gallimard, Paris 1950 (Edition de la Pléiade).

PLOTIN, *Ennéades* (édition établie par E. Bréhier), Les Belles Lettres, Paris 1923-1938.

POULET, Georges, *Etudes sur le temps humain/1*, Plon, Paris 1952.

PROUST, Marcel, *A la recherche du temps perdu*, Gallimard, Paris 1988-1989 (Edition de la Pléiade).

DE SADE, Donatien-Alphonse-François, *Œuvres complètes*, Pauvert, Paris 1986-1988.

SPENGLER, Oswald, *Der Untergang des Abendlandes*, Beck, München 1969.

- *Le Déclin de l'Occident* (traduction M. Tazerout), Gallimard, Paris 1948.

STAROBINSKI, Jean, *L'Œil vivant*, Gallimard, Paris 1961.

TUZET, Hélène, «L'image du Soleil Noir», in : *Revue des Sciences Humaines (octobre-décembre 1957)*, pp.479-502.

Table

INTRODUCTION 9

PREMIERE PARTIE :

LA PROBLEMATIQUE DE LA MESURE : ENTRE L'ETHIQUE ET L'ESTHETIQUE CAMUSIENNES 27

    1. Entre les moralistes français et l'époque moderne   29
    2. Valeur éthique et valeur esthétique   57
    3. La mesure comme paradigme   81

DEUXIEME PARTIE :

LA METAPHORIQUE SOLAIRE COMME RENVOI A LA PENSEE GRECQUE 103

    1. L'évocation du monde hellénique   105
    2. La destruction du mythe de la caverne   133
    3. Le soleil comme reste de verticalité   159

TROISIEME PARTIE :

VERS UNE POETIQUE DE L'ECRITURE CAMUSIENNE 183

    1. La figure du soleil et le motif de la parole difficile   185
    2. Soleil, mesure et création littéraire   215
    3. L'écriture enchaînée   237

CONCLUSION 267

BIBLIOGRAPHIE 275

Collection Critiques Littéraires
dirigée par Maguy Albet et Paule Plouvier

RASSON Luc, *Ecrire contre la guerre : littérature et pacifismes 1916-1938*, 1997.
OLLIER Marie, *L'Ecrit des dits perdus. L'invention des origines dans les Immemoriaux de Victor Segalen*, 1997.
PROUST Simone, *L'autobiographie dans Le Labyrinthe du Monde de Marguerite Yourcenar*, 1997.
CHIKHI B., *Littérature algérienne. Désir d'histoire et esthétique*, 1997.
NGANDU NKASHAMA Pius, *Ruptures écritures de violence*, 1997.
COUQUIAUD M., *L'étonnement poétique. Le regard foudroyé*, 1997.
GRATTON Johnnie, IMBERT J.P., *La nouvelle hier et aujourd'hui*, 1997.
ANDRES P., *Théodore de Banville*, 1997.
GRENAUD Pierre, *Hommes du Maghreb &images ensoleillées*, 1997.
TAMINIAUX Pierre, *Poétique de la négation. Essais de littérature comparée*, 1997.
KADIMA-NZUJI Mukala, KOUVOUAMA Abel, KIBANGOU P. (dir), *Sony Labou Tansi ou la quête permanente du sens*, 1997.
LEBOUTEILLER Anne, *Michaux, les voix de l'être exilé*, 1997.
AVNI Ora, *D'un passé l'autre. Aux portes de l'histoire avec Patrick Modiano*, 1997.
FIGUEROA Anton, GONZALEZ-MILLAN Xan, *Communication littéraire en culture en Galice*, 1997.
COHEN Olivia, *La représentation de l'espace dans l'œuvre poétique de O. V. de L. Milosz. Lointains fanés et silencieux*, 1997.
THOMPSON C. W., *Lamiel, fille du feu. Essai sur Stendhal et l'énergie*, 1997.
BOURJEA Serge, *Paul Valéry, Le sujet de l'écriture*, 1997.
KADIMA-NZUJI Mukala et BOKIBA André-Patient (dir.), *Sylvain Bemba, l'écrivain, le journaliste, le musicien, 1934-1945*, 1997.
HUNKELER Th., *Echos de l'ego dans l'oeuvre de Samuel Beckett*, 1997.
MASSONET Stéphane, *Les labyrinthes de l'imaginaire. Essai sur Roger Caillois*, 1997.
LAURICHESSE Jean-Yves, *La Bataille des odeurs*, 1997.
MAILLIS Annie, *Michel Leiris, l'écrivain matador*, 1998.

Collection Critiques Littéraires
dirigée par Maguy Albet et Paule Plouvier

TCHEUYAP Alexie, *Esthétique et folie, l'oeuvre romanesque de Pius Ngandu Nkashama*, 1998.
GUERMÉS Sophie, *La poésie moderne*, 1998.
RUSZNIEWSKI-DAHAN Myriam, *Romanciers de la Shoah*, 1998.
DELBARD Olivier, *Les lieux de Kenneth White*, 1998.
DETIS Elizabeth, *Daniel Defoe démasqué*, 1999.
BOUTOUTE Eric, *Sade et les figures du baroque*, 1999.
MAYAUX Catherine (ed.), *Jean Grosjean, poète et prosateur*, 1999.
MIDIOHOUAN Guy Mossito et DOSSOU Mathias D., *La nouvelle d'expression française en Afrique Noire*, 1999.
YEPRI Léon, *Titinga Frédéric Pacere : le tambour de l'Afrique poétique*, 1999.
GAFAÏTI Hafid, *Rachid Boudjedra : une poétique de la subversion*, 1999.
DALZON Christian, *Tom Sharpe, écrivain «populaire», de la farce à l'ironie*, 1999.
LABROUCHE Laurence, *Ariane Mnouchkine, un parcours théâtral*, 1999.
TEODORO Maria de Lourdes, *Modernisme brésilien et négritude antillaise, Mário de Andrade et Aimé Césaire*, 1999.
BASTET Ned, *Valéry à l'extrême*, 1999.
SEMUJANGA Josias, *Dynamique des genres dans le roman africain*, 1999.
LABBE Michelle, *Le Clézio, l'écart romanesque*, 1999.
FOUET Jeanne, *Driss Chraibi en marges*, 1999.
GUILLAUME Isabelle, *Le roman d'aventures depuis* L'Ile au trésor, 1999.
KLEIBER Pierre-Henri, *Glossaire j'y serre mes gloses* de Michel Leiris et la question du langage, 1999.
PARAVY Florence, *L'espace dans le roman africain francophone contemporain*, 1999.

634183 - Décembre 2015
Achevé d'imprimer par